JE RÉUSSIS MON PASS

2021
2022

TOUS LES SECRETS DU PARCOURS ACCÈS SPÉCIFIQUE SANTÉ

JE RÉUSSIS MON PASS

2021
2022

TOUS LES SECRETS DU PARCOURS ACCÈS SPÉCIFIQUE SANTÉ

Arnaud Géa

LES MÉTHODES MATIÈRE PAR MATIÈRE

Stratégies de travail • Plannings d'entraînement
Conception de fiches de révision

EDISCIENCE

Évidemment, je tiens à remercier mes collègues de Nice Prépa (François Birembaux, Jérome Carletto, Christophe Forterre, Jean-Jaques Grec, Pierre Sauvage, Laurence Sebellin et Gisela Théron) pour leur soutien au quotidien et pour leur aide précieuse apportée à la rédaction de cet ouvrage.

Merci également à nos étudiants, qui nous enseignent comment perfectionner nos méthodes pédagogiques, et qui nous font confiance en intégrant notre préparation en médecine.

Je remercie particulièrement Lucille Aucremanne, Audrey Genot, Amaury Henrion, Théo Malbrunot, Julia Olivier, Thomas Pichaud et Victoria Quelart, pour avoir volontiers mis à ma disposition leurs fiches.

LES + EN LIGNE

Rendez-vous sur le site dunod.com à la page du livre pour télécharger gratuitement des données complémentaires en ligne.

Conception de la couverture : Elisabeth Hébert

11 rue Paul Bert, 92240 Malakoff
www.dunod.com

ISBN : 978-2-10-082388-8

TABLE DES MATIÈRES

INTRODUCTION

Se lancer dans les études médicales... en voici un beau projet ! Que vous ayez ce désir depuis peu ou depuis longtemps, vous serez captivés par ces matières, qui étancheront votre soif de connaissances sur le corps humain. La difficulté de ce parcours, malgré la réforme mise en place à la rentrée 2020, et son caractère parfois violent seront compensés par le plaisir pris à apprendre et par la volonté de parvenir à votre but : devenir médecin, dentiste, sage-femme ou pharmacien.

Ces métiers sont aujourd'hui encore, très attirants pour un jeune bachelier. On dénombrait d'ailleurs à la rentrée 2019 environ 60 000 inscrits pour la dernière **PACES** (**P**remière **A**nnée **C**ommune aux **É**tudes de **S**anté).

Il ne vous aura probablement pas échappé que l'accès aux filières médicales a été totalement restructuré pour la rentrée de septembre 2020. Elles ont été regroupées sous l'acronyme générique **MMOP**, pour **M**édecine, **M**aïeutique (sage-femme), **O**dontologie (dentaire) et **P**harmacie. Il semblerait que l'accès aux écoles de kinésithérapie s'intègre également dans ce processus.

Ne vous y trompez pas : même si le gouvernement souhaite, par la réforme mise en place, éviter le « gâchis humain » que représentait la PACES et son taux d'échec de plus de 70 % (toutes filières confondues), accéder aux études médicales reste un véritable parcours du combattant, et l'ensemble des filières pour y accéder sont particulièrement sélectives.

Si les voies d'accès pour intégrer les filières MMOP ont donc été remodelées pour la rentrée 2020 (nous y reviendrons en détail dans la suite de cet ouvrage), le contenu de ce qui remplace la PACES, à savoir le PASS (Parcours d'Accès Spécifique Santé), n'est que peu modifié. Bien que le concours, en tant que tel, ait disparu, il n'en demeure pas moins qu'être admis dans la filière de votre choix aura nécessité un travail acharné. Pour réussir, vous devrez renoncer à toute vie sociale pendant 9 mois, travailler pendant de longues heures, réduire les loisirs au minimum vital pour conserver le moral et travailler toutes les matières, même celles qui ne vous plaisent pas. Comme pour la PACES, il sera impossible, avant de l'avoir vécu, d'imaginer la difficulté de cette année, et les défis que vous serez amené à relever.

Nous insisterons donc longuement sur cette année PASS, qui reste la voie royale pour intégrer la deuxième année puisqu'elle concentre à elle seule 60 % des places ouvertes au niveau national.

En PASS, les méthodes qui vous permettront de réussir sont très différentes de celles auxquelles vous étiez habitué en terminale. Ainsi, si vous reproduisez l'approche qui vous a permis de réussir votre bac, même avec une mention Très Bien, vous ne pourrez pas passer le barrage de la première année.

C'est pourquoi la lecture de ce guide et l'application des conseils qui y sont prodigués sont particulièrement efficaces : ils vous amèneront à mettre en place une méthode conçue spécifiquement pour le PASS. Celle-ci se base sur des études scientifiques et a été validée par mon expérience professionnelle d'enseignant.

1 Pourquoi ce livre ?

J'enseigne dans une écurie privée en médecine depuis plus de 10 ans. J'ai donc commencé ma carrière avant la réforme de 2009 qui a donné naissance à la PACES.

Avant cette réforme, les programmes étaient propres à chaque université, ce qui rendait impossible la généralisation d'une méthode valable sur toute la France pour réussir son concours.

Aujourd'hui, les programmes ayant été uniformisés, il est possible de proposer à la totalité des étudiants en médecine de France une méthode générale. Elle est validée :

- ***par l'expérience*** : grâce à cette méthode, de nombreux étudiants de notre écurie ont pu décrocher leur précieux sésame ;
- ***par la théorie*** : des découvertes en psychologie cognitive entérinent de façon incontestable le bien-fondé de cette approche.

D'autres livres, écrits par des étudiants qui ont brillamment réussi leur PACES, ont déjà été publiés. Pourtant, il me semble opportun de proposer une méthode mise au point par des enseignants de métier, et expérimentée au fil des années sur un grand nombre d'étudiants. Il ne s'agit pas d'une expérience personnelle de réussite que je vous livre, mais de conseils qui s'appliquent au plus grand nombre, assortis de techniques pour les adapter à votre profil particulier.

Malgré cette volonté d'uniformiser les enseignements de PACES, les enseignants sont libres de traiter les thèmes imposés de la façon qui leur convient. C'est pour cette raison qu'il demeure toujours une certaine variabilité régionale. Cet ouvrage vous précisera à chaque fois si ce qui y est mentionné est valable de façon générale, ou est livré à titre d'exemple et ne concerne qu'une université donnée.

Il est donc fondamental, si vous voulez produire un travail efficace, de vous renseigner au plus tôt sur l'organisation des enseignements que VOUS allez suivre.

La première étape est de savoir quels sont les défis qui vous attendent lors de cette année à la fois éprouvante et passionnante.

2 Les caractéristiques de l'entrée en MMOP

Si vous réussissez les épreuves de sélection, vous pourrez vous inscrire en 2e année dans l'une des disciplines suivantes :

- **Médecine** : cette formation, d'une durée comprise entre 9 et 11 ans selon la spécialité choisie, est la plus recherchée ;
- **Odontologie** : elle vous formera à devenir dentiste, en 6 à 9 ans. Cette filière étant aujourd'hui très demandée, son accès reste sélectif ;

- **Maïeutique** : filière essentiellement féminine, elle vous permettra de devenir sage-femme, au bout d'une formation de 5 ans ;
- **Pharmacie** : vous pourrez aussi bien travailler en officine qu'en laboratoire, à l'issue d'un cursus d'une durée comprise entre 6 et 9 ans.

Dans certaines universités, les épreuves de sélection vous permettent d'accéder aussi à d'autres formations, comme celles de masso-kinésithérapie, de psychomotricité ou d'ergothérapie.

Quel que soit votre choix, vous devrez obtenir d'excellents résultats et montrer une motivation sans faille pour pouvoir poursuivre vos études dans ce domaine.

A. Une année toujours très sélective

Tout d'abord, il est important de préciser que si vous pensez que la disparition du concours PACES rend l'accès aux études de santé plus simple, vous faites une grave erreur : les filières MMOP sont toujours aussi sélectives, et comme le résument des représentants du gouvernement « tout le monde ne pourra pas devenir médecin ».

Témoignage

« Quelles que soient les modalités de choix des futurs étudiants, la demande est considérable donc il faut bien la refréner, précise au *Figaro* Bruno Riou[1], doyen de la faculté de médecine de Sorbonne Université à Paris. On ne peut pas juste se baser sur 'j'ai envie de', parce que le besoin de médecins n'est pas inextensible. »

Pour résumer, voici les points principaux sur lesquels porte la réforme de l'accès aux filières MMOP :

- Une diversité des voies d'accès : pour intégrer la deuxième année de votre choix, vous avez désormais 3 possibilités. Vous pourrez suivre un cursus spécifique, le fameux PASS, suivre une licence de votre choix avec une option spécifique « santé » ou enfin suivre les études d'auxiliaires médicaux puis passer les épreuves de sélection. Nous y reviendrons dans le point suivant.
- Disparition du *numerus clausus* : on le sait, la France manque de médecins. Le numerus clausus, qui représentait un quota de places attribuées à chaque filière et déterminé par arrêté, est remplacé par un *numerus apertus*. Ce dernier est défini par chaque université (dans un cadre posé tous les 5 ans par le gouvernement) pour répondre aux besoins de médecins propres à chaque région.

À noter

Avec la fin du numerus clausus, *le classement avec concours disparaît également. Désormais, il faudra, pour intégrer les filières MMOP, réussir des examens et être retenu à l'issue d'épreuves de sélection variées (pouvant éventuellement intégrer des épreuves rédactionnelles et orales).*

- Une épreuve de sélection double : le concours est remplacé par des épreuves de sélection qui intègrent deux groupes d'épreuves. Le premier groupe est

1. https://etudiant.lefigaro.fr/article/medecine-le-gouvernement-envisage-la-fin-du-numerus-clausus-en-premiere-annee_254737da-b0e1-11e8-a846-d35c1883d101/

constitué d'épreuves « classiques » avec une majorité de QCM, alors que le deuxième groupe, ouvert seulement aux étudiants ayant obtenu une note supérieure à un seuil fixé, comporte des épreuves rédactionnelles et un oral.

Remarque

Les processus de sélection sont beaucoup plus variés et offrent davantage de possibilités que ceux qui existaient avec la PACES : par exemple, en fonction des résultats de chaque candidat et sur avis du jury, il sera possible d'intégrer la 2e année de la filière choisie sans passer le 2e groupe d'épreuves, ou même d'intégrer directement la 3e année.

- Une possibilité de ne se présenter que deux fois aux épreuves de sélection et qu'une seule fois au PASS. Ainsi, les étudiants perdent la possibilité de redoubler leur « première année ». En revanche, ils peuvent en cas d'échec, se réorienter et tenter une autre fois d'intégrer la deuxième année.

Vous le voyez, la réforme a pour but d'une part de varier les profils des étudiants en filières MMOP, d'autre part de ne pas « laisser sur le carreau » une majorité écrasante d'étudiants, en favorisant les passerelles entre les études de santé et les autres cursus. Si le gouvernement cherche à assouplir légèrement les critères de sélection et donc à augmenter le nombre de médecins formés, une réalité économique s'impose : les études de médecine coûtent environ 11 000 € par étudiant et par an à l'État. Au regard de ces coûts, il est certain que le nombre d'admis en deuxième année ne pourra pas subir l'explosion attendue par certains bacheliers !

B. Définition du nombre d'étudiants admis en MMOP

Avec la fin du *numerus clausus*, la mise en place d'un nombre d'étudiants admis en 2e année obéit à des règles très différentes de celles en vigueur avec la PACES.

Des objectifs nationaux pluriannuels sont définis par l'université, chacune des filières MMOP, pour une période de 5 ans. Ces objectifs posent un cadre global, en termes de nombre d'étudiants admis à continuer leurs études de santé, en tenant compte de plusieurs paramètres. Parmi eux, nous pouvons citer : les besoins de santé et d'accès aux soins, la démographie des professionnels de santé, l'évolution des progrès, ainsi que les capacités de formation des universités...

À l'intérieur de ce cadre, les universités fixent annuellement les capacités d'accueil pour chacune des filières MMOP.

Ainsi, le *numerus clausus* est bel bien terminé avec la réforme de la PACES. Ceci dit, il est remplacé par un autre mode de sélection, nommé *numerus apertus*, qui n'en reste pas moins un redoutable moyen de ne retenir que les meilleurs étudiants.

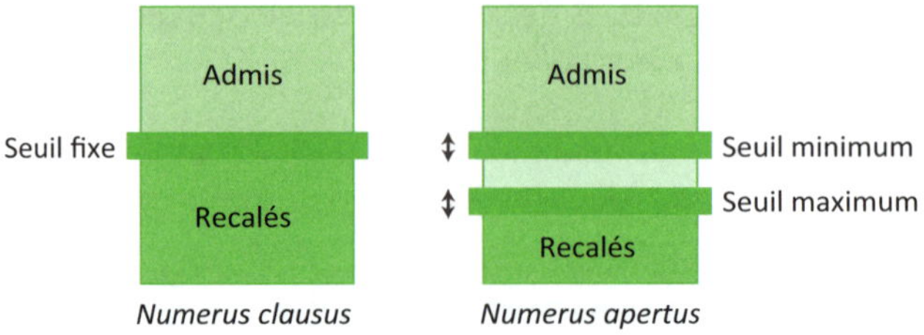

Dans le *numerus apertus*, les seuils ne sont pas fixes puisqu'on ne détermine pas un nombre d'étudiants intégrant *forcément* une filière, mais une capacité d'accueil maximale.

C. Intégration des filières MMOP

L'intégration des MMOP se fera via 3 parcours, afin de diversifier les profils des étudiants et de leur permettre de poursuivre d'autres études en cas d'échec. Il est important de retenir que, quelle que soit la voie choisie, l'étudiant ne pourra candidater que 2 fois au maximum à intégrer les filières MMOP.

Voie 1 : le lycéen choisit le parcours PASS

Dans ce cadre, il suivra une majorité de matières médicales et scientifiques (équivalentes à l'ancienne PACES) ainsi qu'une option dans une autre discipline, correspondante à ses points forts et ses autres projets éventuels.

1. Si l'étudiant obtient une note inférieure à 10/20 : c'est l'échec il ne valide pas son année et il doit repasser par ParcourSup pour s'inscrire en L1 (il ne peut pas redoubler son PASS). Il ne lui reste plus qu'une seule possibilité de présenter à nouveau les épreuves de sélection.
2. Si l'étudiant obtient une moyenne générale supérieure à 10/20, il valide son année et obtient 60 crédits ECTS. Attention, cela ne signifie pas qu'il intégrera forcément la 2e année. Il doit d'abord candidater au 1er groupe d'épreuves :
   - Il obtient une note comprise entre 10 et le seuil déterminé par son université : il ne peut pas passer le 2nd groupe d'épreuves, mais il peut s'inscrire en L2. Il ne lui reste plus qu'une seule possibilité de présenter à nouveau les épreuves de sélection.

Exemple
Un étudiant inscrit en santé ayant suivi une option « droit », pourra, si ses notes lui ont permis de valider son année et d'obtenir ses 60 crédits ECTS, intégrer directement la 2e année de Licence de droit.

   - Il obtient une note supérieure au premier seuil déterminé par son université : il est autorisé à passer le deuxième groupe d'épreuves à l'issue duquel il saura s'il est admis dans la filière MOOPK de son choix.
   - Il obtient une note supérieure au deuxième seuil déterminé par son université : il intègre directement la filière MMOPK de son choix sans avoir à passer le 2nd groupe d'épreuves.

À retenir
Si les modalités d'intégration directe en 3e année ne sont pas clairement définies dans les textes mais laissées à l'appréciation du jury, il est probable qu'en pratique, cette intégration directe en 3e année ne se déroule qu'à titre tout à fait exceptionnel.

Voie 2 : le lycéen choisit une licence L.AS

Ici, l'étudiant suit une licence de son choix (droit, sciences, STAPS...) qui propose une option « accès santé » pour la ou les filières qui l'intéressent (maïeutique, médecine, odontologie ou pharmacie). Il pourra présenter les épreuves de sélection à la fin de sa L1, L2 ou L3 en fonction du moment auquel il se sent prêt. L'option choisie concernera des enseignements propres à chaque filière. La plupart des enseignements des UE « santé » dispensés dans le cadre de la L.AS se font en distanciel.

Là encore, ses possibilités dépendent de ses résultats :

- il obtient plus de la moyenne : il est admis aux épreuves de sélection pour intégrer la deuxième année des filières MMOP. S'il n'est finalement pas retenu, il pourra continuer en L2 ou L3 (selon son année d'origine), et retenter sa chance une 2e et dernière fois ;
- il n'obtient pas la moyenne : son année n'est pas validée. Il peut redoubler ou se réorienter via ParcourSup.

> **Exemple**
> Un étudiant a le choix de passer les épreuves de sélection à l'issue de sa L1, L2 ou L3. Il a donc tout avantage à tenter ses épreuves en fin de L2, ce qui lui laisse une chance supplémentaire en L3 en cas de non sélection lors sa première tentative. La tentative en fin de L1 est réservée aux étudiants particulièrement brillants ayant réussi leur L1 avec d'excellentes notes.

Voie 3 : le lycéen choisit une filière d'auxiliaires médicaux

Les auxiliaires médicaux sont des professionnels de la santé répondant à une partie spécifique du Code de la Santé publique. On distingue notamment parmi eux les infirmiers, les masseurs kinésithérapeutes, les orthophonistes, les orthoptistes, les podologues, les pédicures, etc.

Si vous intégrez l'un de ces cursus, vous avez la possibilité ensuite de bifurquer vers une filière MMOP, à l'issue de votre 1re, 2e ou 3e année.

Là encore, seules deux tentatives (en tout) seront autorisées.

> **Exemple**
> Vous n'êtes pas sélectionné à l'issue d'une année PASS, et vous vous réorientez vers un parcours « infirmier ». Vous ne disposez donc plus que d'une seule possibilité de candidature pour intégrer une filière MMOP.

Ce nouveau de mode de sélection présente l'avantage d'intégrer la première année de médecine dans le cadre des crédits européens ECTS et ainsi de favoriser les équivalences et les réorientations en cas « d'échec ».

3 La démarche suivie

Devant la multiplicité des parcours possibles pour intégrer les filières MMOP, nous avons pris le parti, dans cet ouvrage, de nous focaliser sur la voie spécifiquement dédiée aux études de santé : le PASS.

Afin de vous permettre de suivre avec le maximum de réussite possible votre PASS, nous aborderons 6 grandes parties.

A. Présentation du PASS

Obtenir de bons résultats nécessite de fournir un travail adapté, et donc de connaître les caractéristiques générales de l'année qui vous attend. Cette partie vous présentera l'année de PASS ainsi que la façon la plus pertinente de vivre la transition avec la terminale, mais aussi ses débouchés, aussi bien en cas de réussite qu'en cas d'échec.

B. Se connaître

On traitera ici des éléments qui vous donneront les clés pour déterminer votre profil d'apprentissage, afin d'adopter l'organisation la plus adaptée. Il ne s'agit pas ici de généraliser une méthode qui s'appliquerait à tout le monde, mais de vous aider à choisir la vôtre, selon votre fonctionnement et votre tournure d'esprit.

C. S'organiser

La notion de planning (hebdomadaire et annuel) sera abordée, pour vous amener à gérer de façon cohérente votre travail, dans le but permanent de rentabiliser le temps passé sur vos cours.

D. Rédiger des fiches selon ses besoins

Vous apprendrez, grâce à de nombreux exemples, comment rédiger des fiches qui rentabilisent votre temps de travail. Pour cela, vous verrez comment les adapter à votre profil et aux impératifs de la matière.

E. Comment travailler chaque UE

En PASS, les matières sont regroupées par thème, que l'on nomme UE. Nous aborderons ici les spécificités du travail propre à chaque UE, en vous donnant les trucs et astuces qui vous assureront les meilleures places.

F. S'entraîner

L'entraînement est fondamental en PASS, car le mode d'évaluation est très différent de celui auquel vous étiez habitués en terminale. Nous verrons comment et à quel moment s'entraîner, pour arriver aux examens en ayant le meilleur niveau possible.

4 Comment utiliser ce livre ?

Je vous conseille de lire cet ouvrage en deux temps.

A. Première lecture

Tout d'abord, vous avez intérêt à le lire en entier, pour acquérir une vision d'ensemble. L'idéal serait d'entreprendre cette lecture au début de l'été précédent la rentrée universitaire, par exemple en juin, et ce pour deux raisons :

- d'une part, nous préconisons ici de commencer à travailler pendant l'été, pour vous permettre de prendre de l'avance sur le programme et les méthodes de

PASS. Il faut donc que vous ayez connaissance des caractéristiques du travail estival avant de l'aborder ;

- d'autre part, vous n'aurez plus le temps, une fois que l'année aura commencé, de vous consacrer à la lecture intégrale de ce livre. En effet, le temps libre en PASS est fortement réduit et vous aurez probablement envie, pour le peu dont vous disposerez, de le consacrer à autre chose qu'à lire un livre comme celui-ci ! Bien sûr, vous ne retiendrez pas tout dans cette lecture anticipée, car tout ce qui est abordé ici aura alors un caractère un peu théorique. Mais il restera toujours certains éléments, qui vous aideront le moment venu. Au moins, même si vous ne vous souvenez pas des détails, vous vous souviendrez les avoir lus, ce qui permettra une deuxième lecture ciblée et efficace.

B. Deuxième lecture

Celle-ci s'effectue une fois l'année commencée, car vous aurez probablement besoin de relire certaines parties, pour vous remémorer des points d'application de la méthode proposée ici.

N'hésitez pas alors à effectuer une lecture partielle, ciblée sur la partie qui vous concerne au moment où vous en avez besoin.

Justement, les différents thèmes ont été rédigés de façon à pouvoir être lus de manière indépendante, quitte à occasionner quelques répétitions. Celles-ci vous permettent de comprendre un chapitre sans nécessiter la lecture intégrale de l'ouvrage.

C. Le blog jereussismonpass.fr/blog

Afin de vous aider à suivre les préceptes développés dans cet ouvrage, nous vous proposons de nous retrouver sur un blog qui vous aidera à adapter votre travail au cours des différentes phases de l'année : jereussismonpass.fr/blog. Celui-ci développera un thème bien précis par article afin de vous permettre de savoir exactement quelle méthode mettre en place.

Vous pourrez également interagir avec nous et donc bénéficier de conseils personnalisés.

5 Pour finir...

Si, malgré toutes les mises en garde formulées jusqu'à présent, votre conviction n'est pas ébranlée et que vous êtes toujours très motivé à vous engager dans cette voie, alors c'est qu'elle est - peut-être - faite pour vous.

Nous vous souhaitons beaucoup de plaisir à avancer dans ce domaine passionnant, et de vous épanouir dans la suite de vos études de santé.

PARTIE 1

Présentation du PASS

Le PASS n'est que la première étape d'un cursus long et difficile, mais aussi passionnant et enthousiasmant, qui permettra au futur étudiant d'obtenir un diplôme d'état (DE) dans le domaine de la santé : médecin, chirurgien-dentiste, pharmacien, sage-femme…

Le fait que cette année soit sanctionnée par des examens lui confère un impact très particulier dans la scolarité de l'étudiant. En effet, après le bac obtenu par 80 % des lycéens, celui-ci se heurte à une sélectivité bien différente : seuls 30 % en moyenne des inscrits peuvent prétendre à passer en deuxième année dans une filière de la santé.

Pour mener à bien ces études, il semble fondamental de disposer d'une connaissance suffisamment précise de ce qui attendra le futur carabin, aussi bien au niveau de cette première année que dans la suite de sa formation. C'est pourquoi nous insisterons d'abord sur le fossé qui sépare la terminale du PASS, puis nous dresserons un panorama des études médicales et paramédicales, avant de présenter en détail cette première année de médecine.

CHAPITRE 1

La transition terminale/PASS

L'étudiant qui vient de réussir son bac compte probablement pouvoir réinvestir en PASS les méthodes de travail qu'il a expérimentées jusqu'ici. Malheureusement, celles nécessaires à la réussite du PASS sont très différentes de celles qui fonctionnent en terminale. L'étudiant devra donc remettre sur le tapis ses acquis, et s'ouvrir à de nouvelles perspectives.

1 Les particularités de la préparation au bac

Pour passer son bac, un lycéen a, dans le meilleur des cas, travaillé régulièrement, avec une période de révision précédant l'examen ; ou bien, dans un cas de figure moins favorable, il a laissé les cours s'accumuler et il a « bachoté » dans les dernières semaines, en répétant jusqu'à plus soif les exercices susceptibles de tomber.

Évidemment, le premier a plus de chances de réussir que le second. Mais, comme nous allons le voir, ce n'est pas forcément si simple...

A. Le mode d'évaluation du baccalauréat conditionne la façon de travailler

Le mode d'évaluation du baccalauréat, qui fait la part belle à la rédaction, et aux questions ouvertes, favorise grandement l'esprit d'analyse et de raisonnement ; cela permet de s'en sortir à des élèves qui auraient négligé certains détails de leur cours, si toutefois ils ont accédé à sa compréhension générale.

En SVT par exemple, la question rédactionnelle ou le commentaire de documents permettent à l'étudiant qui a globalement appris et compris son cours (sans retenir toutes les notions clés) de s'en sortir honorablement, et d'obtenir éventuellement une note supérieure à la moyenne. La maîtrise exhaustive des connaissances du cours n'est pas attendue, seule la compréhension générale est valorisée.

Le mode d'évaluation du baccalauréat permet donc aux élèves de ne pas insister sur certains détails, tant qu'ils ont compris la généralité. Le travail peut alors revêtir un caractère superficiel, sans pour autant être sanctionné par un échec.

B. La façon de travailler type « terminale »

La réussite au bac s'articule autour de 2 fondamentaux :

- **le développement d'un esprit de synthèse**, dans le but de répondre aux exercices d'application. Comme on vient de le voir, il est rare que la restitution exhaustive de connaissances abordées en cours soit attendue à l'examen. Ce qui est privilégié est surtout une compréhension générale, une mise en relation des connaissances dans le but de développer chez le futur étudiant un esprit d'analyse et de synthèse ;
- **l'entraînement sur les annales :** les sujets du bac varient peu d'une année à l'autre, et s'entraîner sur les sujets des années précédentes donne une idée relativement juste de ce à quoi un futur bachelier risque d'être confronté.

Ces deux fondamentaux conditionnent la façon de travailler en terminale, et plus généralement dans tout le lycée. En effet, un élève ayant compris son cours en classe pourra réussir ses contrôles, et finalement son bac, sans avoir vraiment approfondi ses connaissances. Il lui suffira de revoir les méthodes de résolution par une pratique régulière sur des annales pour avoir toutes ses chances de décrocher le précieux sésame.

Notre propos n'est pas ici de critiquer le mode d'évaluation du baccalauréat, mais plutôt de dire qu'il prépare de façon très incomplète les futurs étudiants à affronter des études supérieures exigeantes.

Ce que ma pratique révèle tous les ans, c'est qu'un bachelier aura tendance à croire qu'il sait travailler (puisqu'il a eu son bac), et aura donc du mal à s'ouvrir aux méthodes très rigoureuses nécessaires au PASS. Paradoxalement, c'est particulièrement vrai pour les plus brillants de nos étudiants, ayant décroché les mentions les plus élevées : pourquoi, puisque leur façon de travailler leur a permis de décrocher haut la main cet examen national, devraient-ils changer leurs méthodes ?

À retenir

Un étudiant brillant ayant reçu une mention TB au bac peut être déstabilisé par les nouvelles méthodes nécessaires à la réussite du PASS.

C'est ainsi que l'on voit parfois des étudiants qui ont toutes les compétences nécessaires à leur réussite ne pas être retenu pour continuer en MMOP pour ne pas avoir réalisé à temps que ce qui fonctionne dans un cas ne fonctionne pas forcément dans l'autre.

2 Les exigences du PASS

Avec la réforme, la volonté du gouvernement a clairement été de transformer le mode d'évaluation, en réduisant la part des QCM dans l'examen. En effet, dans la PACES, la quasi-totalité des épreuves prenaient la forme de QCM ; or ce type de questions peut correspondre à certains profils d'étudiants, mais pas du tout à d'autres qui se trouvaient ainsi largement défavorisés. Ainsi, pour rétablir l'égalité des chances, il a été proposé de réduire la part de QCM et de diversifier les modes d'évaluation.

Pourtant, le PASS met encore largement en jeu une évaluation par QCM, au moins sur le premier groupe d'épreuves, surtout parce qu'ils permettent une correction par lecture optique, ce qui n'est pas négligeable quand un cursus compte plusieurs milliers d'étudiants !

La difficulté est que le QCM est très éloigné du mode d'évaluation de la Terminale. Il est donc important de se préparer de façon spécifique.

A. Le mode d'évaluation du PASS : le royaume du QCM

Les caractéristiques détaillées des QCM, les techniques propres à leurs résolutions et leur travail seront abordés dans la 6e partie.

En PASS, l'écrasante majorité des évaluations se fait par le biais d'un QCM, qui prend la forme suivante :

- une phrase d'introduction, qui pose le contexte de la question ;
- 4 items, souvent numérotés A, B, C, et D : ce sont des affirmations, qui peuvent être vraies ou fausses et en rapport avec la phrase d'introduction ;
- un dernier item E, toujours identique : il s'agit de pouvoir quand même cocher une réponse, même si l'ensemble des items précédents est faux.

La notation du QCM est variable selon les universités. Dans certaines facultés, elle s'effectue selon **la loi binaire**, ou loi du tout ou rien : l'étudiant obtient 1 point s'il a donné la bonne combinaison (c'est-à-dire s'il a sélectionné toutes les affirmations attendues, et uniquement celles-ci), 0 s'il n'a pas la combinaison exacte.

Dans d'autres facultés, le résultat peut être pondéré en fonction du nombre de bonnes réponses, et ne pas fonctionner en binaire (0 ou 1). Notons qu'il n'y a quasiment plus de points négatifs en cas de mauvaise réponse comme cela était fréquent avant la réforme.

> **Exemple en biochimie**
> **QCM N° 1 : Quelles sont les affirmations exactes qui se rapportent au fonctionnement hépatique en phase post-prandiale :**
> A. La glycogénogénèse est stimulée.
> B. L'enzyme phosphofructokinase-2 est présente sous forme phosphorylée.
> C. La néoglucogénèse est stimulée.
> D. Le foie participe au rétablissement de la normoglycémie.
> E. Aucune des affirmations précédentes n'est exacte.
> En mode binaire, la bonne réponse est la combinaison AD, qui obtient 1 point. Toute autre réponse obtient 0.

L'évaluation en mode binaire oblige l'étudiant à retenir tous les détails de son cours. En effet, imaginez que vous cochiez ACD dans l'exemple précédent : vous ne vous trompez que sur un item. Pourtant, votre note est la même qu'un étudiant qui aurait coché B et qui aurait eu 4 items faux. C'est pourquoi un travail superficiel en PASS ne paie jamais.

Si vous êtes pris par le temps dans vos révisions, il vaut donc mieux revoir quelques chapitres en intégrant tous les détails, plutôt que tous les chapitres superficiellement.

Selon les matières, les QCM auront des spécificités différentes. Certains pourront nécessiter une compréhension profonde (car les items porteront sur une réflexion scientifique) ou sur un point de détail mentionné par l'enseignant.

C'est le cas par exemple en biologie cellulaire, où les QCM peuvent porter aussi bien sur une analyse d'expériences réalistes, nécessitant une compréhension approfondie et un raisonnement très rigoureux, que sur des points de détails fort peu motivants à apprendre (le nombre de sous-unités d'une protéine, son poids moléculaire...).

La rédaction de fiches est donc particulièrement difficile : en effet, par définition, une fiche se veut synthétique, c'est-à-dire non exhaustive. Or, comment être sûr que le point de détail qu'on a cru peu important et donc qu'on n'a pas reporté sur sa fiche ne va pas tomber le jour de l'examen ? C'est un grand risque qu'il vaut mieux éviter si l'on ambitionne d'être sélectionné !

B. Très loin du « survol » des cours, le travail en profondeur du PASS

Le travail en PASS se caractérise donc par un double objectif :

- **une compréhension générale approfondie**, permettant de faire des liens entre les chapitres ;
- **un apprentissage très pointilleux**, permettant de répondre correctement aux questions de détail.

Ce double objectif conditionne les méthodes à appliquer en PASS. Pour cela, l'étudiant dispose de plusieurs supports :

- **le polycopié du professeur**, parfois mis à disposition par les enseignants ;
- **la ronéo** (ou « corpo » selon les appellations), cette réécriture du cours par des étudiants en années ultérieures de médecine à partir d'un enregistrement vocal ;
- **les cours de la prépa**, si l'étudiant y est inscrit, lui apportant des fiches déjà élaborées ;
- **des livres**, comme ceux de la collection « PASS SANTÉ », aux éditions Ediscience. Il faudra systématiquement vérifier que son contenu correspond au traitement de la matière dans votre université.

La grande difficulté est justement de ne pas s'éparpiller en travaillant sur plusieurs supports différents. C'est pourquoi il est très judicieux de forger l'essentiel de son travail sur les fiches, soit faites par l'étudiant lui-même, soit apportées par sa prépa.

Pour être efficaces, les fiches doivent être à la fois **synthétiques** et **quasi exhaustives**. Ces deux critères qui peuvent sembler antagonistes au premier abord, sont en fait tout à fait conciliables. Les techniques de rédaction des fiches propres au PASS seront reprises dans la quatrième partie de ce guide.

À retenir

Contrairement à la terminale, les fiches du PASS doivent être exhaustives.

Le but des fiches est de permettre un apprentissage facilité et une rétention de l'information sur le long terme par une organisation pertinente des données. Le type de fiche dépend :

- des matières : on ne travaille pas la chimie organique de la même façon que les sciences humaines et sociales ;
- des étudiants : certains préfèrent des fiches schématiques, d'autres des fiches rédigées.

Le principal est toujours de :

- faire apparaître un plan ou la structure du cours de manière très évidente, pour organiser l'apprentissage, et permettre une vue d'ensemble : cela couvre le critère « synthétique » des fiches ;
- ajouter tous les petits détails qui ont été mentionnés en cours : ça leur permet d'être « complètes et quasi exhaustives ».

Par ce mécanisme, l'étudiant commence à apprendre en **construisant sa fiche**, et pourra revenir sur son apprentissage autant de fois que nécessaire, très efficacement, car il ne s'éparpillera pas en consultant plusieurs supports différents.

Enfin, **la rédaction de la fiche** par l'étudiant, ou le travail sur celle donnée par la préparation, lui assure d'avoir bien compris ses cours : contrairement aux idées reçues, un PASS ne requiert pas un simple apprentissage par cœur, que l'on restituerait tel un perroquet, mais une compréhension poussée. En effet, il arrive que les QCM portent sur des points du cours qui n'ont pas été traités tels quels, mais auxquels on peut répondre grâce à lui. Si le cours a simplement été appris par cœur, il est impossible de répondre à ce type de questions.

De plus, la somme de connaissances à intégrer en un temps limité est telle, qu'il est quasi-impossible de le faire sans la compréhension du cours. Car, cela semble relativement évident, on retient mieux ce que l'on comprend !

À retenir

Sans la compréhension, le « par cœur » est voué à l'échec.

La fiche permet donc de « donner du sens » à l'apprentissage, de l'organiser grâce à un plan apparent, et finalement, de le rendre vraiment performant.

C. Anticiper le changement

Ce bref panorama du PASS, comparé aux exigences de la terminale, nous a permis de prendre conscience des difficultés qui attendent le futur étudiant, et surtout des qualités qu'il doit commencer à cultiver, dès sa préparation au baccalauréat.

Il n'est pas question ici, comme certains le préconisent, de commencer à travailler son PASS en terminale, mais simplement de mettre en place les méthodes qui devront être utilisées l'année suivante.

Voyons maintenant les particularités des études dans le domaine de la santé.

2 CHAPITRE

Les spécialités médicales

Très souvent, un lycéen désireux de se lancer dans des études de médecine est attiré par une sorte d'idéal du métier (sauver des vies, être reconnu socialement, avoir un bon salaire...). Mais il est rare qu'il ait, en terminale, une connaissance précise de la filière dans laquelle il s'engage. Il sait probablement que les études sont longues, et que la première année est très sélective, mais en sait-il davantage ?

C'est justement pour combler ces lacunes que nous vous proposons de présenter les études de santé dans leur globalité.

Réussir le PASS demande certaines qualités :

- une capacité de travail importante : il faut savoir qu'en PASS, vous travaillerez entre 10 et 14 heures par jour ;
- un faible besoin de sommeil : avoir un besoin de 12 heures de sommeil réduit d'autant la durée potentielle de travail ;
- une maturité associée à une capacité de travail en autonomie : l'aptitude à s'organiser est une qualité très importante pour réussir le PASS ;
- un bon moral : le PASS est très éprouvante nerveusement, et il est intéressant de supporter la pression et un stress intense. De nombreux étudiants capitulent avant le jour de l'épreuve car leurs nerfs n'ont pas résisté. Il est normal de craquer à un moment, il faut simplement avoir la capacité de rebondir ;
- une capacité de remise en cause : le PASS est une épreuve qui aide à grandir. Elle favorise l'humilité et récompense ceux qui acceptent de remettre en cause leurs méthodes, sans s'entêter si celles-ci s'avèrent inefficaces.

Ces qualités sont toutes favorables à la réussite, mais ne sont ni nécessaires, ni suffisantes. Cependant, il est certain que si un étudiant n'en présente aucune, il faudra peut-être envisager une autre orientation...

Il faut toutefois être vigilant à un point capital : un étudiant ayant été sélectionné ne va pas forcément s'épanouir dans la filière obtenue. En effet, il faut encore s'assurer que la spécialité choisie convienne à son profil.

Celui-ci a le choix entre **4 spécialités principales**, qu'il devra sélectionner lors de l'inscription : Médecine, Dentaire, Maïeutique et Pharmacie, plus éventuellement d'autres, selon les universités. Le détail du choix sera traité ultérieurement ; pour le moment, il nous semble judicieux d'expliciter la teneur exacte de chaque spécialité. La connaissance précise des différents métiers qui composent le domaine de la santé pourra vous aider à faire le bon choix, le moment venu.

En effet, les débouchés correspondant au domaine de la santé, très vaste, sont particulièrement variés. Il est certain qu'un médecin de campagne n'exerce pas du tout le même métier qu'un pharmacien travaillant dans un laboratoire à la découverte de nouvelles molécules efficaces.

À retenir

Faire des études de médecine peut déboucher sur des métiers auxquels on ne pense pas toujours : conférencier, expert, consultant, chercheur...

Et c'est justement là-dessus qu'il faut insister : le domaine de la santé inclut de si nombreux métiers qu'il sera toujours possible d'en trouver un qui convienne parfaitement à votre profil.

1 Médecine : la filière reine

C'est la spécialité la plus demandée. En intégrant « médecine », l'étudiant s'ouvre de nombreuses portes : il obtiendra le titre de docteur en médecine, avec tous les domaines que l'on connaît (généraliste, ophtalmologiste, gynécologue, endocrinologue...). Les études durent de 9 à 11 ans en fonction de la spécialité choisie.

A. Le déroulement des études médicales

Les études sont forcément longues et, bien que moins stressantes que la première année, ne sont pas de tout repos.

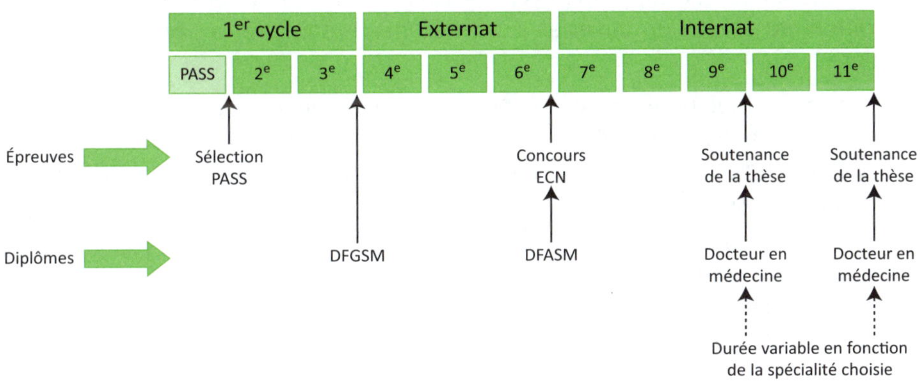

Figure 1.1 : Le cursus d'études de médecine

Le premier cycle

Il comporte le PASS et les deux années ultérieures. Il est sanctionné par le **di**plôme de **f**ormation **g**énérale en **s**ciences **m**édicales (**DFGSM**), reconnu au niveau licence. Pas de concours en vue, mais des formations alliant cours magistraux (physiologie, sémiologie, bactériologie...), travaux pratiques, dirigés, et stages.

Le deuxième cycle, ou externat

Il correspond à la 4e, 5e et 6e année de médecine ; ce cycle est sanctionné par le **d**iplôme de **f**ormation **a**pprofondie en **s**ciences **m**édicales (**DFASM**), reconnu au grade de master.

Le programme s'articule autour des pathologies et de leur thérapeutique. Le plus souvent, les enseignements sont organisés par modules thématiques en lien avec les stages : par exemple, cardiologie/pneumologie/réanimation. La pratique clinique occupe de plus en plus de temps.

Durant cette phase, l'étudiant hospitalier est aussi salarié de l'Assistance publique, avec des stages à mi-temps le matin à l'hôpital et un total de 25 gardes à effectuer. Cet emploi lui permet d'obtenir un début de rémunération (entre 150 et 350 euros par mois).

Le troisième cycle, ou internat

Si vous êtes inscrit en PASS cette année, vous ne passerez plus, pour intégrer le troisième cycle, les fameuses **ECN** (**é**preuve **c**lassante **n**ationale). Il s'agissait d'un concours qui déterminait les spécialités que le carabin était autorisé à suivre. Les ECN ont disparu en 2020. En effet, ce système était très fortement critiqué, en particulier car il ne tenait pas compte des compétences de terrain des futurs praticiens, et parce que la réussite à ces épreuves nécessitait un important bachotage, très éloigné de la réalité du métier auquel les carabins sont censés être formés.

Ainsi, l'intégration au troisième cycle va maintenant se réaliser selon des modalités différentes. Deux épreuves se succéderont, centrées sur les besoins du futur métier :

1. en fin de cinquième année, les connaissances seront évaluées par une épreuve écrite, ainsi qu'éventuellement au moyen d'un contrôle continu. Les connaissances attendues seront recentrées autour d'un socle fondamental, commun à toutes les spécialités ;
2. en fin de sixième année, ce seront les compétences, cliniques et relationnelles, qui seront évaluées en adéquation avec la spécialité demandée. Les stages effectués seront ainsi considérés, et vont constituer un atout pour l'admission dans la spécialité souhaitée.

Le parcours de l'étudiant sera davantage valorisé, selon des modalités qui restent à définir. Les doubles cursus, l'implication dans le tutorat, une mobilité internationale ou un master pourraient par exemple être pris en compte dans ce volet de l'évaluation[2].

L'internat dure de 3 à 5 ans et comprend au moins 6 stages semestriels. L'étudiant suit parallèlement des enseignements théoriques et prépare une thèse de recherche. Pour obtenir le Diplôme d'État de docteur en médecine et s'installer, il faut valider les stages, le DES (diplôme d'études spécialisées) de la discipline suivie et soutenir sa thèse.

2. http://www.remede.org/documents/fin-des-ecn-entree-en-vigueur-en-2019.html.

B. Motivation aux études de médecine

Devenir médecin généraliste ou spécialiste

Attention, il faut savoir qu'aujourd'hui un médecin généraliste exerçant dans une grande ville ne gagne plus forcément des sommes mirobolantes. L'argent ne peut donc pas être le seul moteur pour se lancer dans cette voie. Il sera important d'**aimer les rapports humains**, et ne pas oublier que la médecine traite des malades, et non des maladies, ce qui peut parfois passer au second plan au cours des études. Une **grande rigueur dans la gestion comptable** est requise, car l'Assurance Maladie impose des contraintes qui obligent les médecins à consacrer une part non négligeable de leur temps à l'administratif.

Il ne faut d'ailleurs pas oublier que de nombreux médecins n'exercent jamais leur art auprès de malades. La lourdeur du système de santé décourage certains nouveaux diplômés, qui préfèrent se tourner vers la recherche, l'enseignement, ou prendre le rôle d'expert auprès de laboratoires pharmaceutiques. Ces débouchés, en lien avec la médecine sans être directement associés au traitement de malades, sont autant de portes ouvertes grâce au titre de médecin.

ENCART **Exercice libéral ou salariat ?**

Il faut savoir que « lors de leur première inscription à l'Ordre [des médecins], à peine 15 % des jeunes médecins choisissent l'exercice libéral/mixte en 1re intention » précise le docteur Jean-François Rault, président du conseil de l'Ordre des médecins, dans son rapport sur la démographie médicale 2015[3]. Ce chiffre illustre bien le fait que la médecine libérale, exercée en tant que médecin généraliste ou spécialiste, ne s'attire plus les faveurs des jeunes diplômés : ils lui préfèrent le salariat.

La désertion de l'exercice en libéral ne peut s'expliquer par des raisons financières, les gains générés étant souvent plus élevés qu'en salariat. Par exemple, on constate que seuls 1,4 % des nouveaux diplômés en radiologie, pourtant réputée comme étant l'une des spécialités les plus rémunératrices, s'installent en libéral. Cela montre bien que le problème ne relève pas que d'une question financière, mais d'un statut global de la médecine libérale.

Le double cursus médecine-recherche

Si l'étudiant est d'emblée très **attiré par la recherche** et doué d'un **esprit curieux**, il pourra s'avérer judicieux de suivre ce qu'on appelle un double cursus médecine-recherche. Ce cursus ouvre la voie à la recherche médicale, et donc permet au lauréat de participer à la découverte de nouveaux traitements.

Avec la réforme de la PACES, les modalités d'admission restent floues[4]. Néanmoins, il est probable que le calendrier soit proche de celui existant avant le PASS. Pour intégrer l'INSERM, il sera nécessaire de réussir un concours très sélectif (seules 60 places sont disponibles), qui s'articule autour de 2 phases :

3. [conseil-national.medecin.fr/sites/default/files/atlas_national_de_la_demographie_medicale_2015.pdf].

4. https//www.inserm.fr/connaitre-inserm/double-cursus-medecine-science.

1. une première sélection sur dossier (le jury analyse les résultats du Bac, les notes du PASS, et la motivation) donne accès à un stage de 2 semaines de conférences se déroulant en février. La remise du dossier s'effectue en général au plus tard en septembre de l'année suivant l'obtention du PASS ;
2. à l'issue de ce stage, l'étudiant est préparé à passer le concours qui se déroule en juin. Il s'agit ici de 2 épreuves orales basées sur une analyse de découvertes scientifiques.

Avec ce concours en poche, l'étudiant obtient une thèse de médecine (avec le titre de médecin) et une thèse de biologie (dans un domaine de son choix), ce qui débouchera sur un emploi au sein d'unités de recherches. À noter : pendant tout son double cursus, l'étudiant est payé par l'INSERM (d'environ 400 € mensuels en début de formation, ce financement peut atteindre 1 600 € pendant son doctorat).

Choisir l'enseignement

Enfin, le titre de médecin peut aussi permettre d'enseigner, aussi bien en université qu'en école privée. En effet, ces dernières sont de plus en plus nombreuses à se créer dans le domaine de la santé, avec un fort besoin en personnels qualifiés : école d'ostéopathie, d'infirmière, d'esthétique... Si l'aspect **transmission de savoirs** et pédagogique vous attire, ces métiers sont faits pour vous ! Et pourquoi pas en complément d'un exercice en libéral ?

2 Odontologie (dentaire) : une filière très recherchée

Devenir dentiste semble très attirant pour les étudiants, tant l'engouement que cette spécialité suscite est fort. De fait, elle arrive juste derrière médecine au rang des spécialités les plus convoitées.

Le métier de dentiste se traduit par des aptitudes qui lui sont propres : si être médecin demande surtout un esprit d'analyse (et aussi dans le meilleur des cas, de synthèse), celui de dentiste nécessite des compétences techniques bien particulières. Les gestes à accomplir au moment des soins requièrent **précision** et **habileté**, qui sont deux qualités développées très tôt au niveau du cursus.

S'épanouir en tant que dentiste demande donc à l'étudiant de développer un goût certain pour la réalisation de ces actes. De plus, présenter une curiosité et un intérêt pour les matériaux utilisés (dont l'étude peut s'avérer assez rébarbative) est un atout sérieux.

Premier cycle, ou années précliniques

Les enseignements sont répartis ainsi :

- les **cours magistraux** représentent 1/3 de la formation, ils portent sur l'anatomie, la radiologie ou encore la physiologie buccale ;
- les **travaux pratiques** représentent 2/3 du temps d'enseignement, ils visent à apprendre aux étudiants à réaliser des prothèses, des dévitalisations, des dents en cire...

Dans ce cycle, l'étudiant entre en contact avec le patient, mais ne réalise pas encore de soins : il se cantonne au rôle d'observateur.

À l'issue des 6 semestres de formation (incluant les 2 semestres du PASS), il obtient le **d**iplôme de **f**ormation **g**énérale en **s**ciences **o**dontologiques (**DFGSO**), reconnu au niveau licence.

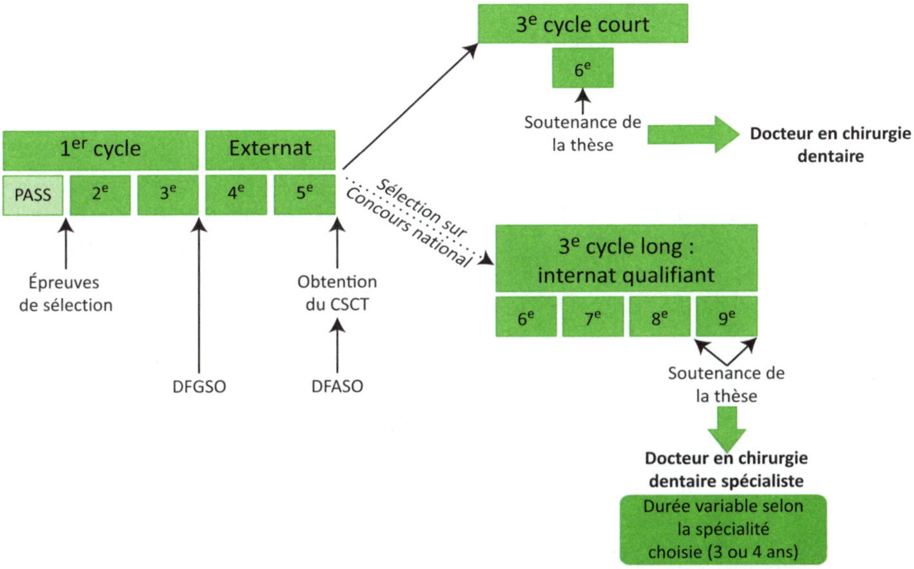

Figure 1.2 : Le cursus d'études d'odontologie (dentaire)

Deuxième cycle, ou années cliniques

Durant les deux années suivantes, le futur chirurgien-dentiste met en pratique ses connaissances dans le traitement de « vrais » patients. Le cursus présente moins de travaux pratiques, mais plus de conditions réelles.

Au programme : une vingtaine d'heures hebdomadaires de vacation rémunérées en centre de soins ou en CHU (centre hospitalo-universitaire). Plusieurs autres stages jalonnent ces années : en cabinet ou dans un autre service hospitalier (stomatologie, chirurgie maxillo-faciale...).

La validation de la 5e année passe par l'obtention du **CSCT** (**c**ertificat de **s**ynthèse **c**linique et **t**hérapeutique).

À la fin de sa 5e année, l'étudiant décroche le **di**plôme de **f**ormation **a**pprofondie en **s**ciences **o**dontologiques (**DFASO**), reconnu au grade de master. Il peut aussi passer un concours, qui lui donne accès à un troisième cycle long.

Troisième cycle

À l'issue de la 5e année l'étudiant a deux possibilités, qui aboutissent toutes deux à la soutenance d'une thèse et donc à l'obtention du titre de chirurgien-dentiste :

- **3e cycle court** : il consiste en une seule année, permettant de terminer de se préparer à l'exercice du métier ;

- **3e cycle long** : il constitue l'**internat qualifiant d'odontologie**, et dure de 3 à 4 ans selon la spécialité choisie. Son entrée s'effectue sur concours, à la fin de la **5e** année (109 places en 2019).

  Il permet l'obtention d'un titre de spécialiste dans les domaines de la **chirurgie orale** (pose d'implants, extractions...) en 4 ans, **l'orthodontie** (appareils dentaires) et la **médecine bucco-dentaire** (soins, prothèses...) en 3 ans.

3 Pharmacie : la polyvalence

On l'oublie souvent, se lancer dans des études de pharmacie offre de nombreuses perspectives professionnelles. Le diplôme d'État de pharmacien, obtenu au bout de 6 ou 9 ans d'études, peut certes ouvrir la voie à l'exercice en officine, mais aussi à la recherche médicale, à l'expertise dans l'industrie pharmaceutique, ou à la spécialisation dans le domaine des médecines naturelles...

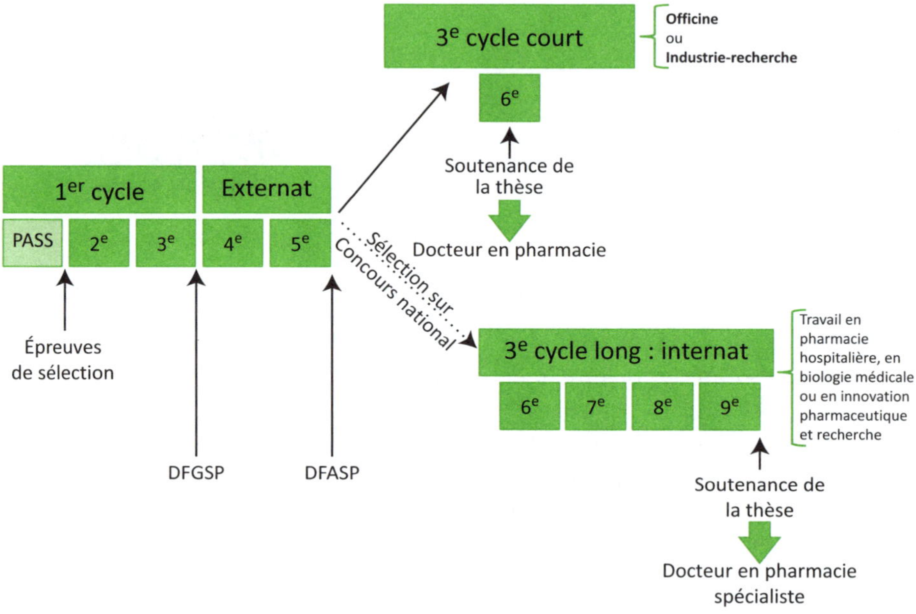

Figure 1.3 : Le cursus d'études de pharmacie

Les qualités requises pour réussir et s'épanouir sont donc difficiles à lister tant les métiers offerts par ce DE sont variés : le goût pour le contact humain, le fonctionnement des molécules chimiques, la recherche médicale et la connaissance du vivant sont sans aucun doute des atouts pour s'épanouir dans ce domaine.

Premier cycle

Il établit la base du métier de pharmacien. S'articulant autour de cours magistraux (biochimie, biologie humaine, infectiologie...) et de TP, il permet aux étudiants répartis en petits groupes, de commencer à manipuler.

Dès la troisième année, l'étudiant en sciences pharmaceutiques doit choisir les UE optionnelles en fonction de l'orientation envisagée : officine, industrie ou préparation à l'internat.

Ce cycle est sanctionné par le diplôme de **f**ormation **g**énérale en **s**ciences **p**harmaceutiques (**DFGSP**). Délivré à l'issue de 6 semestres de formation, il est reconnu au niveau licence.

Deuxième cycle

Composé de la 4e et 5e année, les enseignements de ce cycle dépendent de l'orientation choisie.

Seul le premier semestre de la 4e année est commun aux trois filières, les autres comporteront des UE spécifiques à l'orientation choisie. Au cours de la 5e année, l'étudiant passe la moitié de son temps en hôpital.

L'étudiant validant ce deuxième cycle obtient le **d**iplôme de **f**ormation **a**pprofondi en **s**ciences **p**harmaceutiques (**DFASP**), reconnu au grade de master.

Troisième cycle

Il est plus ou moins long selon la spécialité choisie.

- **Officine**

Ce troisième cycle ouvre les portes du travail en pharmacie et de l'**industrie** (travail dans un laboratoire pharmaceutique).

Il se réduit à un an de préparation à l'exercice du métier, au cours duquel l'étudiant partage son temps entre 6 mois de cours et 6 mois de stages propres à chaque filière. À l'issue de cette année, la soutenance d'une thèse permet aux étudiants d'obtenir le **d**iplôme d'**é**tat (**DE**) de pharmacie.

- **Internat**

Il permet l'obtention d'un **d**iplôme d'**é**tudes **s**pécialisées (**DES**), qui ouvre les portes de la biologie médicale, de l'industrie pharmaceutique et du secteur public.

Il s'agit d'une formation sur 4 ans, accessible sur concours en fin de 5e année (510 places en 2019) et rémunérée. L'étudiant a le choix de sa spécialisation, selon son rang au classement : biologie médicale, pharmacie, innovation pour la recherche pharmaceutique. Il alterne entre cours et stages (à plein-temps) à l'hôpital.

Au départ, un interne de 1re année est payé environ 16 500 euros par an. À la fin de sa formation, l'interne soutient un mémoire pour obtenir son diplôme.

4 Maïeutique, ou sage-femme

Métier essentiellement féminin (moins de 2 % d'hommes dans la profession, qualifiés de « maïeuticiens »), la maïeutique attire de nombreux étudiants. Son rôle dans l'accompagnement et le suivi de la grossesse normale (c'est-à-dire non pathologique) lui permet de prescrire certains médicaments et des arrêts de travail. Douées d'une certaine autonomie dans le suivi des patientes, les sages-femmes allient actes thérapeutiques concrets (avant, pendant ou après l'accouchement) et suivi plus psychologique de la femme enceinte.

Les futur(e)s sages-femmes ont le choix entre travailler en hôpital, en libéral, ou faire de la recherche en laboratoire. Il leur est possible de compléter leur formation en participant à de nombreux **d**iplômes **u**niversitaires (**DU**), qui leur apportent une certaine spécialisation (sexologie, acupuncture, aromathérapie…).

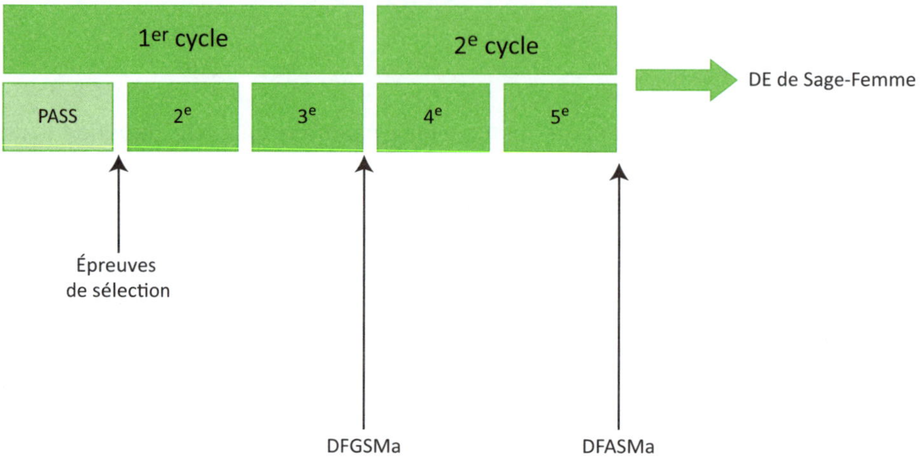

Figure 1.4 : Cursus des études de maïeutique

A. Premier cycle

Ce cycle pose les jalons de la connaissance théorique indispensable à la sage-femme, et permet à l'étudiant de réaliser des stages courts. Le **d**iplôme de **f**ormation **g**énérale en **s**ciences **ma**ïeutiques (**DFGSMa**), délivré à l'issu de ce premier cycle, est reconnu au niveau licence.

B. Deuxième cycle

De plus en plus tournée vers la pratique, la formation propose ici un volet théorique, et de nombreux stages sur le terrain, dont un de 6 mois lors de la deuxième année. Dès 2015, les élèves qui valident leur 5e année (par la rédaction d'un mémoire de fin d'études) ont un **d**iplôme d'**é**tat (**DE**) de sage-femme et également le **d**iplôme de **f**ormation **a**pprofondie en **s**ciences **ma**ïeutiques (**DFASMa**), reconnu au grade de master.

5 Les autres débouchés

Le PASS ouvre aussi d'autres portes, dont la diversité dépend des universités. La plupart des écoles de masso-kinésithérapie accueillent leurs étudiants après un PASS, de même que certaines écoles d'ergothérapeutes ou de psychomotriciens. Les numerus clausus concernant ces filières sont fixés par arrêté régional.

Si le métier de masso-kinésithérapeute vous intéresse, sachez qu'il existe plusieurs voies pour intégrer les écoles :

- réussir le PASS ou une L.AS : si vous validez votre année (et que vous obtenez les 60 crédits ECTS), vous pouvez candidater en kinésithérapie ;

- suivre un cursus biologie ou STAPS : il vous est possible de candidater aux écoles de kinésithérapie après avoir suivi une 1re année de biologie ou de STAPS. Sachez quand même que, dans certaines universités, la mineure en STAPS vous empêche de candidater pour d'autres filières que kiné.

On le voit, le PASS ne limite pas l'étudiant ayant obtenu ses examens au strict domaine médical. Chaque étudiant, selon son profil, aura la possibilité de trouver une voie qui lui convient. Voyons maintenant les modalités de l'inscription en PASS.

3 CHAPITRE

S'inscrire en MMOP

Aujourd'hui, s'inscrire en filières MMOP nécessite une réflexion plus profonde car il n'existe plus UNE voie royale comme au temps de la PACES. Avec les trois voies d'accès possibles, l'étudiant doit réfléchir à un projet global et envisager un plan B, en cas d'échec, dès son inscription. Cela l'oblige à établir un état des lieux des compétences, de ses points forts et des matières dans lesquelles il pourrait éventuellement développer un centre d'intérêt, si son premier projet venait à ne pas aboutir. Ainsi, le choix est beaucoup plus réfléchi qu'avant la réforme.

Quelle que soit la voie choisie, le lycéen devra utiliser la plateforme Parcoursup pour valider son inscription. Son principe est de proposer un parcours individualisé, qui s'inscrit dans la durée : les réponses aux différents vœux arrivent progressivement à partir de mi-mai, et permettent aux étudiants de donner des réponses en continu, en fonction des filières dans lesquelles ils sont acceptés et de leurs aspirations.

Voici les clés à connaître pour s'inscrire en MMOP via Parcoursup.

1 Comment choisir si je m'inscris en L.AS ou en PASS ?

Le premier point à considérer est de savoir si l'Université dans laquelle vous souhaitez poursuivre vos études comporte une faculté de médecine ou non. En effet, le PASS n'est proposée que dans les universités comportant une faculté de médecine, alors que les licences L.AS. sont accessibles dans toutes les universités, sans restriction.

Ainsi avec la réforme, les Universités de toutes les régions de France peuvent offrir la possibilité aux étudiants d'intégrer une filière MMOP par le biais des options « Accès santé » proposées dans leurs différentes licences (droit, biologie, psychologie, lettres, STAPS...).

L'autre critère vous permettant de faire le bon choix est de savoir dans quelles disciplines vous avez le plus de facilités :

- Si vous avez obtenu un bac avec des disciplines de spécialités scientifiques (SVT, physique/chimie, mathématiques, en gros l'équivalent de l'ancien bac S) et une mention B ou TB, vous avez les atouts pour vous inscrire en PASS. Vous choisirez alors votre option dans la discipline qui vous plaît le plus et pour laquelle vous pourriez envisager de poursuivre des études en cas de non sélection pour intégrer la filière MMOP de votre choix.
- Si vous avez un goût prononcé pour les matières médicales et une volonté de fer mais que votre parcours scolaire ou vos résultats ne vous prédisposent pas à réussir le PASS, la licence L.AS. peut vous fournir une belle opportunité. En effet, avec environ 40 % des places disponibles réservées à cette voie, la probabilité d'être

intégré en MMOP est maintenant significative ! L'option « Accès santé » vous ouvrira le droit à 10 crédits ECTS, et comportera des enseignements portant sur les compétences nécessaires à la poursuite d'études en santé (enseignements en sciences fondamentales et en sciences humaines et sociales relevant du domaine de la santé), des cours d'anglais, des modules pour découvrir les métiers des filières MMOP, et une préparation aux épreuves permettant de candidater en santé.

INFIRMIER(E) OU MÉDECIN ?

Avec la réforme, il n'est plus nécessaire de choisir dès le départ entre études médicales et de soins infirmiers. En effet, il est possible, comme pour une L.AS., de s'inscrire en IFSI, et de passer les épreuves de sélection pour les filières MMOP, en 1re, 2e et/ou 3e année (dans la limite de deux tentatives).

En cas de réussite, vous quitterez l'IFSI pour intégrer la fac de médecine, maïeutique, odontologie ou pharmacie, pour laquelle vous avez été retenu(e).

En cas de non-sélection, vous pourrez continuer vos études d'infirmier(e).

QUE SONT LES VŒUX MULTIPLES ?

Avec Parcoursup, la possibilité de faire des vœux groupés sera élargie à toutes les filières et ne sera plus réservée aux filières en tension (droit, médecine...) comme c'était le cas avec APB. Désormais, un candidat pourra sélectionner une classe préparatoire donnée, et ensuite choisir plusieurs établissements. Mais il pourra également faire des sous-vœux pour un domaine et proposer différentes formations : par exemple, dans le domaine de l'informatique, l'étudiant pourra sélectionner le BTS d'informatique, le DUT d'informatique ou la licence d'informatique, tout en ne comptabilisant qu'un seul vœu. Ces vœux multiples sont limités : 20 sous-vœux maximum pour le total des vœux multiples et 10 sous-vœux maximum par vœu multiple.

Pour le **PASS en Île-de-France**, vous pouvez formuler 7 sous-vœux correspondant aux UFR médicales franciliennes, comme en 2017, et ne comptabiliser qu'un seul vœu.

Les vœux doivent être entrés sur Parcoursup entre le 22 janvier et le 2 avril 2020.

2 Comment formuler les vœux sur Parcoursup ?

Les étudiants ont la possibilité de formuler dix vœux, avec éventuellement des vœux multiples pour des formations correspondant à des cursus similaires, sans qu'il y ait de priorités de certains vœux par rapport à d'autres.

3 Quels éléments entrer sur Parcoursup pour valider ma demande d'entrée en PASS ?

La décision des universités se fondera sur plusieurs éléments.

- Les bulletins de notes des deux premiers trimestres : vous avez donc intérêt à obtenir les meilleurs résultats possibles.

- La fiche « Avenir » : c'est sur ce document que le conseil de classe donnera son avis sur les vœux d'orientation que vous avez formulé sur Parcoursup. Ce document comportera plusieurs éléments, dont votre classement pour chaque matière, votre moyenne sur les deux premiers trimestres de l'année de terminale, ainsi que l'appréciation de vos enseignants sur vos méthodes de travail, votre motivation, votre autonomie...
- L'espace « projet de formation motivé » : vous permettra de détailler un projet pour chaque vœu exprimé. Selon le ministère de l'Éducation, ce document s'apparente à une lettre de motivation.

4 Selon quels critères les vœux sont-ils validés ?

Plusieurs critères vont entrer en jeu pour dicter le choix des universités quant à votre candidature. Elles vont s'appuyer sur votre motivation, vos résultats, l'avis du conseil de classe (via la fiche « avenir ») et surtout sur l'adéquation entre votre profil et les attendus dressés pour chaque filière. Ils consistent en une liste de compétences dressée par différents acteurs du secteur (comme le ministère de l'Enseignement supérieur, de la Recherche et de l'Innovation, le ministère de l'Éducation nationale, ou la Conférence des présidents d'université).

Voici la liste des attendus pour le PASS.

- Disposer de très bonnes connaissances et compétences scientifiques. Ces connaissances et compétences visent notamment à attester d'une :
  - capacité à analyser, poser une problématique et à mener un raisonnement ;
  - capacité d'abstraction, de logique et de modélisation ;
  - très bonne maîtrise des compétences classiques et expérimentales attendues en physique, chimie, sciences de la vie et de la terre et mathématiques à la fin de la classe de terminale.
- Disposer de très bonnes compétences en communication. Ces compétences visent notamment à attester d'une :
  - capacité à communiquer à l'écrit et à l'oral de manière rigoureuse et adaptée ;
  - capacité à se documenter dans au moins une langue étrangère, prioritairement anglaise, à l'écrire et à la parler à un niveau moyen.
- Disposer de très bonnes connaissances et compétences méthodologiques et comportementales. Ces connaissances et compétences visent notamment à attester d'une :
  - capacité d'apprentissage : curiosité, capacité à organiser et à conduire ses apprentissages ;
  - capacité à fournir une très importante quantité de travail personnel : être capable de le programmer et de s'y tenir dans la durée.
- Disposer de qualités d'engagement importantes compte tenu de la difficulté du PASS et des filières qui en sont issues.
- Disposer de qualités humaines, d'empathie, de bienveillance et d'écoute est essentiel dans toutes les filières ouvrant aux métiers de santé.

LE MOT DU MINISTRE

« Le processus fait que, dès qu'on a deux "oui", on peut choisir celui que l'on préfère. Cela va permettre de libérer très vite des places. Parcoursup va fonctionner en continu et pas en bloc comme APB. »

Frédérique Vidal, ministre de l'Enseignement supérieur, de la Recherche et de l'Innovation[5]

5 Un bac à dominante scientifique est-il indispensable pour intégrer une MMOP ?

Avant la réforme, le bac S n'était officiellement pas obligatoire, mais en pratique, la quasi-totalité des étudiants qui réussissaient leur PACES avaient obtenu un bac S avec mention.

Depuis la disparition de la PACES, la donne a largement changé : la possibilité d'intégrer une filière MMOP en suivant une L.AS. variée ouvre la porte aux étudiants issus de filières moins scientifiques, et même carrément littéraires !

Cependant, il est certain que si vous souhaitez intégrer le PASS, un bac avec des options scientifiques (plutôt SVT ou physique/chimie que mathématiques) sera à favoriser.

TÉMOIGNAGE

Selon Alain Caubet, enseignant en médecine à l'université de Rennes : « Depuis 2009, tous les étudiants qui ont réussi le concours [de Rennes] sont des bacheliers scientifiques (...) avec pour 80 % d'entre eux au minimum, une mention AB, B ou TB ; certaines années, ce pourcentage peut atteindre 95 % ».

Cependant, les statistiques sont ce qu'elles sont : nous voyons régulièrement, dans notre écurie de préparation au concours, des étudiants sortir d'un « petit » bac, parfois obtenu au rattrapage, réussir à valider leur PACES. Heureusement, la motivation et l'ouverture d'esprit peuvent parfois faire mentir les statistiques !

6 Comment les réponses me parviendront-elles ?

En fonction de l'adéquation de votre profil avec les attendus, une réponse vous parviendra à partir de la fin du mois de mai.

Les établissements ont 3 possibilités de réponse :

- Oui : votre profil correspond aux attendus pour réussir dans la filière demandée. Si vous obtenez plusieurs « Oui », il vous faudra choisir entre les différentes réponses obtenues au fur et à mesure qu'elles vous parviennent.

5. [letudiant.fr/etudes/frederique-vidal-sur-parcoursup-quand-un-lyceen-obtiendra-deux-oui-il-conservera-son-voeu-prefere.html].

- « Oui si » : En l'état, votre niveau n'est pas suffisant pour prétendre vous inscrire dans la filière demandée. Vous pourrez éventuellement suivre la licence demandée, à condition d'intégrer un parcours personnalisé (modules de renforcement, licence en quatre ans...).
- « En attente » : Cette réponse est faite lorsque la capacité d'accueil de l'université est dépassée. Si des places se libèrent, vous verrez alors la proposition « oui » ou « oui si » s'afficher pour vous.

Notez qu'une université ne peut pas vous répondre « non », contrairement à un BTS ou une classe préparatoire, qui réalise une sélection par rapport au niveau de départ.

En médecine, les associations étudiantes (dites de « carabins ») proposent un accompagnement qui nécessite une inscription particulière :

- le tutorat : il s'agit d'un accompagnement effectué par les étudiants de 2e, 3e ou 4e année d'une filière médicale. L'inscription au tutorat, gratuite, donne accès aux concours blancs ainsi qu'aux séances de révision, qui sont des outils fondamentaux pour la réussite du PASS ;
- la corpo, ou ronéo : il s'agit d'une retranscription écrite des cours de fac, faite par des étudiants à partir d'un enregistrement oral. Ces supports ne sont pas officiels, mais représentent une aide non négligeable pour le travail des cours. L'étudiant doit parfois s'acquitter d'une petite cotisation, puis payer chaque document en fonction du nombre de pages et de sa qualité (couleur ou noir et blanc).

Le plus simple est donc de se renseigner sur les forums internet propres à chaque université : vous trouverez toutes les informations utiles sur les permanences et les démarches à suivre pour s'inscrire au tutorat et à la corpo/ronéo.

7 Est-il possible de s'inscrire dans une autre académie que celle de mon baccalauréat ?

Oui, c'est possible. Cependant, pour les filières « en tension » pour lesquelles les demandes sont supérieures aux places disponibles, l'université donne la priorité aux étudiants issus de son académie. Ainsi, en PASS, l'université peut accepter des étudiants qui ne viennent pas de son secteur de recrutement selon un (faible) pourcentage maximum de candidats fixé par le recteur.

Il faut noter que certaines universités acceptent plus facilement de s'échanger leurs étudiants : Bordeaux et Toulouse par exemple. De même, les étudiants du Var peuvent se répartir entre les facultés de Nice et de Marseille.

Cependant, avec la réforme, l'intérêt de s'inscrire dans une autre université que celle d'origine n'est plus vraiment stratégique. En effet, là où des pourcentages de réussite pouvaient être très différents d'une université à l'autre en PACES, les chances d'être sélectionné seront à priori à peu près les mêmes partout en France avec le PASS.

8 J'ai arrêté mes études pendant plusieurs années, mais je souhaite me lancer dans des études médicales : est-ce possible ?

Oui. Contrairement à APB qui fixait une limite d'âge (26 ans), Parcoursup est utilisable même après une ou plusieurs années de césure, ou dans le cas d'une réorientation.

Il est probable que la procédure ne soit pas la même dans toutes les universités françaises : vous avez intérêt à prendre contact avec celle dont vous dépendez, et à vous assurer de la procédure à suivre pour valider votre candidature.

4 CHAPITRE

Rebondir en cas d'échec

Même si des passerelles existaient et tendaient à se développer, la PACES présentait l'énorme inconvénient de laisser beaucoup d'étudiants sur le carreau. Avec un taux d'échec avoisinant les 70 %, le nombre d'étudiants qui perdaient une ou deux années était énorme...

Grâce au PASS et la L.AS., tout a changé ! La possibilité de réorientation est réfléchie au moment même de l'inscription. Ainsi, en cas d'échec, l'étudiant ne perd plus systématiquement l'année écoulée, et il peut continuer une autre filière directement en 2e année.

Malgré la diversification des voies d'accès aux filières MMOP, il ne faut pas se leurrer, il sera toujours très difficile d'intégrer la deuxième année. On l'a souvent répété, ces filières restent, même avec la mise en place de la réforme, très sélectives. Ainsi, les alternatives au PASS ou à la L.AS. restent toujours attractives pour de nombreux étudiants qui acceptent de suivre une partie ou la totalité de leur cursus à l'étranger.

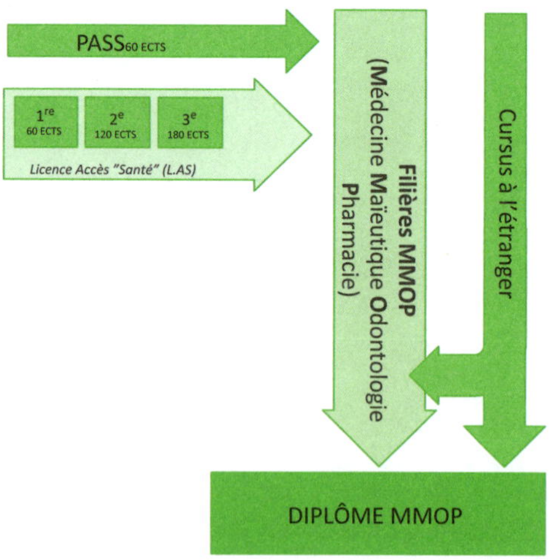

Figure 1.5

Nous allons donc aborder ces différents aspects dans cette partie.

1 Rebondir en cas d'échec en PASS

Il est important tout d'abord de préciser ce qu'on entend exactement par « échec ». En effet, si l'on considère que l'échec caractérise le fait de ne pas intégrer la deuxième année MMOP, deux situations peuvent se présenter :

1. L'étudiant n'a pas validé son année ; n'ayant pas obtenu la moyenne, il n'obtient pas les 60 crédits ECTS. Étant donné que la possibilité de redoublement a disparu, il doit se réorienter, via Parcoursup, en 1re année de la filière de son choix, dans l'idéal dans la discipline de la mineure qu'il aura choisie pour le PASS. S'il souhaite se présenter à nouveau aux épreuves de sélection pour les MMOP, il choisit une L.AS., au cours de laquelle il aura une (et une seule) autre possibilité de se présenter aux épreuves de sélection.
2. L'étudiant a validé son année, puisqu'il a obtenu plus de 10/20 en moyenne. Il obtient ainsi les 60 crédits ECTS relatifs à sa première année, ce qui lui ouvre le droit de continuer en deuxième année de la L.AS. correspondant à l'option choisie lors de son inscription en PASS.

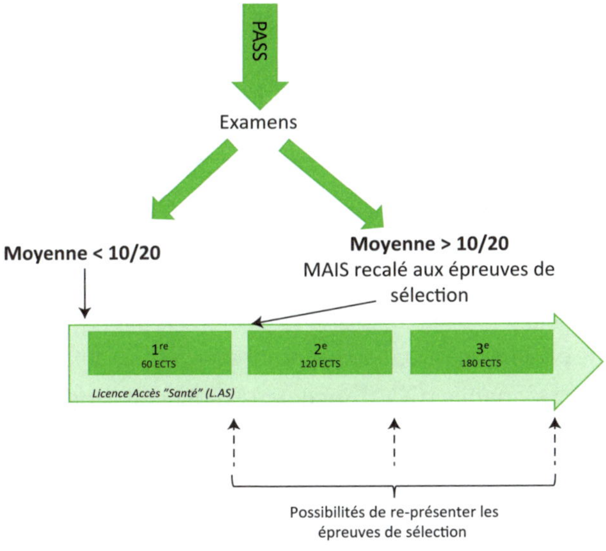

Figure 1.6

L'étudiant aura donc une seule autre possibilité de se présenter aux épreuves de sélection des filières MMOP. Il lui appartiendra donc de choisir le moment le plus opportun : peut-être qu'attendre la fin de 3e année peut se révéler être la solution la plus prudente...

À retenir

Il est impossible de redoubler le PASS.

2 Rebondir en cas d'échec en L.AS

En L.AS., le principe est un peu différent, puisque l'étudiant peut choisir le moment le plus opportun pour présenter ses épreuves de sélection, en se rappelant qu'il ne dispose que de deux tentatives en tout (PASS inclus).

1. L'étudiant n'a pas validé son année (il a obtenu moins de 10/20 de moyenne générale). Sans les 60 crédits ECTS, il ne peut donc pas se présenter aux épreuves de sélection, et doit redoubler son année L.AS.
2. L'étudiant a validé son année, mais n'a pas été retenu aux épreuves de sélection. Il peut donc continuer ses études en L.AS., et peut postuler une autre fois. Dans ce cas, stratégiquement, il vaut mieux ne pas être trop pressé, et tenter la sélection en fin de 3e année de L.AS.

Rappel

En tout, chaque candidat ne peut postuler que deux fois aux épreuves de sélection (PASS inclus).

Quoi qu'il en soit, avec la L. AS., l'étudiant qui n'est finalement pas retenu pourra toujours continuer ses études dans la licence choisie. Cela facilite grandement les réorientations, et c'est là un des objectifs principaux de la réforme.

3 Écoles privées et instituts de formation en soins infirmiers (IFSI)

Un étudiant en médecine n'est pas là par hasard : il veut aider les autres, soigner, apporter son soutien. C'est une véritable vocation. Dans ce contexte, il est moins compliqué de dépasser l'échec en restant dans un domaine d'activité comparable.

Ainsi, le domaine paramédical accueille de nombreux recalés aux études de médecine.

Infirmerie (IFSI), ostéopathie (COA), ingénierie (Polytech)... de nombreuses formations dispensées par des écoles privées (parfois publiques pour les infirmier(e)s) permettent à l'étudiant recalé de rester dans son domaine de prédilection.

Attention à bien se renseigner sur le coût de ces formations : compter environ 8 000 € sur plusieurs années. Vu le montant des études, il faudra s'assurer de pouvoir financièrement les assumer jusqu'à leur terme.

Pour entrer en écoles en soins infirmiers, les reçus/collés de médecine doivent repasser par Parcoursup. En effet, Parcoursup ne concerne pas uniquement les bacheliers mais également tous les étudiants en reconversion. L'autre voie d'accès en IFSI par concours n'est accessible qu'aux professionnels justifiant d'au moins trois ans d'expérience.

De plus l'automaticité des dispenses d'enseignement qui existaient jusqu'à présent a été abrogée en 2018 : elles restent possibles mais sont désormais laissées à l'appréciation des établissements.

Pour les étudiants en école d'infirmier, il est possible, depuis le 21 avril 2017, d'intégrer directement la deuxième année d'études médicales (plus rarement la troisième année). Les candidats doivent être titulaires du diplôme d'état d'infirmier, et justifier de deux années d'exercice de leur profession. Les demandes sont examinées au cas par cas, et sont évaluées selon la situation et la motivation de chaque candidat.

Ces passerelles tendent à se développer actuellement. Elles permettent aux universités de sélectionner des candidats aux profils variés, parfois en reprise d'étude,

6. Arrêté du 21 décembre 2012 modifiant l'arrêté du 31 juillet 2009 relatif au diplôme d'État infirmier.

sur leur motivation et non sur leurs seules aptitudes scolaires, comme c'est le cas avec la PACES. L'objectif est donc d'une part de permettre à un public varié d'accéder aux études médicales, et d'autre part de compenser la perte d'effectifs liés aux étudiants qui interrompent leurs études après la PACES.

4 Étudier dans les filières MMOP à l'étranger

La filière MMOP étant toujours très sélective, il est possible de court-circuiter la sélection française en suivant tout ou partie du cursus médical à l'étranger.

Bien que cette solution soit globalement peu retenue en raison de l'éloignement et du coût de la formation (compter entre 5 000 et 12 000 € par an hors hébergement et nourriture), elle présente plusieurs avantages : l'étudiant diplômé dans un pays de l'UE peut exercer en France de façon tout à fait légale, avec les mêmes droits et devoirs qu'un médecin *made in France*.

Avant la disparition des ECN, il était possible pour les étudiants étrangers de venir terminer leur cursus médical en France et donc d'obtenir un diplôme 100 % français, même si les premières années ont été suivies en Roumanie, Croatie ou Belgique.

Depuis la disparition des ECN, un certain flou s'installe : à l'heure où nous écrivons, il n'est pas possible de savoir avec certitude s'il sera possible de réintégrer le cursus français en fin de 5e année, après avoir suivi le début à l'étranger.

Il reste toujours la possibilité de suivre la totalité d'un cursus MMOP à l'étranger, et d'obtenir ainsi un diplôme du pays dans lequel les études ont été suivies. De toute façon, tout diplôme obtenu dans un pays de l'union européenne permet de s'installer dans n'importe quel pays de l'UE (y compris, donc, en France).

En Belgique

Jusqu'au début des années 2010, la Belgique francophone a longtemps été considérée comme une sorte d'Eldorado pour les étudiants français recalés en PACES et très motivés à poursuivre des études médicales. En effet, elle permettait à tout le monde, sans aucune sélection, de suivre un cursus médical.

Aujourd'hui, la situation est bien différente. Le concours d'entrée est très sélectif, ce qui ne rend plus la filière médicale belge plus facile que la française. En revanche, le tirage au sort instauré à partir de septembre 2012 n'est aujourd'hui plus en vigueur.

Il est nécessaire, pour intégrer la filière médicale belge, de passer un examen d'entrée, qui se compose de deux parties :

- une première partie, portant sur des connaissances scientifiques dans les domaines de la biologie, de la chimie et de la physique ;
- une deuxième partie, portant sur la communication et une analyse critique de l'information.

Pour réussir l'examen d'entrée, il faudra obtenir 10/20 de moyenne pour les parties I et II et un minimum de 8/20 dans chacune des matières. En revanche, **les étudiants non-résidents belges ne pourront pas représenter plus de 30 % du nombre total de réussite**. Ce sont donc les meilleurs qui pourront donc prétendre à poursuivre leurs études médicales en Belgique.

En Roumanie

Elle constitue une autre destination de choix pour les recalés français. Deux filières sont ouvertes aux étrangers, dont les cours sont dispensés dans leur langue respective : la filière francophone, et l'anglophone. Cette dernière, moins prisée, ouvre plus facilement ses portes. En effet, en Roumanie aussi, une certaine forme de sélection s'opère. À Cluj, qui serait la meilleure université de médecine du pays, 1 étudiant sur 4 en moyenne est accepté en filière francophone, un peu plus en anglophone[7]. Il arrive donc parfois que des étudiants refusés en cours dans la langue de Molière soient acceptés dans celle de Shakespeare !

Pour pouvoir intégrer cette formation médicale, l'étudiant doit constituer un dossier regroupant son parcours scolaire et universitaire, ainsi que ses activités extrascolaires et associatives.

Même si les cours sont dispensés en français, les étudiants doivent apprendre sans tarder le roumain car ils entrent très rapidement en contact avec la population locale. En effet, dès la troisième année, la formation intègre des stages à l'hôpital, qui imposent aux futurs médecins de pouvoir communiquer avec ses patients. À cet effet, les étudiants étrangers suivent 2 heures hebdomadaires de langue roumaine, dès la première année.

En Croatie

Il est possible de suivre un cursus médical à Zagreb, en Croatie. La particularité de ces études est, contrairement à la Roumanie, de ne pas s'être adaptée à la manne des étudiants étrangers en général, et français en particulier. En effet, tous les cours se déroulent en anglais, ce qui justifie qu'un des critères d'admission soit un excellent niveau dans cette langue (un score minimum de 60 points au TOEFL iBT et 6 à l'IELTS est requis).

ENCART **Témoignage**

Les études de médecine en Croatie ne sont pas gagnées d'avance. Le premier cap à passer est celui de la sélection. « En 2014-2015, 21 Français se sont portés candidats dans notre établissement. Deux seulement ont été admis en première année. En 2015-2016, aucun des quatre Français candidats n'a passé le cap de la sélection », rapporte Maja Balarin, de la faculté de médecine de Zagreb, qui privilégie les promotions à taille humaine et multiculturelles[8].

De plus, ces études sont relativement coûteuses (environ 7 000 € par an, à quoi il faut également ajouter 500 € par mois pour la vie quotidienne), mais donnent lieu à une formation qui semble comparable à celle dispensée en France.

En Espagne

À Madrid, les étudiants français sont accueillis dans des universités publiques, gratuites mais très sélectives à l'entrée, ou privées, qui sont donc moins regardantes sur le niveau de départ et particulièrement onéreuses (environ 12 000 € l'année).

7. [letudiant.fr/metiers/avenir-sante/faire-medecine-en-roumanie-bon-plan-ou-pas.html].

8. [letudiant.fr/metiers/avenir-sante/faire-medecine-en-croatie-une-opportunite-pour-les-etu-diants-francais.html].

La formation ainsi que les examens se déroulent en espagnol : à l'entrée, un test de niveau vérifie d'ailleurs que l'étudiant présente des capacités suffisantes. Il est possible de suivre ces formations en médecine, dentaire, maïeutique, kinésithérapie ou pharmacie.

Au Portugal

À partir de 2012, le Portugal a innové : un centre de formation privé (frais de scolarité compris entre 7 500 et 9 500 € par an) en odontologie et kinésithérapie[9] délivre un diplôme portugais autorisant à exercer dans n'importe quel pays de l'UE. Cette université privée s'est installée à Toulon et à Béziers. Elle propose également une formation de kinésithérapie et un cursus pour devenir infirmièr(e) D.E., ainsi que d'autres formations du domaine paramédical.

Cette « délocalisation » en France d'une structure d'enseignement étrangère a déclenché l'ire des élus. Ils ont considéré que cette pratique visait à contourner le système national du numerus clausus. Après de multiples rebondissements judiciaires[10], un jugement, rendu le 27 septembre 2016 à la cour d'appel d'Aix-en-Provence, a contraint l'établissement à fermer sa filière odontologique. Il peut continuer à exploiter les autres filières, mais doit orienter ses étudiants aspirant à devenir dentistes vers d'autres sections ou vers l'université basée au Portugal.

5 Pour finir

Cela semble maintenant évident, un échec en PASS ne signe pas forcément l'abandon de toute perspective dans le domaine de la santé. Il faut savoir qu'aujourd'hui, 1 nouveau médecin sur 4 a obtenu son diplôme à l'étranger. Dans ce contexte, il était devenu impératif de proposer une réforme de la PACES. La disparition du *numerus clausus* et son remplacement par un *numerus apertus* apparaît donc plutôt comme un bon compromis.

Le danger pour les étudiants qui suivent des cursus parallèles, à l'étranger par exemple, est d'avoir à subir les conséquences d'un éventuel changement de réglementation. On le voit, s'il existe des solutions alternatives à l'échec en médecine, aucune formule ne donne la certitude de pouvoir exercer le métier auquel on aspire. Le système de sélection peut donc être contourné, mais en ayant conscience de la part de risque que l'on prend.

L'un des problèmes soulevés par le contournement sélection en MMOP par un cursus à l'étranger est que la France perd le contrôle de la formation de ses médecins. En effet, de plus en plus de ceux exerçant dans l'hexagone auront été formés à l'étranger, avec peu de garanties sur le niveau des enseignements dispensés, et donc sur la qualité globale de leur formation. De là à envisager que la santé des patients puisse être mise en danger...

9. Le Centre libre d'enseignement supérieur international (CLESI), clesi-international.com.

10. [lemonde.fr/campus/article/2016/09/28/la-formation-privee-pour-devenir-dentiste-a-ete-interdite_5005020_4401467.html].

5 CHAPITRE

Étudier à l'université

1 Les moments clés du PASS

Lorsque l'on est en terminale, on entend beaucoup de rumeurs concernant la filière médicale : l'ambiance dans les amphithéâtres, l'élitisme des études... Elle est auréolée d'un certain mystère, qui donne la possibilité à chacun de laisser son imagination divaguer.

Heureusement, le quotidien de l'étudiant est souvent plus terre à terre, et il nous semble judicieux de confronter les fantasmes que certains peuvent nourrir avec la réalité de cette année, un peu hors-norme il est vrai.

Les cours à l'université se répartissent souvent en 3 catégories :

- **Cours magistraux** : l'enseignant dispense son enseignement (soit en chair et en os, soit en video-projection) dans des amphithéâtres accueillant plusieurs centaines d'étudiants, dont la présence n'est pas obligatoire ;
- **Travaux dirigés** : dispensés dans certaines matières seulement, ils consistent en des séances d'entraînements, d'exercices corrigés et de questions/réponses, en petits groupes (une trentaine d'étudiants au maximum). La présence des étudiants y est obligatoire. Leur absence non justifiée peut entraîner la radiation des listes du concours ;
- **Travaux pratiques** : ce sont des séances obligatoires au cours desquelles les étudiants manipulent des appareils et réalisent concrètement des expériences abordées en cours magistraux. Seules quelques matières donnent lieu à des travaux pratiques.

Il est important de noter que toutes les universités ne proposent pas les 3 formes d'enseignement : par exemple, si le PASS de Reims propose bien ces 3 aspects, d'autres n'offrent que des cours magistraux.

Les professeurs sont souvent des médecins, parfois des chercheurs spécialisés dans les disciplines qu'ils enseignent. Étant toujours de haut niveau, ils ont parfois oublié les connaissances d'un lycéen, et dispensent un enseignement d'un niveau tellement élevé qu'il est difficilement accessible par un étudiant sortant du bac. Par exemple, le programme de première année de médecine en biochimie correspond à ce que l'on apprend en master 1 de biologie (bac +4) ! C'est à cause de cette grande complexité des cours que les prépas privées, et par la suite le tutorat, ont vu le jour.

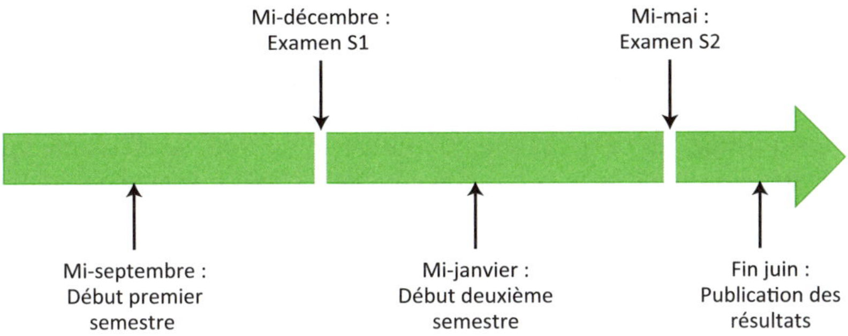

Figure 1.8 : Les moments clés de l'année

À retenir

L'année de médecine est semestrialisée : l'examen du deuxième semestre ne porte pas sur le programme du premier semestre.

L'année est découpée en 2 semestres, répartis entre mi-septembre et fin novembre pour l'un, et mi-janvier jusqu'à fin avril pour l'autre. Cette répartition est sujette à variation, d'une faculté à l'autre d'une part, et d'une année à l'autre d'autre part. En effet, il arrive que la date du concours du premier semestre soit décalée à début janvier (les étudiants passent alors de merveilleuses fêtes de fin d'année...) ; de toute façon, l'organisation générale définitive est communiquée aux étudiants en début d'année universitaire.

Cette semestrialisation a une conséquence : chaque semestre est sanctionné par un examen, indépendant. C'est-à-dire qu'à l'examen de décembre, le programme de révision concernera le premier semestre, alors que celui de mai ne portera que sur le programme du deuxième semestre.

En théorie, l'étudiant peut donc oublier le premier semestre après l'examen de décembre ; en pratique, on verra qu'il est très utile de garder en tête les notions du premier semestre qui aideront à comprendre certains cours du deuxième.

Avec la réforme du PASS, une grande liberté est laissée à chaque université pour organiser ses programmes. Ainsi, même si les détails des programmes seront donc différents d'une université à l'autre, il est important de bien se renseigner auprès de son université pour avoir une vision globale des thèmes abordés.

Connaître le contenu précis de chaque matière aura deux intérêts :

- anticiper sur l'année de terminale les notions qui pourront être travaillées en amont ;
- avoir une vue d'ensemble du programme, et pouvoir organiser son travail.

2 L'enseignement en PASS

L'année du PASS se répartit sur 9 mois de travail intensif, qui vous permettront, si tout va bien, d'intégrer le fameux *numerus apertus*. 9 mois, c'est à la fois long et court. C'est beaucoup car c'est une période pendant laquelle vous aurez peu de contacts sociaux et que la fatigue va s'accumuler ; c'est peu car le programme est tellement dense qu'il faut bien cette durée pour l'assimiler correctement.

L'évaluation en PASS sera double, ou même triple avec :

- des QCM : ils représenteront environ 60 % des épreuves de l'examen ;
- des épreuves rédactionnelles ;
- des épreuves orales (pour certains candidats seulement).

Les résultats généraux des épreuves de sélection correspondent aux notes pondérées obtenues au cours des 2 semestres. Ce sont ces résultats qui permettent de définir le cas de figure dans lequel vous vous situez :

- vous avez obtenu une note globale supérieure à un seuil fixé : bravo, vous êtes directement admis en deuxième année, sans passer les épreuves orales supplémentaires ;
- vous avez validé l'année, mais avez obtenu une moyenne inférieure au seuil précédent : vous passez les épreuves orales supplémentaires, et pouvez encore prétendre intégrer la deuxième année. ;
- vous n'avez pas validé votre année : vous vous réorientez en première année de la licence L.AS. de la mineure choisie, ou toute autre licence de votre choix (via Parcoursup).

A. Les UE du premier semestre : le marathon

Le premier semestre est comme un marathon : il faut savoir gérer son effort pour arriver au bout ! De nombreux étudiants, parfois brillants, craquent avant la fin, car leurs nerfs n'ont pas résisté à l'épreuve de ces 3 mois tellement intenses.

Dans toutes les universités, le premier semestre est particulièrement sélectif car :

- l'étudiant est confronté à une colossale somme de connaissances à assimiler ;
- il découvre les méthodes propres au PASS, ce qui occasionne parfois une mise en route plus ou moins longue.

C'est pour pallier cette difficulté que de nombreuses préparations privées démarrent leur formation dès le début de l'été précédant la rentrée. Cela permet de répartir le volume de connaissances sur une durée plus importante, ce qui facilite leur assimilation. Dans cet ouvrage, vous verrez comment, sans écurie, mettre à profit votre été pour commencer à intégrer le contenu de ce premier semestre.

Il débouche sur l'examen de décembre, dont les résultats seront déterminants

L'examen de fin de premier semestre est composé de QCM et probablement d'épreuves rédactionnelles (les modalités ne sont pas définitivement arrêtées, et peuvent varier d'une université à une autre).

B. Les UE du deuxième semestre : l'orientation

Après une brève interruption pendant les vacances de Noël, les cours reprennent dès la mi-janvier. Ils sont découpés en 2 périodes :

- **le tronc commun** : il est passé par tous les étudiants, indépendamment des spécialités choisies. Il se déroule dans la première moitié du deuxième semestre. Il voit apparaître plusieurs nouvelles matières, dont la redoutée SSH (Santé, société, humanité), qui sera sanctionnée par une épreuve rédactionnelle. Elle est d'autant plus difficile pour les étudiants en médecine qui ont pour la plupart un profil de scientifiques, alors qu'on leur demande ici des compétences plutôt littéraires ;
- **les UE d'orientation** : Ces UE sont différents en fonction de la filière choisie. Ils se répartissent, selon les universités, sur toute l'année, parfois à la fois sur les 2 semestres.

Les universités ont également l'obligation de proposer une préparation spécifique aux épreuves orales.

L'examen de fin de deuxième semestre est capital, puisqu'il permet d'une part de valider l'année et d'obtenir les 60 crédits ECTS, et d'autre part d'ouvrir l'accès à la deuxième année directement ou au 2e groupe d'épreuves :

- examen de fin de semestre : il est composé de QCM et probablement aussi d'épreuve(s) rédactionnelle(s), selon une proportion variable selon les universités. Avec l'examen du premier semestre, il constitue le bloc du « premier groupe d'épreuves ».
- deuxième groupe d'épreuves : ouvert seulement aux étudiants ayant eu des résultats compris à l'intérieur d'une certaine fourchette de notes, il est composé **obligatoirement** d'une ou plusieurs épreuves orales, et peut comporter une ou plusieurs épreuves écrites, majoritairement rédactionnelles.

À noter

Les épreuves rédactionnelles font systématiquement l'objet d'une double correction ; les épreuves orales sont évaluées par un jury pluridisciplinaire.

On notera que certaines universités peuvent proposer d'autres filières et que chacune d'elle est libre d'attribuer les coefficients qu'elle souhaite aux différentes UE. Ainsi, chaque faculté pourra mettre l'accent sur l'aspect du programme qui lui semble prépondérant.

Le choix de la filière présentée

Avec le PASS, l'étudiant construit son parcours en fonction de la ou des filières pour lesquelles il souhaite candidater. Ainsi, deux étudiants qui souhaitent devenir médecin ou dentiste ne suivront pas exactement les mêmes enseignements.

Le programme de PASS sera donc construit par l'étudiant :

- en choisissant une ou plusieurs filières MMOP, en rappelant que chaque filière est définie par l'association d'UE obligatoires réparties entre semestres 1 et 2 ;
- en choisissant de façon obligatoire un bloc disciplinaire conférant un nombre variable d'ECTS selon l'option ;
- en complétant si besoin par des UE santé au choix afin d'obtenir les 60 ECTS nécessaires pour valider son année PASS.

Étant donné que les parcours sont très individualisés, de nombreux enseignements se déroulent en distanciel. Cette solution, qui était envisagée dès la mise en place de la réforme du PASS, s'est retrouvée particulièrement efficace et adaptée avec la crise sanitaire que nous traversons en 2020-2021.

Deux configurations sont possibles.

- Si un étudiant, inscrit dans plusieurs filières, valide son entrée en 2e année dès le premier groupe d'épreuves, il pourra choisir sa filière en fonction de son rang de classement et de la capacité d'accueil de chacune des filières. Une fois le choix de filière effectué, l'étudiant est réputé avoir renoncé aux autres filières auxquelles il pouvait prétendre.

- Notons qu'un étudiant qui se présente à plusieurs filières et qui n'est admis directement qu'à une partie de ces filières peut renoncer à ses admissions directes pour passer les épreuves orales. Dans ce cas, il perd le bénéfice de cette/ces admission(s) directe(s) et doit se présenter aux épreuves orales de l'ensemble des autres filières auxquelles il souhaite postuler.

- Si l'étudiant ne valide pas son entrée en 2e année dès le premier groupe d'épreuves, il passe les épreuves orales (qui peuvent consister en 2 oraux de 10 minutes chacun). À l'issue de ces oraux, le jury procède à un classement par filière et établit une liste principale et une liste complémentaire d'étudiants admis dans les filières MMOP. Dans le cas où l'étudiant s'est présenté à plusieurs filières, il pourra choisir sa filière en fonction de son rang de classement et de la capacité d'accueil de chacune d'entre elles.

3 Présentation des UE en lien avec la terminale

Dans cette partie, nous ne présentons que les UE du tronc commun, car la teneur de l'enseignement de spécialité est trop variable d'une université à l'autre.

Il n'est plus possible, comme en PACES, de dresser un tableau complet du programme de PASS, car les UE sont variables d'une université à l'autre et dépendent également des choix effectués par chaque étudiant. On peut cependant regrouper les UE par thématiques communes.

UE en lien avec la chimie et la biochimie

Cette UE concerne des domaines en rapport avec la chimie, et la chimie appliquée au vivant. On retrouvera plusieurs matières, telles que la chimie organique, la chimie générale, la biochimie ou la biologie moléculaire. Elle est souvent située dans le premier semestre. Pour la plupart d'entre elles, vous aurez déjà abordé les bases en terminale.

Cette UE nécessite un apprentissage approfondi, ainsi qu'une compréhension poussée des mécanismes décrits.

UE en lien avec la cellule et les tissus

Cette UE concerne des cours en rapport avec les Sciences de la Vie et de la Terre (SVT) du lycée, en approfondissant les différentes notions. La grande difficulté, au moins au départ, est ici d'acquérir le vocabulaire propre à la matière, et indispensable à la compréhension et à l'apprentissage des cours.

C'est pourquoi il est très important d'avoir de bonnes bases de terminale : elles font gagner un temps précieux, et permettent à l'étudiant de ne pas perdre pied dès les premières difficultés.

Avec un travail structuré, vous aurez toutes les chances d'obtenir des notes très honorables. C'est donc une UE dense, mais dont le travail vous assure un capital de points conséquent.

Dans cette UE seront abordées :

- **la biologie cellulaire** : elle est à la base de toutes les connaissances médicales puisqu'elle traite de la structure et du fonctionnement de la cellule ;
- **l'histologie** : après avoir compris comment la cellule isolée fonctionne (biologie cellulaire), on étudie la structure et le fonctionnement d'un ensemble de plusieurs cellules (appelé tissu). Cette discipline est, en général, illustrée de nombreuses images de microscopie, ce qui peut la rendre déroutante si l'on n'a jamais observé dans un microscope en lycée ou passionnante si cet appareil nous est plus familier ;
- **la biologie de la reproduction** : il s'agira de comprendre comment s'opère l'élaboration des gamètes (ovules et spermatozoïdes) ainsi que la fécondation (la rencontre des 2 gamètes) ;
- **l'embryologie** : une fois la fécondation réalisée, le zygote (l'œuf fécondé) va se développer, et aboutir, au terme de son développement, à un fœtus mature. Ce cours traite des 4 premières semaines de développement, au cours desquelles tous les systèmes biologiques se mettent en place. Un cours passionnant, mais aussi très ardu en raison des nombreux événements à retenir, et du vocabulaire propre à l'embryologie.

Il arrive qu'au concours, certaines questions de cette UE portent sur un commentaire d'expériences. Une situation concrète est présentée, et les résultats de l'étude expérimentale demandent à être analysés. Il faut alors avoir intégré « **les méthodes d'étude des cellules et des tissus** », un thème le plus souvent réparti entre plusieurs matières. Ces QCM, très synthétiques, demandent un travail spécifique, et sont particulièrement sélectifs, car rares sont les étudiants qui arrivent à intégrer ces notions complexes en quelques mois.

UE en lien avec la physique, la chimie et la biophysique

Cette UE concerne des domaines qui correspondent, pour certains chapitres seulement, à des notions déjà abordées en terminale. Malheureusement, ces chapitres ne sont pas du tout traités de la même manière en terminale et en PASS. Malgré tout, les généralités restent les mêmes, et cela n'empêchera pas le lycéen qui se destine à « faire médecine » de porter une attention toute particulière à ces chapitres.

Physique

Voici un cours très difficile, qui fait l'objet de fréquentes impasses de la part des étudiants, tant sa maîtrise est chronophage ! Dans ce cours, de nombreux domaines très variés sont abordés (physique quantique, mécanique classique, optique, électricité).

Chimie

Ici seront traités les changements d'état de la matière et la pH-métrie, deux chapitres déjà abordés au lycée. D'ailleurs, un bon travail sur ces chapitres dès la terminale permettra de gagner du temps en PACES, ce qui est loin d'être anodin !

Biophysique

Ce cours abordera les principes physiques qui régissent les techniques d'imagerie médicale (IRM, radiographie...), les applications médicales liées à la radioactivité, ainsi que des rudiments de physiologie.

Cette dernière discipline aborde la notion d'homéostasie, qui explicite les mécanismes permettant de conserver constant notre milieu intérieur. C'est un aspect fondamental de la formation médicale qui commence à poser les jalons de la pathologie (il faut d'abord savoir comment fonctionne le corps quand tout va bien avant de pouvoir traiter les éventuelles maladies).

UE en lien avec les mathématiques

Les cours inclus dans cette UE correspondent à certains chapitres enseignés en terminale en mathématiques : **statistiques et probabilités**. Il s'agira surtout de comprendre les méthodes d'évaluation qui permettent d'estimer l'apport d'un médicament dans la pharmacopée. Au niveau des épreuves, on attendra de l'étudiant de savoir réaliser des calculs poussés (parfois, sans calculatrice) à l'aide des formules adaptées, mais aussi de répondre à des questions de cours.

UE en lien avec l'anatomie

L'étude de la structure du corps (c'est la définition de l'anatomie) portera sur les membres, le tronc, les systèmes digestif, urinaire, génital...

Aux épreuves, on pourra poser des questions de cours, ou bien demander de légender une coupe d'un organe. L'anatomie étant une matière assez peu sujette à variation d'une année sur l'autre (peu de nouvelles découvertes dans ce domaine), les sujets du concours restent, eux aussi, relativement constants.

UE en lien avec la connaissance du médicament

La **pharmacologie**, nom plus couramment utilisé pour cette UE, est une science assez concrète pour les étudiants, puisqu'elle leur explique le circuit du médicament, depuis sa conception jusqu'à la mise sur le marché et son utilisation thérapeutique.

UE en lien avec différents aspects de la santé et de la société

Voici la bête noire de la plupart des étudiants ! Une très grosse matière, qui regroupe des cours auxquels un scientifique est moins habitué, comme le droit de la santé et l'éthique, la santé publique, la psychologie de l'enfant et de l'adulte... Il est demandé aux étudiants :

- de connaître les détails de ce cours (ce qui représente une masse énorme de connaissances) : ils seront évalués par un QCM ;
- de savoir résumer un texte en un nombre de mots définis, ou de répondre à une question ouverte : ce sera la seule épreuve rédactionnelle de l'examen. Elle est rendue obligatoire par l'article 7 de l'arrêté du 28 octobre 2009. Il y est précisé que cette épreuve fera l'objet d'une double correction.

4 L'ambiance en médecine

En médecine, le nombre d'étudiants est tellement important qu'il est le plus souvent impossible de tous les rassembler en même temps dans un seul amphi pour suivre les cours. La difficulté a été contournée grâce aux nouvelles technologies : pendant que l'enseignant dispense son cours dans un amphi, il est video-retransmis dans un autre.

En PASS, vous serez confronté à un gros changement par rapport au lycée : vous ne pourrez jamais communiquer directement avec les enseignants. En effet, si un professeur répond à une question posée par un étudiant venu le voir à la fin de son cours, il lui donne des informations qu'il ne livre pas aux autres. D'une certaine manière, il est favorisé. Ainsi, dans un souci d'équité, il est interdit aux étudiants d'interagir directement avec les professeurs de façon individuelle.

Dans certaines universités, outre les préparations privées, il existe un tutorat, gratuit et mené par des étudiants qui sont parfois en relation avec les professeurs de la faculté, pour accompagner les étudiants en PASS. Nous y reviendrons.

A. Les « coups bas »

Comme nous venons de le voir, l'ambiance n'est pas toujours à la franche camaraderie. La sélection est telle, que pour certains étudiants, tous les moyens sont bons pour éliminer des concurrents.

Il est vrai que nous avons déjà assisté à des preuves flagrantes de mauvais esprit : refus de donner un cours à un camarade (ou pire : donner le cours, mais en ayant auparavant rajouté des erreurs...), donner des fausses informations sur l'organisation de l'année (dire qu'un cours est annulé, alors qu'il a bien lieu). La liste est loin d'être exhaustive.

Pourtant, si ces manifestations existent, elles sont loin d'être la norme, et l'état d'esprit global qui règne en PASS n'est pas aussi délétère que certains veulent bien le laisser entendre, surtout depuis que la sélection par concours a été abolie.

B. La lutte contre l'isolement

Il existe une manière très efficace pour ne pas être soumis à cette pression : le travail en petit groupe. L'étudiant en PASS a tendance à s'isoler, et finalement à se couper de tout lien social. Si cela arrive, la réussite est très compromise : isolé dans son travail, il ne sera pas soutenu en cas de baisse de moral.

Les interlocuteurs en cas de difficulté

Il faut savoir qu'un étudiant qui perd de la motivation, qui se sent dépassé, ou simplement pas à la hauteur, ne va pas toujours trouver ses parents pour en parler. Ceux-ci sont déjà tellement stressés par les études de leur progéniture qu'ils ne sont pas toujours disposés à accueillir leurs moments de doute. Ils tenteront, parfois maladroitement mais toujours avec bonne volonté, de remonter le moral, ou de minimiser la période difficile. Or, cette attitude n'aide pas l'étudiant, et peut selon les profils déboucher sur des crises parfois violentes. De plus, les parents n'ont pas traversé les mêmes difficultés (mêmes les parents médecins qui ont passé leur PCEM1 à une époque fort différente), ce qui ne les place pas au rang des interlocuteurs de choix...

Ainsi, dans un moment difficile, il sera plus simple de parler à un autre étudiant, surtout s'il est en PASS, car il connaîtra la difficulté de l'année. Tout étudiant en PASS craque à un moment donné, et c'est même normal. Ce qu'il faut éviter à tout prix, c'est de se morfondre dans une sorte de marasme, qui empêche de travailler.

Un autre étudiant, susceptible lui aussi de craquer, est de loin le meilleur compagnon dans ces périodes difficiles.

Mais évidemment, pour se livrer dans ces phases de doute, il faut se sentir suffisamment en confiance, ce qui n'est possible que grâce à un lien affectif fort.

Les différentes formules pour éviter l'isolement

L'intégration dans une préparation privée évite de fait cet isolement, puisqu'elle va favoriser la formation de groupes de travail à effectifs réduits.

Mais il est possible de créer un tel groupe entre amis, qui peuvent être de longue date ou récents. Cela importe peu puisqu'il s'agit ici de travailler ensemble, et non de devenir les meilleurs amis du monde !

Le point clé est de se mettre d'accord sur le fait qu'aucun esprit de compétition ne va régner au sein du groupe. Il sera remplacé par une entraide indéfectible, qui permettra à ceux qui ont meilleur moral à un moment donné de remonter ceux qui flanchent. En revanche, l'esprit de compétition pourra intervenir avec les autres étudiants, les « extérieurs » au groupe. Et c'est là qu'il faut vouloir être le meilleur !

À retenir

Le travail en binôme ou en petit groupe permet de recréer un environnement sain, loin de l'ambiance délétère qui règne parfois en PASS.

Pour certains étudiants, le travail en binôme est très profitable. Il faut alors veiller à ce que ses membres aient à peu près le même niveau et le même rythme de travail, car dans le cas contraire, le plus faible pourrait ralentir le binôme. Mais lorsque la bonne équipe est trouvée, les progrès sont flagrants et le travail est facilité. Il peut même se faire dans une certaine joie, ce qui facilite d'autant l'apprentissage.

Nous reviendrons sur ces possibilités lorsque nous dresserons les profils des différents étudiants.

Il est donc possible, malgré l'ambiance de sélection, de vivre son PASS dans un climat relationnel normal, à la condition de savoir s'entourer. Avec les relations appropriées, vous pourrez étudier vos cours sereinement, et enclencher l'apprentissage nécessaire à la réussite.

Voici maintenant les différents outils dont dispose l'étudiant pour favoriser son apprentissage.

6 CHAPITRE

Optimiser les aides à l'apprentissage

Tout le monde a conscience de la difficulté des études de médecine, et en particulier de la première année. Il a donc été mis en place des « outils » utilisables par les étudiants, qui leur facilitent le quotidien autant au niveau de l'organisation et de l'apprentissage que du soutien moral.

Nous verrons d'abord ce que propose l'université, avant d'étudier les offres privées d'accompagnement.

1 Les supports pédagogiques officiels de l'université

Ceux-ci sont particulièrement intéressants car, gérés par les enseignants eux-mêmes, ils servent de référence à ce qui est attendu au concours. En cas d'ambiguïté sur un item, ce sont ces supports qui permettront de trancher et de déduire la réponse attendue.

Ces supports varient d'une université à l'autre, mais aussi, au sein d'une faculté, d'un professeur à l'autre.

A. Les cours sur Internet : l'université virtuelle

Jusqu'à présent, la faculté de Grenoble faisait office de précurseur en proposant de nombreux enseignements en distanciel. Avec la réforme, la donne a changé.

La plupart des UE santé de L.AS se font à distance, de même que certains cours des différentes filières de PASS. En plus, avec la crise sanitaire vécue depuis janvier 2020, l'enseignement à distance est davantage devenu la norme que l'exception.

Ce type d'enseignement, s'il a permis de ne pas arrêter complètement les cours lors des différents confinements, présente des inconvénients majeurs, comme un isolement important de certains étudiants, mais aussi certains avantages : possibilité de travailler à son rythme, sans contrainte et limiter la perte de temps lié au déplacement.

Le travail à distance impose également aux étudiants d'avoir une grande faculté d'organisation associée à une rigueur importante car les causes de distraction sont plus nombreuses lorsqu'on reste chez soi.

Une solution sera d'organiser le travail avec un semainier, qui fournira à l'étudiant une vision d'ensemble, et lui permettra de ne pas se laisser dépasser par la somme de cours à travailler. Mais encore une fois, suivre un planning que l'on organise soi-même n'est pas chose facile : cela demande une grande maturité, associée à une autonomie développée.

B. Les supports sur Internet : le complément aux cours en amphi

Cette formule est bien plus répandue : ce sont les professeurs d'université qui mettent en ligne leur support de cours. Parfois, il s'agit de leur diaporama utilisé en cours, parfois un support spécifiquement adapté à Internet est mis à disposition des étudiants.

Dans certaines universités, les cours sont en libre accès (l'université de la Pitié Salpêtrière, à Paris), et tout le monde peut les consulter, sans aucune restriction. Dans d'autres facultés, la consultation des cours nécessite une identification propre à chaque étudiant. Parfois même, seul celui inscrit en PASS dans son université peut accéder aux cours de la première année. Le système peut être relativement verrouillé : par exemple, un étudiant en 2e année de médecine peut ne plus accéder aux cours en ligne du PASS !

À retenir

Ne pas limiter son travail aux supports de cours mis à disposition sur Internet (ils sont rarement exhaustifs), mais les considérer comme complémentaires au cours en amphi.

Ces cours offrent l'immense avantage de fournir **une certaine garantie** à celui qui travaille dessus. Étant gérés par l'université et en particulier par le professeur concerné, ces supports sont très rigoureux, et assurent l'étudiant des notions apprises. En effet, il arrive que les fiches récupérées chez d'autres étudiants, ou même dans certaines écuries, ne soient pas tout à fait en accord avec le contenu du cours de l'année actuelle. Or, les cours de l'université changent souvent, parfois tous les ans.

D'une part cela met doublants et primants sur un même pied d'égalité, puisque certaines parties du cours seront nouvelles pour les deux.

Et cela permet surtout de défavoriser les étudiants inscrits dans les préparations privées qui établissent leurs fiches à partir de l'année précédente. Bien sûr, le fait que le programme de la faculté évolue ne change rien si l'écurie est de qualité : à ce moment-là, elle proposera des fiches établies sur le programme de l'année, et non sur l'année précédente.

Officiellement, ce support ne suffit pas à couvrir les connaissances exigibles pour le concours. En effet, la seule référence reste le cours dispensé en amphithéâtre. Chaque professeur, s'il base son enseignement sur son support pédagogique (le plus souvent, un diaporama) rajoute des notions sur lesquelles il pourra aussi poser des QCM. C'est pourquoi il semble très important d'aller en cours, sans se limiter aux supports pédagogiques proposés. Il est plus approprié de considérer ces derniers comme des **compléments au cours**, qui aident à la compréhension et à la rédaction de fiches, que comme des supports exhaustifs.

Le problème majeur, c'est que tous les enseignants d'une même faculté ne jouent pas tous le jeu des supports sur Internet. Si l'immense majorité met en ligne des cours, certains « font de la résistance », et ne mettent aucun support sur le Web. Il est alors difficile pour les étudiants de s'en sortir simplement avec le cours en amphi. Chacun envisagera, en fonction de son profil, la solution la plus adaptée (cours particuliers, écurie en programme complet, tutorat...).

2 Le tutorat

Devant la grande difficulté du concours et surtout le fossé dont nous avons parlé qui sépare la terminale du PASS, la nécessité de fournir un accompagnement plus personnalisé que le cours magistral est née. Les écuries privées répondent à ce besoin, mais leur coût parfois élevé les rend inaccessibles à certains étudiants. Pour tenter de rétablir l'égalité des chances, l'université a instauré le tutorat : un peu sur le principe du « compagnonnage », des étudiants en médecine d'années ultérieures aident les PASSiens en organisant des **séances de révision**, en proposant des **entraînements**, et en répondant à leurs questions sur un **forum internet**.

A. Une aide à ne pas négliger !

Le tutorat est une réelle bonne idée. Il permet aux étudiants qui n'ont pas compris tous les aspects du cours, ou qui relèvent des incohérences (les professeurs font parfois des lapsus...) de demander confirmation auprès d'étudiants qui ont rencontré les mêmes difficultés, et qui les ont dépassées. De plus, certains tuteurs sont en relation avec les professeurs, ce qui leur permet d'obtenir des informations ou des réponses directement de ceux qui posent les QCM de l'examen, et ce n'est pas négligeable !

Ainsi, les QCM d'entraînement proposés par les tuteurs sont parfois revus et corrigés par les professeurs, pour coller au plus près des exigences. Il est même arrivé que des QCM du tutorat soient repris tels quels par les enseignants pour l'examen PASS !

Tout cela dépend en grande partie des professeurs : certains s'impliquent énormément dans le tutorat, et vont jusqu'à répondre directement aux étudiants sur le forum, d'autres restent injoignables et laissent les tuteurs mener l'accompagnement de façon totalement autonome. Les tuteurs sont en quelque sorte un intermédiaire entre les professeurs et les étudiants : ils peuvent leur transmettre des questions (nous vous rappelons que les PASSiens n'ont pas la possibilité de poser une question directement à un enseignant) lorsqu'ils ne savent pas eux-mêmes y répondre.

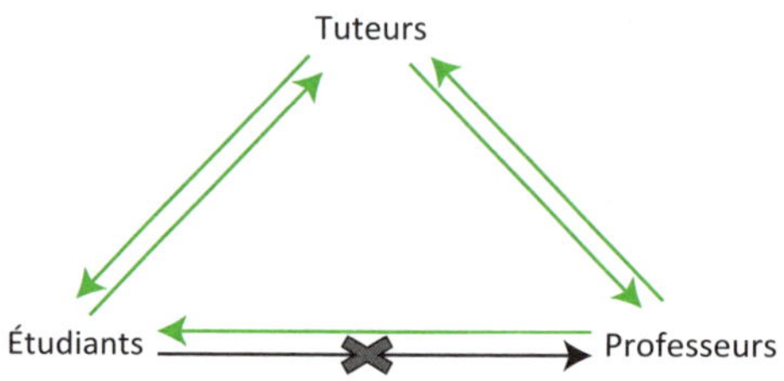

Figure 1.9 : Relations entre étudiants, tuteurs et professeurs

À retenir

La performance du tutorat dépend aussi de l'implication que veulent bien prendre les professeurs d'université.

Les séances d'entraînement du tutorat présentent l'immense avantage de fournir un classement sur un échantillon très important, puisqu'il sera formé de plusieurs centaines de participants.

En théorie, le classement pourrait être représentatif du classement « réel » de l'examen ; en pratique, c'est rarement le cas car le type de questions posé par le tutorat n'est pas tout à fait le même qu'à l'examen final.

B. Les limites du tutorat

Les étudiants qui jouent le rôle de tuteurs sont très impliqués dans leur fonction, et il suffit de se promener sur les forums des carabins pour apprécier la gratitude que leur témoignent les PASSiens !

Pourtant, il n'en reste pas moins que les tuteurs sont des étudiants et, même en 2, 3 ou 4e année, ils n'ont pas (encore) l'expérience d'un enseignant de métier. De plus, ils ont en parallèle leurs propres études à mener à bien. Ainsi, malgré toute la bonne volonté dont ils font preuve, le tutorat a des limites inhérentes à son propre fonctionnement.

C'est particulièrement flagrant à propos des **QCM d'entraînement**. Ceux-ci sont rédigés par les tuteurs, et même s'ils sont revus par les professeurs, la formulation est tout à fait différente. Certains tuteurs arrivent à cerner l'esprit qui préside à la rédaction d'un QCM de concours (et cela donne des sujets représentatifs), mais ce n'est pas systématique. Très souvent, un tuteur aura tendance à insister sur l'apprentissage d'éléments qui sont particulièrement « piégeux[12] », alors que le professeur, les sachant ambigus, les évitera consciencieusement. Cela peut parfois se traduire par de gros écarts entre le classement du tutorat et celui obtenu au concours.

Un autre écueil du tutorat est qu'il cultive une **ambiguïté quant aux réponses** aux questions. Je m'explique : lorsqu'un étudiant pose une question sur un forum, c'est un tuteur qui répond. L'étudiant prend alors pour argent comptant la réponse donnée. Pourtant, s'il s'agit d'un point litigieux, il n'est pas évident que le professeur aurait donné la même réponse que le tuteur, par conséquent la réponse attendue au concours ne sera pas forcément celle proposée par le tuteur. Il faut donc toujours garder à l'esprit que la réponse apportée est celle d'un étudiant, et non celle d'un professeur. Ainsi, si la réponse ne satisfait pas à 100 % un PASSien consciencieux, il pourra insister pour que le tuteur transmette la question à l'enseignant en charge de la matière, et attendre une réponse du professeur, la seule à véritablement faire foi pour le concours.

Malgré ces quelques réserves, la mise en place du tutorat a été une belle avancée dans la préparation au PASS, et une fois que l'on connaît ses limites, il est tout à fait possible d'en tirer un réel profit.

12. Terme de PASS, désignant un item sur lequel il est possible de tendre un piège.

C. Les ronéos, ou « corpos »

Les ronéos sont des retranscriptions de cours, faites par des étudiants (souvent en lien avec le tutorat) au moyen d'un enregistrement oral. Les ronéos de la semaine sont disponibles la semaine suivante ; elles permettent aux étudiants de ne pas aller à tous les cours, car les retranscriptions sont en général assez fidèles. Évidemment, la qualité de la ronéo dépend, comme pour le tutorat, de l'implication du « ronéiste » : certaines sont de grande qualité, très claires et bien présentées, d'autres sont quasi illisibles et bourrées d'erreurs.

Il faut aussi préciser que la ronéo est « tolérée » par l'université, mais qu'elle n'est pas organisée ni gérée par elle. En conséquence, ces documents ne constituent pas des supports officiels pour le concours. Seul le cours dispensé en amphi par un professeur sert de référence.

On le voit, accompagner les étudiants en médecine n'est pas chose facile. Et toute tentative de l'université de mettre en place un système d'accompagnement se heurte à un problème de budget : ce sont des étudiants (bénévoles) qui organisent cet accompagnement. On touche ici les limites du système : un étudiant a en parallèle ses propres études à réussir, il ne peut donc pas consacrer tout son temps à l'aide aux PASSiens, malgré la meilleure volonté du monde.

C'est dans ce contexte que de nombreux étudiants se tournent vers les préparations privées.

3 Les préparations privées, ou écuries

Dans le jargon carabin, on appelle « prépa » ou « écurie » une entreprise privée qui propose des cours et/ou des entraînements pour aider à réussir le concours, évidemment contre rémunération. Cette dernière est très variable selon le service proposé (de 2 000 à 15 000 € l'année !). Attention, le prix n'est pas forcément en rapport avec la qualité de la prestation. Il faut donc être vigilant quant à certains détails, que nous allons mettre en évidence.

Il faut quand même préciser que les prépas privées ont vu le jour voici plusieurs décennies, mais ont subi un réel essor depuis une vingtaine d'années. C'est face à l'ampleur qu'elles ont prise, et pour garantir l'égalité des chances, que le tutorat a été instauré, au début des années 2000. En pratique, la situation a peu changé : de très nombreux étudiants continuent à s'inscrire dans une écurie.

A. Une prépa, pour qui ?

Soyons clairs : il est très possible de réussir sa PACES sans écurie. Tous les ans, des étudiants brillants arrivent à être classés en médecine sans l'aide d'une écurie. Alors, pourquoi payer si l'on peut y arriver gratuitement, simplement avec l'aide du tutorat ?

En réalité, cela dépend du profil des étudiants. Ceux qui sont très brillants (qui ont obtenu leur bac avec mention TB, par exemple) ET qui ont une très bonne méthode de travail ET qui sont capables de s'adapter très rapidement à de nouvelles exigences, peuvent s'en sortir sans prépa.

À retenir

Qualités pour réussir sans prépa :

- *un « bon bac » ;*
- *une méthode de travail efficace et flexible ;*
- *une capacité d'adaptation élevée ;*

Évidemment, pour réussir le PASS, il faut aussi avoir une grande capacité de travail, mais cela est valable que l'on ait une écurie, ou non !

Dans tous les autres cas, le recours à l'écurie apporte une aide précieuse à l'étudiant en PACES, car elle lui fait gagner du temps. En effet, l'écurie dispensant un cours déjà digéré, et distribuant des fiches de synthèse, l'étudiant ne perd pas de temps en s'éparpillant dans différents supports. Il peut poser ses questions au professeur de la prépa, qui apportera une réponse liée à son expérience d'enseignant.

Pour conclure, la question qui revient souvent en médecine (écurie ou pas écurie ?), trouvera sa réponse en évaluant avec lucidité son niveau et sa méthode de travail.

B. Bien choisir sa prépa : les critères à évaluer avant l'inscription

Dans certaines villes de France, on trouve parfois une dizaine de préparations privées en médecine ! Certaines prépas sont d'ailleurs des franchises nationales, qui s'adaptent ensuite régionalement à chaque concours.

Comme indiqué plus haut, les tarifs sont très variables d'un institut à l'autre. Comment s'y retrouver ? Voici certains éléments qui peuvent vous aider à faire le bon choix.

L'aspect pédagogique

La première question à se poser avant de valider une inscription dans une prépa privée, est de savoir **qui dispense les cours**.

En effet, les écuries étant des organisations commerciales (donc à but lucratif), elles cherchent à maximiser leur profit, et pour cela, certaines recrutent des étudiants (qu'elles paieront moins qu'un enseignant de métier) pour donner les cours.

Cette formule, au-delà de l'aspect financier, a un avantage : les PASSiens se sentent proches de leurs étudiants-professeurs, et cela peut faciliter l'apprentissage.

De plus, les écuries recrutent toujours des étudiants parmi les mieux classés des années précédentes (qui sont démarchés activement dès la réussite du concours), ce qui assure d'avoir un étudiant-professeur avec des connaissances certaines.

À retenir

Les enseignants des écuries peuvent être :

- *des étudiants en médecine ;*
- *des professeurs de métier.*

À vous de demander qui est en charge de l'enseignement pour pouvoir faire un choix éclairé.

Mais les limites sont les mêmes que celles du tutorat : un étudiant, par définition, a ses propres études à mener à bien. L'implication qu'il pourra mettre dans la préparation de ses cours est donc forcément limitée. De plus, ce n'est pas parce qu'un étudiant a été bien classé au concours et qu'il a de bonnes connaissances théoriques, qu'il dispose de la pédagogie nécessaire à la transmission des connaissances.

Pour contourner ces difficultés, certaines écuries proposent des enseignants de métier pour dispenser leurs cours. Ils ont alors à la fois :

- le temps de se consacrer à cette préparation (puisque c'est leur unique activité),
- la pédagogie (puisque c'est leur formation),
- les connaissances (puisqu'ils sont souvent spécialistes du domaine enseigné).

À vous donc de demander qui dispense les cours : enseignants de métier, ou étudiants. Et ensuite, de faire votre choix.

Vous pouvez aussi demander à rencontrer des enseignants, ou à consulter certaines de leurs fiches pour apprécier le soin qu'ils apportent à leur travail. Évidemment, ce dernier point est plus facile si vous avez vous-mêmes des notions scientifiques...

Les groupes

Il faut également s'intéresser à la taille des groupes de travail. Certaines prépas proposent des cours particuliers, d'autres des cours en groupes de taille variable (5, 10, ou jusqu'à 30 étudiants). Cette information n'est pas toujours clairement mentionnée, et il faut donc poser la question de l'effectif avant l'inscription.

Le support internet

Certaines écuries utilisent Internet pour améliorer la préparation, d'autres, plus « à l'ancienne » se refusent à utiliser les nouvelles technologies. Il existe aussi des offres où tous les cours sont virtuels : l'étudiant inscrit dispose d'un accès sécurisé, qui lui permet de télécharger des cours et des fiches. Cela présente l'avantage énorme de limiter au maximum la perte de temps, mais on perd la notion d'accompagnement individuel.

L'aspect financier

Attention aussi au prix annoncé : il est parfois payable d'avance, parfois à l'issue de chaque séance. De même, certaines écuries exigent un engagement sur l'année, d'autres au semestre, d'autres encore aucun engagement du tout. Enfin, certaines demandent des frais d'inscription (plus ou moins importants), alors qu'ils sont offerts chez d'autres.

Il faudra simplement être bien vigilant au moment de l'inscription, pour éviter les surprises et les déconvenues futures.

Les résultats (% de réussite annoncés)

La quasi-totalité des écuries annonce des résultats, en pourcentage, qui ont de quoi motiver les plus réticents. Les pourcentages de réussite sont-ils un critère à considérer dans le choix de l'écurie ? Dans une certaine mesure, oui. Mais attention, on peut faire parler des chiffres de bien des manières, tout en restant bien sûr dans la légalité.

ENCART

Les statistiques : un élément de choix déterminant ?

Ces pourcentages de réussite, qui peuvent aller jusqu'à 80 % pour certaines écuries, sont-ils vraiment un critère de choix à retenir ?

Nous abordons ici un sujet « tabou », et je me propose de vous exposer quelques techniques qui permettent très artificiellement mais toujours légalement de booster les pourcentages de réussite. Je vous demande de m'excuser par avance pour l'aspect légèrement technique de l'exposé qui va suivre, mais cela me semble capital pour relativiser le crédit que l'on accorde parfois à ce critère.

Mélanger dans les statistiques les primants et les doublants

Un pourcentage s'obtient en divisant un nombre d'étudiants reçus par le nombre d'étudiants inscrits. Or, les prépas ajoutent souvent leurs doublants reçus (même s'ils n'ont pris des cours que l'année précédente, et non l'année en cours), sans tenir compte de *tous* les doublants (c'est-à-dire sans intégrer aussi ceux qui sont recalés). Forcément, le pourcentage s'en trouve gonflé...

Multiplier les dossiers d'inscription

Il faut savoir que pour pouvoir justifier un pourcentage, il faut disposer d'un dossier d'inscription pour chaque étudiant comptabilisé.

Certaines écuries pratiquent alors la « combine » suivante : organiser des concours blancs gratuits ou très bon marché, et faire signer un dossier d'inscription à tous ces étudiants.

Ainsi, la prépa pourra intégrer dans ses statistiques des étudiants qui n'ont pas vraiment suivi leurs cours, mais qui ont simplement passé un entraînement chez eux...

Opérer une sélection à l'entrée

Une autre pratique consiste à n'accepter que les meilleurs étudiants, c'est-à-dire ceux qui, théoriquement, ont le plus de chances de réussir. Cette pratique est très discriminatoire (mais une autre discrimination peut se faire par l'argent... est-elle plus légitime ?). De plus, nous avons vu des étudiants avec un bac au rattrapage, réussir PASS en tant que primant ! Ça n'est certes pas la norme, mais c'est possible si l'étudiant est ouvert aux méthodes de travail proposées. Alors pourquoi ne pas donner sa chance à tout le monde ?

Vous le voyez, de nombreux moyens peuvent être utilisés pour augmenter les pourcentages de réussite. Je ne veux pas ici dénigrer totalement ces pourcentages : ils peuvent aider à choisir (il est certain qu'une prépa annonçant un pourcentage de 30 % doit être en mesure de l'expliquer...), mais il me semble qu'il est inapproprié de sélectionner une écurie sur cet unique critère.

Il existe encore, fort heureusement, des écuries qui ne trichent pas du tout sur leurs statistiques !

À retenir

Pour résumer, le choix de l'écurie doit :

- *convenir à toute la famille : aux parents, car ce sont eux qui paient, et aux étudiants, car ils y passeront un temps important ;*
- *tenir compte du profil de l'étudiant : un étudiant avec mention TB et un autre avec un bac au rattrapage ne partent pas avec les mêmes atouts. L'accompagnement sélectionné devra être adapté à ce profil ;*
- *être adapté au budget : nous avons déjà vu des familles se mettre en difficulté financière pour assurer la meilleure préparation (selon eux) à leur progéniture.*

C. Pour finir...

Si de nombreuses différences régionales existent entre les universités françaises, toutes présentent le même point commun : les chances de réussite sont supérieures si le bac a été obtenu avec mention, en particulier une mention Très Bien. Il en découle que la première année de médecine se prépare dès le lycée et en particulier dès la terminale.

Réussir son bac avec mention, adopter des méthodes de travail rigoureuses, s'habituer à supporter une charge de travail élevée, sont autant de points qui méritent d'être expérimentés dès la terminale.

Ainsi, toutes les chances sont mises du côté de la réussite ! Nous allons d'ailleurs maintenant voir plus en détail les techniques, trucs et astuces que vous pourrez appliquer au plus tôt pour espérer être sélectionné.

PARTIE 2

Se connaître

Pour un lycéen fraîchement arrivé à la fac de médecine en septembre, la chute est parfois rude. Dans le meilleur des cas, il réalise très vite que les méthodes de terminales ne fonctionneront pas en PASS, et sait appliquer les solutions adaptées. Dans d'autres cas, il en prend conscience plus tardivement… et c'est alors parfois trop tard !

Pourtant, il est possible de mettre le maximum de chances de son côté, par une préparation précise et bien ciblée.

Au lycée, un élève est, en quelque sorte, sur des rails : son travail est organisé par les enseignants, qui lui disent quoi faire, comment le faire et à quel moment. À la fac, l'étudiant peut se sentir désemparé face à la somme de travail à réaliser. C'est pourquoi il est très intéressant, sinon fondamental, d'avoir éprouvé en terminale (ou à défaut dès le tout début du PASS), les méthodes de travail qui fonctionnent pour l'étudiant.

En effet, en matière d'apprentissage, il n'existe pas de recette miracle ni universelle. Chacun doit aller à la découverte de son fonctionnement, et choisir la façon d'apprendre qui lui convient. Mais attention, les méthodes d'apprentissage sont avant tout personnelles : ce qui marche pour l'un ne fonctionne pas forcément pour l'autre. Ainsi, plus un étudiant se connaît précisément, plus rapidement il se mettra à un travail efficace.

Il s'agira donc de permettre à l'étudiant de prendre conscience de son profil, puis d'adopter le mode d'organisation qui lui correspond. Le premier volet de cette connaissance de soi s'appuie sur des notions neurophysiologiques : une fois que le fonctionnement du cerveau et en particulier de la mémoire sera acquis, nous pourrons en déduire les méthodes d'apprentissages efficaces, et éviter de nombreux écueils. Nous verrons ensuite l'importance d'adapter le mode de vie aux impératifs du PASS, avant de dresser le portrait-robot de plusieurs profil-types d'étudiants.

CHAPITRE 7

Utiliser sa mémoire

Souvent, les étudiants tentent d'apprendre leur cours sans même savoir comment fonctionnent les aires cérébrales dédiées au stockage de l'information. Or, vous allez rapidement vous en rendre compte, s'intéresser au fonctionnement de la mémoire est une étape décisive, permettant de mettre en place des méthodes réellement adaptées.

1 Stocker l'information

L'apprentissage met en jeu deux formes de mémoire, qui travaillent conjointement.

A. Les différents stades de mémoire

Lorsque vous lisez un cours dans l'objectif de l'apprendre durablement, les notions sont d'abord stockées sur une courte période, dans ce que l'on appelle la **mémoire à court terme**. Puis, par un mécanisme nommé **consolidation**, ces données sont transférées dans la **mémoire à long terme**, où elles sont stockées durablement, parfois pour toujours.

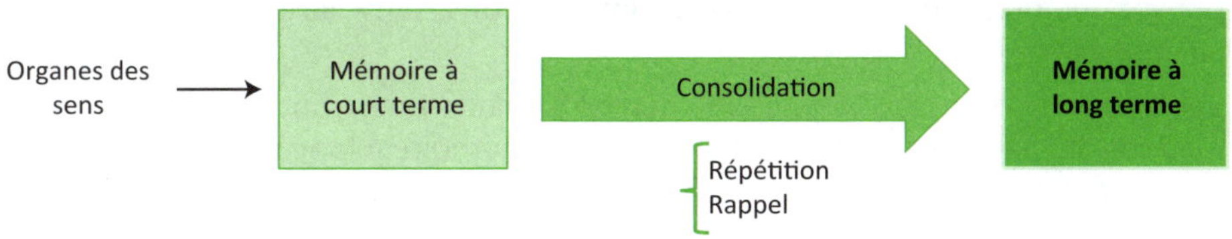

Figure 2.1 : Les stades de la mémoire

La mémoire à court terme

Cette mémoire, que l'on appelle aussi mémoire de travail, permet de stocker sur une courte durée (quelques minutes à quelques heures au maximum) une quantité limitée d'informations.

En général, on considère que cette mémoire peut stocker environ 7 unités chez une personne lambda. Cela signifie qu'un numéro de téléphone peut être retenu le temps de le composer (5 unités, puisqu'on groupe les chiffres par 2 sur quelques instants). En revanche, il est intéressant de constater qu'il est plus difficile de retenir les numéros de téléphone chiffre par chiffre, car on dépasse alors les 7 unités (10 chiffres dans un numéro).

Au niveau des études, c'est cette mémoire que l'élève recrute lorsqu'il révise la veille d'un contrôle, ou dans le couloir qui mène à l'entrée de la salle d'examen. Les notions sont retenues le temps de l'évaluation, puis très vite oubliées.

Réussir un examen en misant sur la mémoire à court terme est possible si vous cherchez à retenir une quantité limitée de données. En revanche, vous aurez tout oublié dès le lendemain. On peut s'interroger sur la pertinence de ce genre de pratique : imaginez un étudiant en médecine qui apprend les symptômes et les traitements d'une pathologie la veille d'un examen, qui le réussit, mais qui oublie toutes ces notions dès le diplôme obtenu... Qui aimerait être le patient d'un tel médecin ?

Heureusement, en médecine, il est quasiment impossible de réussir ses examens de cette façon. En effet, lorsque la somme de connaissances à intégrer devient importante, vouloir tout retenir en ne misant que sur cette mémoire expose l'étudiant au risque de tout mélanger, et de ne plus être capable de restituer les notions « apprises ». Pour éviter cet écueil, il faut stocker les données sur le long terme.

La mémoire à long terme

Elle présente une capacité et une durée de rétention quasi illimitées. Attention, on assimile souvent la mémoire à un disque dur d'ordinateur, or cette comparaison n'est physiologiquement pas juste. En effet, un disque dur a une capacité limitée ; une fois la capacité maximale atteinte, vous devez si vous souhaitez continuer à stocker des données, écraser les informations précédentes. Dans le cerveau, vous pouvez toujours stocker de nouvelles informations, sans perte de données plus anciennes.

Vous vous en doutez, lorsque l'on cherche à retenir une grande quantité d'informations de manière précise, il faut favoriser la mémoire à long terme. La question fondamentale est donc : « comment passer de la mémoire à court terme vers la mémoire à long terme » ?

B. La consolidation

La consolidation, c'est le stockage durable d'un souvenir. Dans la vie de tous les jours, elle est favorisée par une émotion. On se rappellera facilement la date de son mariage ou celle de son accident de voiture par exemple, car ces événements sont marqués par des émotions (bonheur ou angoisse).

Au niveau des études, il est difficile d'ancrer un souvenir par le biais d'une émotion associée ; c'est donc autrement qu'il faudra consolider un souvenir.

2 aspects permettent une rétention durable de l'information :

- **la répétition** : c'est bien connu, pour se souvenir d'une donnée, il faut la revoir plusieurs fois. C'est ainsi qu'un vieil adage médical prévient qu'il faut apprendre 7 fois l'anatomie avant de la retenir...
- **le rappel** : répéter la notion à apprendre ne suffit pas ; il faut en plus chercher à se souvenir de ce que l'on vient d'apprendre.

Voici, concrètement, comment s'y prendre pour favoriser la consolidation :

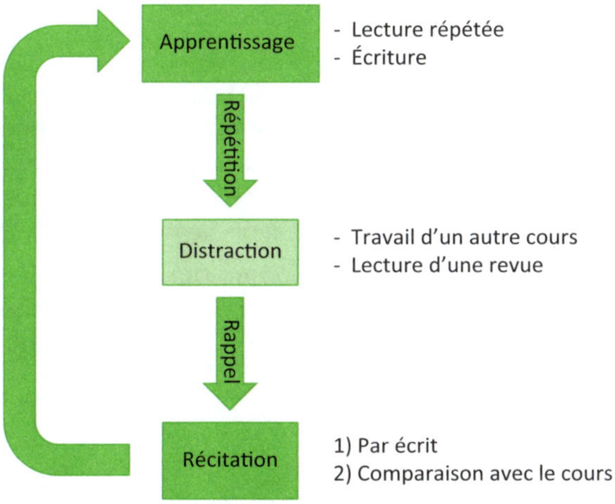

Figure 2.2 : La consolidation

L'apprentissage

Tout d'abord, il faut **apprendre** le cours. Cette étape peut s'effectuer en **répétant** plusieurs fois à voix haute ou dans sa tête les notions à retenir. On peut aussi préférer les écrire plusieurs fois, ou combiner les 2 (commencer par les dire, puis les écrire). À ce stade, le stockage, essentiellement effectué au niveau de la mémoire à court terme, commence à être transféré dans celle à long terme. Immédiatement après avoir lu plusieurs fois votre cours, vous devez pouvoir réciter la quasi-totalité de ce que vous avez appris.

La distraction

Une fois les données apprises, vous allez chercher à les « récupérer ». Mais il faut différencier ce qui a été retenu dans une mémoire immédiate de ce qui a été vraiment stocké sur le long terme. Pour ce faire, vous introduisez une distraction : vous pouvez lire un cours différent, ou une page de votre magazine favori (cela vous procure une petite pause parfois bienvenue). Cette étape a pour but de vider votre mémoire de travail. Ce qui reste aura été *réellement* retenu.

La récitation

Il faut maintenant vérifier les données durablement stockées. Vous allez alors réciter **par écrit** sur une feuille vierge, puis comparer avec le modèle. Attention, il est impératif de réciter par écrit et non simplement à l'oral, car en cas de « trous », vous pouvez continuer votre récitation écrite, et y revenir plus tard. Surtout, ne consultez pas votre cours pour compléter ce qui manque : au contraire, cherchez à vous en souvenir. C'est cela, le **rappel**. Une fois que tout a été récité, et que vous n'arrivez plus à retrouver les informations manquantes, vous pouvez consulter le cours et le **réapprendre**. C'est seulement alors que vous allez compléter les oublis.

Il faut ensuite recommencer toutes les étapes, jusqu'à ce qu'il n'y ait plus un seul « trou » dans la page.

Cette méthode d'apprentissage, que j'appelle « sur feuille blanche » car on part d'un support totalement vierge, a l'intérêt de mettre en évidence tout apprentissage incomplet. Elle favorise une rétention sur le long terme de l'information et, bien que fastidieuse au départ, elle occasionne un gain de temps certain car elle oblige à retenir la totalité des notions sans avoir besoin d'y revenir.

En général, 2 à 3 cycles sont nécessaires pour apprendre totalement une partie d'un cours. Il est d'ailleurs préférable d'apprendre sur une fiche plutôt que sur le cours brut ; nous reviendrons plus tard sur les techniques de rédaction des fiches.

À retenir

Quand on récite un cours, on le récite à l'écrit sur une feuille blanche. De plus, on ne consulte pas son cours pour compléter les oublis : on essaie de s'en souvenir. C'est cela qui permet un stockage sur le long terme.

C'est seulement par la répétition et le rappel (c'est-à-dire s'efforcer de se souvenir) que l'on stocke durablement les informations. Au risque de me répéter, je préfère préciser qu'il ne faut **jamais consulter le cours** pendant la phase de récitation pour compléter un oubli, ou pour se débloquer si l'on n'arrive plus à avancer. Si un étudiant n'écoute pas ce conseil, il ne réalisera jamais que son apprentissage reste approximatif, ce qui est une source majeure d'échec en PASS.

2 Retrouver l'information

Ne vous est-il jamais arrivé de vous dire, face à une question à laquelle vous ne savez pas répondre : « Je le savais pourtant… Comment se fait-il, avec ce que je l'ai répété, que je ne m'en souvienne plus » ? Si vous avez déjà vécu ce genre de situation, vous avez expérimenté la différence existant entre *stocker*, et *retrouver* une information.

À retenir

Stocker et retrouver une information sont deux aspects différents de l'apprentissage, qui nécessitent un travail spécifique :

- ***stocker** l'information, c'est la mémoriser sur le long terme. Nous venons de voir en détail comment s'y prendre ;*
- ***retrouver** l'information, c'est être capable d'y accéder lorsque le stockage a été correctement effectué. Cette capacité se travaille au même titre que le stockage.*

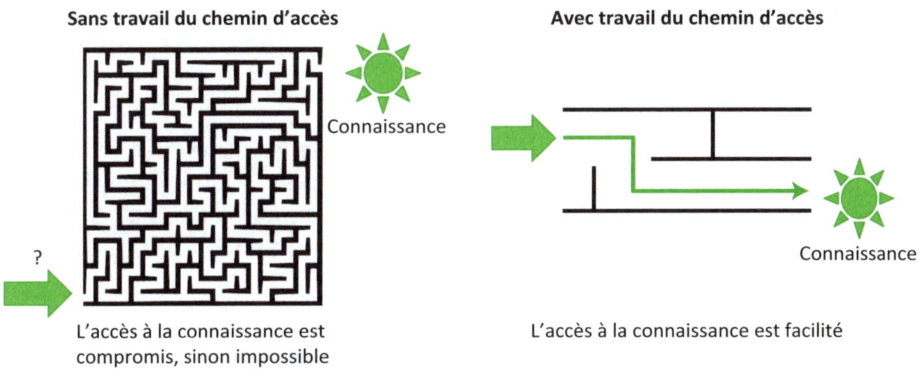

Figure 2.3 : Retrouver l'information

Pour retrouver l'information, il est très important de conserver à l'esprit le chemin d'accès.

C'est un peu comme les personnes qui se souviennent de détails traumatisants sous hypnose, mais qui sont incapables de s'en rappeler dans un état normal de conscience : le souvenir n'est pas perdu, il n'est simplement plus accessible consciemment.

Pour travailler ce chemin d'accès, et permettre de retrouver une information préalablement stockée, le plus efficace est de commencer par apprendre la **structure** du cours, c'est-à-dire son plan.

A. Faire ressortir le plan

Lorsque vous rédigez votre fiche, il faudra faire ressortir les titres et de préférence les hiérarchiser par un code de couleur adapté. Ainsi, vous pourrez facilement commencer par les apprendre, puis enchaîner avec le contenu.

Cela revient à organiser ses papiers dans des classeurs bien rangés, plutôt que de tout empiler sur son bureau : il est plus facile de retrouver un document dans le premier cas que dans le deuxième.

Si vous préférez malgré tout ne pas passer par l'étape de rédaction de fiches, vous pourrez, directement sur le cours, faire apparaître les différentes parties et utiliser là encore un code de couleur.

B. Adapter le support d'apprentissage aux questions posées

N'hésitez pas à consulter les annales, et à faire apparaître dans les titres de votre plan les mots clés utilisés dans les questions type concours. Cela vous aidera à trouver plus facilement les réponses aux QCM, car vous accéderez plus aisément à ces connaissances.

Enfin, travailler son cours en veillant à intégrer le chemin d'accès aux données permet de gagner un temps précieux. En moyenne, l'étudiant dispose entre 1 minute 30 et 2 minutes 30 pour répondre à un QCM. Il n'a pas le temps de réfléchir longtemps, ni d'hésiter avant de répondre. Avoir appris son cours en ayant commencé par le plan lui permet d'accéder rapidement aux connaissances, et donc de gagner en performance.

3 Les profils d'apprentissage

C'est une évidence, tout le monde n'apprend pas de la même manière. Selon votre profil d'apprentissage, la méthode la plus adaptée pourra varier. En PNL (programmation neurolinguistique), on distingue 3 profils différents, que l'on regroupe dans le modèle **VAK** (**V**isuel/**A**uditif/**K**inesthésique).

A. Le modèle VAK

Il permet de classer les individus en fonction des sens majoritairement utilisés pour retenir les notions.

Le profil visuel

Il retient les informations en utilisant la vue préférentiellement. Concrètement, il retient des images instantanées de ses cours, et les visualise au moment approprié. Ces étudiants sont capables de dire « telle connaissance est située en bas à droite dans la fiche, et je l'avais écrite en bleu ». La **fiche schématique** est particulièrement indiquée pour ce profil.

Le profil auditif

Il a surtout besoin de s'entendre répéter les informations pour pouvoir les retenir. Le plus adapté pour lui sera de lire à haute voix les cours. Il aura plus de difficultés avec les fiches schématiques, mais préférera **les fichiers rédigées**.

Le profil kinesthésique

Le sens recruté majoritairement est le toucher. Ces étudiants ont besoin de **contact** et de **mouvements** pour intégrer les connaissances. Par exemple, ils peuvent écrire à plusieurs reprises les mots nouveaux pour les intégrer, grâce au mouvement de la main et de l'épaule.

B. L'apprentissage selon le modèle VAK

L'immense majorité des étudiants en filière scientifique appartient à la catégorie des visuels. C'est pourquoi nous insisterons sur l'intérêt des fiches schématiques pour favoriser l'apprentissage des cours. Mais si vous êtes auditif ou kinesthésique, inutile de vous acharner sur ces schémas que vous ne comprenez pas : essayez de vous enregistrer en train de lire vos cours, ou de faire des fiches plus rédigées (c'est-à-dire avec davantage de phrases).

Avoir connaissance de son profil permet de ne pas perdre de temps avec une forme d'apprentissage qui ne nous convient pas. Ainsi, vous ne chercherez pas à entrer dans un moule, mais apprendrez à vous connaître et à vous adapter à vos propres besoins.

La phrase d'Einstein trouve ici toute sa résonance : « Tout le monde est un génie. Mais si vous jugez un poisson sur ses capacités à grimper à un arbre, il passera sa vie à croire qu'il est stupide. »

Déterminez votre profil VAK

Vous trouverez sur la page du livre du site dunod.com un test vous permettant de déterminer très facilement à quel profil vous appartenez.

EN BREF

La bonne réponse aux QCM est favorisée par :

- un apprentissage efficace, basé sur la mémoire à long terme, qui met en jeu :
  - la répétition,
  - le rappel (chercher à se souvenir de la donnée manquante, sans aller immédiatement voir la solution) ;
- un travail du plan avant d'assimiler le contenu, pour retrouver plus facilement la connaissance retenue ;
- une méthode adaptée à son profil, qui doit donc être déterminé avant tout début de travail.

8 CHAPITRE

Avoir une bonne hygiène de vie

C'est aujourd'hui une image d'Épinal : réussir son PASS relève d'un marathon. Si l'on veut tenir jusqu'au bout, il faut savoir gérer l'effort, maintenir son hygiène de vie et surtout entretenir son moral. Ce dernier est un facteur déterminant de la réussite. Il sera parfois nécessaire de lever le pied sur les révisions, pour repartir avec un enthousiasme renouvelé et ainsi arriver au bout de cette année.

À retenir

La réussite en PASS impose de trouver un équilibre : travail, sommeil, loisirs, famille...

On ne réussit pas en étant monomaniaque : travail, travail, travail...

1 Le bon rythme de travail : un équilibre à trouver

Trouver le bon rythme, c'est établir un équilibre durable et dynamique entre trois fondamentaux : le travail, les loisirs et le sommeil. C'est à ce prix que vous serez capable de tenir sur la durée.

A. Le travail

Chacun a son propre rythme. Vous le verrez très rapidement, vous ne serez pas également efficace à toutes les heures de la journée. Or, si votre pic d'efficacité est le matin, inutile de vous mettre à travailler un cours compliqué à 21 h, et réciproquement !

Dans un premier temps, soyez attentif aux moments de la journée où votre attention est la plus élevée. En général, c'est le matin et en fin d'après midi. Après les deux repas de la journée (midi et soir), l'attention est souvent plus vacillante.

Quels que soient vos moments d'attention maximum, c'est pendant ces phases que vous prévoirez les cours les plus compliqués. En dehors, vous mettrez plutôt les cours faciles à comprendre, ou les entraînements.

Cette connaissance de soi et de ses propres rythmes permet d'optimiser le travail dans le respect de son fonctionnement. On ne le dira jamais assez : on n'obtient rien en forçant sa propre nature...

B. Les loisirs

Un équilibre à recréer

Très souvent, nous assistons à des scènes où les parents disent à leurs enfants : « L'année du PASS, tu peux oublier ta guitare ou ton entraînement hebdomadaire de foot ! ». C'est une grave erreur. Celui qui réussit le PASS est certes celui qui arrive à travailler régulièrement et efficacement, mais c'est surtout celui qui tient la distance, avec la force de remonter la pente dans les phases de doute. Or, cette force de caractère ne peut exister que si le moral le permet.

Donc, en tant qu'étudiant, il sera fondamental de conserver une activité artistique/sportive/ludique. Elle permettra de contrebalancer l'énorme somme de travail abattue durant la semaine.

Exemple
Évidemment, si vous aviez l'habitude de vous entraîner 3 fois par semaine pour être au point lors des compétitions de rugby du samedi, il faudra revoir vos exigences à la baisse. Vous pourrez par exemple conserver un entraînement de 2 heures hebdomadaires, et remettre à l'année suivante votre désir de compétition sportive. Investissez plutôt votre esprit de compétition dans le PASS !

Enfin, n'hésitez pas à vous aérer au moins une fois par jour. Cela favorisera le fonctionnement du cerveau, qui est très demandeur en oxygène dans les phases d'apprentissage.

À retenir
N'hésitez pas à vous rendre à la fac à pieds, ou de faire une petite promenade de 5 à 10 minutes le matin avant de vous mettre à travailler, ou encore après le déjeuner. N'oubliez pas, en rentrant, d'ouvrir les fenêtres de votre chambre et de limiter la température ambiante en hiver : un air confiné et surchauffé s'oppose au bon fonctionnement du cerveau !

Chacun devra donc conserver une activité qui lui « videra le cerveau » dans la semaine et qui entretiendra par la même occasion son intégrité physique. On ne peut pas apprendre efficacement si le corps n'est pas en équilibre.

Le mot d'ordre : pas de culpabilité !

De nombreux étudiants ont du mal à consacrer ce temps à leurs loisirs et éprouvent même parfois une certaine culpabilité. Ils ont l'impression que « les autres » travaillent pendant qu'eux s'amusent, risquant ainsi de perdre de précieuses places au classement final. C'est faux : c'est justement parce qu'ils auront entretenu leur moral par une hygiène de vie rigoureuse qu'ils se retrouveront devant de nombreux étudiants épuisés et moralement abattus.

Pour être efficace, il faut donc avoir conscience de ses besoins en termes d'effort physique ou de déconnexion intellectuelle, et les respecter. Inutile de chercher à aller contre sa nature, le combat est perdu d'avance (je le sais, j'ai essayé).

C. Le sommeil

Vous le remarquerez facilement, vous serez beaucoup plus performant après vous être physiquement dépensé. Vous dormirez mieux et c'est prouvé, la qualité du sommeil est un élément fondamental de la réussite, car c'est lui qui permet une consolidation efficace (stockage sur le long terme).

En ce qui concerne le sommeil, nous sommes tous différents : certains sont performants avec 5 h de sommeil, d'autres en nécessitent 10. On ne peut nier que, dans un contexte de concours, les premiers soient favorisés. Mais avoir un gros besoin de sommeil n'est pas rédhibitoire : **il suffit de le respecter** ! En effet, si vous avez besoin de 8 h de sommeil, inutile de chercher à être efficace en dormant 3 heures de moins, pour faire comme les copains, par exemple. Vous accumuleriez de la fatigue et de ce fait, seriez forcément beaucoup moins performant. La clé du succès est donc de respecter son besoin de sommeil, quel qu'il soit, pour être pleinement efficace sur le temps de travail.

Respecter son besoin de sommeil nécessite un prérequis : savoir le quantifier !

En terminale de préférence, ou à défaut en début du PASS, vous devrez déterminer votre besoin physiologique de sommeil. Pour ce faire, endormez vous entre 22 h et 23 h, et dormez sans obligation le lendemain matin, et donc sans mettre de réveil. En faisant cette expérience sur quelques jours, vous pourrez faire une moyenne de votre besoin physiologique de sommeil que vous devrez respecter au cours de l'année. Inutile de chercher à tout prix à finir le chapitre que vous avez commencé si l'heure de se coucher est dépassée : vous ne serez de toute façon plus efficace, et vous risqueriez en plus de compromettre votre travail du lendemain par une fatigue excessive.

EN BREF

Pour trouver votre rythme de travail, vous devrez :

- être à l'écoute des moments de la journée où vous êtes le plus performant ;
- évaluer votre besoin de sommeil ;
- accepter votre besoin d'exercice physique et/ou de loisir ;
- ne pas aller contre vos tendances, mais **respecter vos besoins**.

2 L'alimentation : une hygiène de vie indispensable

Obtenir son bac et s'inscrire à l'université sont parfois synonymes de prise d'indépendance et d'installation loin du cocon familial. Si c'est votre cas, vous allez être confronté à une difficulté supplémentaire, qui n'a rien à voir avec les enseignements universitaires.

Là où vous aviez peut-être l'habitude de vous laisser dorloter par vos parents, il vous faudra assumer seul l'organisation des repas. Et c'est ici que les difficultés commencent...

A. Organiser les repas

Un étudiant en médecine devient tellement obsessionnel sur ses révisions qu'il considère souvent son alimentation comme secondaire, et le fait de cuisiner comme une perte de temps. S'il est certain qu'il ne peut pas passer 2 heures à chaque repas pour se mitonner des petits plats savoureux, manger des hamburgers/frites tous les jours est également un très mauvais calcul.

À retenir

Ne négligez pas cet aspect pendant le PASS : si voulez tenir sur la durée, il faudra avoir un régime alimentaire équilibré.

En effet, le temps passé à préparer une salade et faire cuire du riz contribue à vivre une vraie pause, à déconnecter le cerveau pendant un moment, ce qui favorisera la reprise de l'activité intellectuelle.

De plus, le cerveau nécessite des nutriments de qualité pour fournir un travail efficace, en particulier des oméga-3 et 6. Ces acides gras se trouvent dans certaines huiles (huile de colza par exemple), et sont indispensables pour la structure des membranes neuronales. Or, vous savez que ce sont ces membranes qui véhiculent les informations électriques... Et qu'il est donc fondamental de les entretenir, si l'on veut être performant !

Enfin, nous rencontrons régulièrement des étudiants dont le corps est épuisé par une hygiène de vie calamiteuse : manque de sommeil, alimentation déséquilibrée, prise d'excitants voire de stupéfiants... Tout ceci conduit parfois à des pathologies plus ou moins graves (ulcères...) qui peuvent aller jusqu'à nécessiter l'hospitalisation. Où est, dans ce cas, le gain de temps ?

Plusieurs possibilités s'offrent à vous :

- demander à vos parents de vous apprendre à réaliser quelques plats simples mais bons et équilibrés ;
- rentrer chez vous le week-end, et repartir avec quelques repas qui n'auront plus qu'à être réchauffés ;
- favoriser le cru : manger des salades (même en hiver, on utilisera alors des bulbes comme les carottes, les betteraves, le fenouil...), éventuellement des jus de légumes et des graines germées. Cette alimentation est très vitalisante et reminéralisante ;
- au petit-déjeuner je vous recommande le Miam-ô-Fruits[13] de France Guillain. Il est excellent au goût, économique, et parfaitement équilibré pour apporter tout ce dont le cerveau a besoin pour fonctionner. C'est un mélange à base de bananes, jus de citrons, huile de colza, fruits frais, graines et oléagineuses. N'hésitez pas à vous procurer ses ouvrages pour la recette détaillée.

13. [bainsderivatifs.fr/portfolio-item/miam-o-fruit/].

Si votre alimentation est équilibrée, inutile d'avoir recours aux compléments vitaminés. Rien ne vaut les vitamines naturelles de fruits et légumes de saison ou les acides gras et aminés indispensables des légumineuses et des fruits à coque.

B. Attention au grignotage

En étudiant vos cours, vous passerez beaucoup de temps assis à votre bureau, à travailler intensément. Or, grignoter sera pour vous l'occasion de prendre une petite pause. Et c'est ainsi que l'on voit parfois des étudiants en décembre qui ont pris 10 ou 15 kg !

Soyez donc attentif à limiter la consommation de sucreries entre les repas.

En plus d'occasionner une forte prise de poids, le grignotage présente un autre inconvénient majeur : à cause de leur index glycémique très élevé, les sucres rapides déclenchent un pic d'insuline, qui va diminuer la disponibilité du glucose dans l'organisme. Cela signifie qu'après votre petite pause sucrée, vos neurones auront moins de glucose à disposition pour fonctionner. Or, vous le savez peut-être déjà, les neurones n'utilisent que le glucose comme source d'énergie... Évidemment, cela déclenchera une baisse de vigilance, voire une certaine somnolence.

Mais alors que faire pour limiter les effets néfastes du grignotage tout en écoutant son besoin de manger ? La réponse est simple : consommer des fruits à coque (par exemple le « mélange de l'étudiant » en magasin Bio) qui sont pauvres en sucres, mais riches en bonnes graisses (acides gras insaturés). Cela ne vous empêchera pas de grossir, mais ils limiteront le pic d'insuline et donc la baisse de glycémie concomitante. En plus, ils vous rassasieront très vite, ce qui contribuera à limiter leur consommation sans éprouver de frustration.

C. Limiter les excitants

Pour augmenter votre concentration et temps de travail vous serez probablement tenté de faire une grande consommation de café. Certains en viennent même à consommer des excitants chimiques légaux (Guronsan), ou pas légaux du tout (amphétamines).

Ponctuellement, il est vrai que le café augmente votre vigilance et peut contribuer à diminuer la baisse d'attention du début d'après midi, par exemple. Le problème se situe dans son action sur le long terme : la caféine s'accumule dans le corps, et déclenche une baisse durable de la qualité du sommeil. Or, nous l'avons dit, le sommeil est fondamental pour assimiler ce qui a été appris.

Un dernier argument, s'il était besoin, pour vous convaincre de limiter le café : il constitue un irritant pour la paroi gastrique qui, allié au stress du concours, favorise grandement le déclenchement d'ulcères.

En conséquence, et parce que l'étudiant doit arriver à tenir toute l'année, nous préconisons l'objectif 0 café. Préférez des tisanes (à base de menthe ou de réglisse si vous avez besoin d'augmenter votre vigilance), ou à défaut du thé vert. Mais évitez le thé noir qui contient un autre excitant (la théine) et qui provoque les mêmes effets néfastes que le café sur le sommeil.

Enfin, vous vous en doutez, nous ne pouvons que nous opposer farouchement à la prise de Guronsan, et encore davantage d'amphétamines, bien que cette pratique soit très répandue dans certains campus.

EN BREF

- La performance intellectuelle s'établit grâce à :
  - des nutriments de qualité pour votre cerveau ;
  - des aliments à l'index glycémique faible, de façon à limiter les pics d'insuline (pas de biscuits, bonbons, ou autres sucres raffinés) ;
  - une quantité très limitée d'excitants ;
- bref, une hygiène alimentaire rigoureuse.

3 L'environnement : la famille, les pauses...

Si vous restez dans votre environnement familial, il vous faudra néanmoins l'adapter et changer vos habitudes. Par exemple, votre moral plus ou moins fluctuant vous obligera à prévenir les autres membres de la famille (fratrie et parents) que vous risquez d'être particulièrement susceptible.

Prévenez aussi que les parties de Playstation ou les après-midi « shopping » en famille seront à reporter au mois de juin prochain !

A. Internet et les réseaux sociaux

Attention

Les lycéens ont souvent l'habitude de travailler en alternant révisions et messages sur Facebook. Cela contribue à faire baisser leur performance, en introduisant une distraction très fréquente et finalement, particulièrement chronophage.

Si vous avez l'habitude de travailler de cette façon, amusez-vous à comptabiliser le temps réel passé à consulter votre messagerie, répondre aux SMS, déambuler sur Facebook : vous serez surpris !

En PASS, si vous voulez vous concentrer et être vraiment efficace, vous n'aurez pas d'autre choix que de vous déconnecter. Si vous avez besoin d'une information ou de poser une question sur un forum de carabins, vous pourrez tout à fait procéder à cette action, mais il ne faudra pas vous laisser déborder.

J'attire d'ailleurs votre attention sur les forums : beaucoup de carabins passent *énormément* de temps dessus, à poser des questions et répondre à celles des autres. Cette pratique a un aspect positif évident : elle permet de réviser, de s'assurer que les notions ont été bien comprises. En effet, expliquer aux autres est un formidable moyen d'avancer dans sa propre compréhension.

Mais attention : nous avons déjà vu des étudiants passer tellement de temps sur ces forums qu'ils en négligeaient leurs propres révisions, sans même s'en rendre compte. En effet, ces étudiants se donnaient bonne conscience en se rassurant sur le fait qu'ils passaient du temps sur des forums médicaux, et pas sur des réseaux sociaux inutiles comme Facebook. Au final, le résultat est le même.

Comme toujours, le problème n'est pas l'outil, mais l'utilisation qu'on en fait. Les forums, le téléphone portable et Facebook peuvent être utiles, si l'on arrive à limiter leur usage au nécessaire.

B. Les pauses

Nous l'avons déjà abordé lors de l'importance des loisirs en PASS : s'accorder des « respirations » pendant les phases intensives de travail est fondamental pour l'équilibre.

L'idée générale qui doit présider à toute votre organisation est de **travailler de manière efficace**. Si vous percevez que « plus rien ne rentre », et qu'au bout de 2 heures de travail d'un cours, vous en êtes toujours au même point, vous êtes peut-être surmené.

Accordez-vous alors une pause de 15-20 minutes, puis reprenez le travail. Vous pouvez aussi vous atteler à un autre chapitre, moins rébarbatif. Cela ne signifie pas que vous ne reviendrez pas à celui qui vous posait problème, mais simplement que vous attendrez d'être dans de meilleures dispositions à son égard.

Le maître mot est toujours de respecter son ressenti : si ce n'est pas *votre* moment, inutile d'insister. En revanche, un moment viendra forcément où vous pourrez vous y remettre, et où ce chapitre qui vous posait tant de problème passera très facilement.

Nous verrons dans la deuxième sous-partie comment organiser les pauses dans l'emploi du temps pour gagner en efficacité.

4 Se projeter vers la réussite

En PASS, nous assistons à une sorte de règle tacite : le défaitisme est de mise. Vous serez forcément confronté à ces étudiants qui trouvent qu'envisager la réussite à ce concours est une attitude prétentieuse. C'est complètement faux, et c'est même l'opposé : c'est la seule attitude qui mène à la réussite.

À retenir

L'état d'esprit est une part fondamentale de la réussite.

Gardez toujours votre objectif en tête et parlez-en avec confiance. Bannissez certains mots ou expressions de votre vocabulaire, et même de vos pensées : « J'y arriverai jamais », « C'est trop difficile », « Pourquoi moi ? Je ne vaux pas mieux que les autres »...

Commencez vos phrases par des formules positives : « l'année prochaine, en P2... », comme s'il s'agissait pour vous d'une certitude.

Rééduquez vos pensées en les orientant vers une issue positive de cette année, sans vous laisser aller à l'abattement. Ce dernier est normal : tous les étudiants le vivent à un moment de l'année. Ce qui fait la différence entre un étudiant reçu et un recalé, c'est son attitude : le premier accepte l'abattement comme un moment provisoire puis il le surmonte, alors que le deuxième se laisse submerger par lui.

Pour vous aider à vous projeter vers la réussite, vous pouvez réaliser une planche avec des images qui symbolisent votre objectif. Par exemple, préparez avant le début du PASS une feuille sur laquelle vous collerez des images de médecin, de caducée, de livres et d'universités. Pourquoi ne pas faire, si vous en êtes capable, un montage en plaçant votre tête sur le corps d'un médecin trouvé sur Internet ?

Cette planche, affichée dans votre chambre, aux toilettes ou au-dessus de votre bureau, vous aidera à focaliser votre attention sur votre objectif (réussir votre PASS) et à mettre en place les actions qui s'y rapportent.

EN BREF

L'attitude qui mène à la réussite comprend :

- un usage limité des réseaux sociaux virtuels (Facebook, forums de carabins) ;
- des pauses régulières, qui aèrent l'esprit et permettent de reprendre un travail efficace ;
- une attitude positive, tournée vers la réussite.

9 CHAPITRE

Identifier son profil d'étudiant

Bien que chaque étudiant présente ses propres spécificités, on peut les regrouper en fonction de certaines tendances.

Vous arriverez probablement à vous reconnaître dans les portraits-types dressés dans les lignes qui suivent. Avoir conscience de votre penchant naturel vous permet de prendre du recul par rapport aux situations vécues, et d'accéder plus facilement à un état d'équilibre. Il ne faudra ni chercher à prendre le contre-pied de ce que vous êtes, ni rester aveuglément dans votre zone de confort, mais vous poser les bonnes questions pour déterminer si votre attitude est juste et génératrice de réussite.

À retenir

Que vous apparteniez plutôt à un profil ou à un autre, vous devrez vous adapter pour, tout en respectant votre penchant naturel, parvenir à vous épanouir dans le contexte universitaire.

1 Le social et l'indépendant

Selon leur comportement en société, 2 profils d'étudiants peuvent être distingués :

- **le social** : celui-là aime travailler en groupe et s'épanouit dans la relation interpersonnelle. Il lui est impensable de s'isoler dans sa chambre pour travailler. On le retrouve souvent à la bibliothèque, où il apprécie de partager des pauses pendant lesquelles il peut échanger avec d'autres étudiants.
- **l'indépendant** : il préfère travailler dans son coin et fuit tous les lieux de réunion entre étudiants, comme la bibliothèque, le restaurant universitaire ou les parvis devant les amphithéâtres.

La compétition créée par le concours, alliée à la grande difficulté des cours, peuvent provoquer un certain isolement des étudiants.

Si vous êtes « social », il vous faudra recréer un cercle d'amis (ou au moins de relations) à l'intérieur du PASS. Si vous êtes « indépendant », attention à ne pas vous complaire dans un isolement qui semblerait vous convenir à première vue, mais qui peut se révéler à terme très difficile à gérer.

En effet, le groupe apporte un soutien fondamental aux étudiants, aussi bien du point de vue du moral que de la compréhension des cours. De plus, vous entourer de personnes qui traversent les mêmes épreuves que vous vous aide à vous sentir compris, ce qui serait très compliqué par des personnes totalement étrangères au monde du PASS.

Le social aura peu tendance à tomber dans ce travers, car sa tendance naturelle le pousse à aller vers les autres ; il se créera donc spontanément un petit groupe de travail, au sein duquel il aura plaisir à évoluer.

L'indépendant, en revanche, aura tout intérêt à se pousser un peu (tout en se respectant : on ne lui demande pas d'avoir le même comportement qu'un social) à aller à la rencontre des congénères PASSiens. Le travail en binôme, dans ce cas, est particulièrement adapté.

A. Le travail en binôme

Ce mode de travail convient surtout aux étudiants du profil « indépendant ». Il suffit de trouver un ami, ou une relation, avec qui vous partagez le même rythme de travail et, au départ au moins, à peu près le même niveau. Si en plus, vous n'habitez pas loin l'un de l'autre, cela facilitera les rencontres, et donc le travail commun.

J'insiste sur le fait que votre binôme peut être une simple relation, car il ne faut pas perdre de vue qu'il sera avant tout une relation de travail. Nul besoin d'être les meilleurs amis du monde pour constituer un binôme efficace. Bien sûr, une estime réciproque est un minimum, et de l'animosité serait une contre-indication formelle.

Au sein de votre binôme, l'esprit de compétition ne saura trouver sa place : les deux protagonistes formulent le souhait d'avancer ensemble, vers un objectif commun.

Il ne vous reste plus qu'à définir votre rythme de travail (se voir tous les après-midi après les cours, ou uniquement en début ou en fin d'après-midi). Pour certains binômes que nous avions au départ créés de toutes pièces au sein de l'écurie, des amitiés durables sont nées. Parfois, nous avons assisté à des situations cocasses : l'un des binômes rapprochant des étudiants qui n'habitaient pas le même quartier, ils passaient leur journée au téléphone à travailler à la fois ensemble et à distance !

Si le travail en binôme peut se révéler dans un premier temps un formidable moteur de la réussite, il peut aussi parfois évoluer, et devenir un frein. C'est le cas lorsque le moral d'un des 2 acteurs du binôme flanche pendant trop longtemps : il pourrait alors entraîner l'autre dans sa déprime. Cela arrive aussi lorsque les rythmes de travail, qui semblaient compatibles au départ, se révèlent ne pas l'être.

Il ne faut alors pas hésiter à interrompre cette collaboration. C'est pourquoi les bases du binôme sont fondamentales : il est plus facile de tenir ce discours à une relation que l'on apprécie dans le cadre du travail qu'à un ami avec qui l'on a lié de forts liens affectifs.

Enfin, précisons un élément auquel l'on ne pense pas toujours de prime abord : il est judicieux de proposer à chacun de formuler son désir de continuer le binôme régulièrement. Si l'un des deux émet des doutes, il pourra à tout moment choisir d'interrompre la collaboration. Il est très important que cette liberté soit explicitement formulée dès le départ, cela facilitera les relations par la suite.

B. Le travail en groupe

Pour les étudiants sociaux, la formation de groupes de travail se révèle très équilibrante. Ils permettent de créer des liens entre les membres, de se soutenir en cas de coups durs, ou de s'expliquer mutuellement les notions compliquées.

Il ne faut pas oublier que lorsqu'un étudiant explique une notion à un autre, cela permet à celui qui a compris de consolider ses connaissances, et à l'autre de progresser dans son savoir. C'est du gagnant-gagnant !

La bonne taille du groupe dépend de chacun et des affinités : entre 3 et 5 étudiants. Au-delà, les relations inter-personnelles peuvent rapidement devenir problématiques, et occuper la majorité du temps des étudiants.

C'est d'ailleurs un des écueils du travail en groupe : avec le stress du concours, de nombreuses tensions peuvent apparaître entre individus, et ces petits différents peuvent prendre de plus en plus de place, jusqu'à perturber le travail. Si tel est le cas et que la dynamique du groupe n'est pas aussi positive qu'on le souhaiterait, il ne faut pas hésiter à sortir du groupe ou à le scinder en plus petites unités. C'est pour cette raison que nous préconisons des groupes de petite taille : 5 individus au maximum. Au-delà, ces tensions sont beaucoup plus vives et perturbatrices.

Une des conditions *sine qua non* à la réussite du travail en groupe est la règle suivante : « Aucun esprit de compétition ne régnera entre les membres du groupe ». La respecter permet d'assurer une bonne entente et une bonne dynamique au sein de l'équipe. C'est le groupe entier qui se fixe pour objectif d'obtenir les places visées. Personne n'est laissé sur le carreau (d'où l'intérêt de se répartir en fonction du niveau). En revanche, l'esprit de compétition doit faire rage à l'extérieur du groupe : c'est vis-à-vis des autres étudiants que le groupe devra avoir une mentalité de requin !

EN BREF

Voici les conditions à la réussite du travail en binôme ou en groupe :

- avoir le même rythme de travail, et à peu près le même niveau ;
- bannir la compétition au sein du binôme ;
- formuler le désir de continuer le travail à 2 ;
- ne pas hésiter à interrompre ce travail s'il n'est plus à bénéfice réciproque.
- limiter la taille du groupe (5 au max) ;
- éviter les quolibets sur les uns et les autres ;
- scinder ou sortir du groupe en cas de tension ;
- développer l'esprit de compétition avec l'extérieur du groupe, jamais en son sein.

2 Le pessimiste, l'optimiste et le lucide

Il est très compliqué, et pourtant fondamental, d'évaluer avec précision son niveau. Cela permet de savoir si le travail effectué est bénéfique, si les méthodes de travail utilisées sont bonnes. En général, c'est lors des premières évaluations menées par le tutorat (parfois appelées « colles ») ou au sein de l'écurie, que l'étudiant réalise avec objectivité son niveau. C'est aussi le temps des « premières claques », qui poussent aux premières remises en question.

Dans l'attitude face aux études, on distingue 3 profils fondamentaux.

- **Le pessimiste** : il n'y arrive jamais, il ne travaille jamais suffisamment et finalement, s'il est malgré tout classé en rangs utiles, c'est uniquement dû à la chance... Les autres sont meilleurs et comprennent mieux que lui ; en conséquence, il n'y a pas de raison qu'il soit devant les autres puisqu'il ne vaut pas mieux.
- **L'optimiste** : pour lui, le concours n'est finalement pas si difficile et si tout va bien, obtenir le classement nécessaire ne devrait pas lui poser de problème. Même si les évaluations intermédiaires (tutorat, écuries...) sont mauvaises, c'est simplement « la faute à pas de chance », et cela ne présage en rien ses résultats au concours. S'il a répondu à côté du sujet à une question, il en est sûr, cela ne se reproduira pas le jour J...
- **Le lucide** : il est conscient du travail effectué *et aussi* de celui qui reste à accomplir. Lorsqu'il passe une évaluation comme un concours blanc par exemple, il prend le temps de décortiquer ses résultats : il note ses progrès ou ce qu'il a particulièrement réussi, et cherche une autre façon de travailler lorsque les résultats sont insuffisants.

À part le lucide, qui représente l'attitude vers laquelle devrait tendre tout étudiant, ces profils aboutissent souvent à l'échec, bien que cela arrive pour des raisons différentes. Le pessimiste systématique échoue parfois à cause de son manque d'enthousiasme, et par manque de projection positive ; anticipant systématiquement l'échec, il finit par le créer. L'optimiste peut ne pas atteindre ses objectifs de classement par négligence de ses faiblesses. À force de sous-estimer la portée de ses mauvaises notes, il ne réalise pas (ou trop tard) que sa méthode devrait être changée.

A. L'importance des évaluations régulières

De nombreux étudiants, en se rapprochant de l'échéance des examens, pensent que les concours blancs représentent une perte de temps. En effet, ils estiment que ce temps consacré à l'entraînement s'effectue au détriment de leurs révisions. En réalité, les concours blancs (CB) sont le seul moyen objectif d'évaluation, en plus d'être un excellent moyen de réviser. Nous verrons concrètement plus tard comment les utiliser.

À retenir

Ne négligez jamais de vous entraîner grâce à un concours blanc, surtout à l'approche du concours.

Cependant, pour qu'ils soient efficaces, encore faut-il s'assurer de leur qualité. En effet, certains d'entre eux étant effectués par des étudiants (dans certaines préparations ou dans le tutorat), leur contenu peut être très éloigné de celui du vrai concours. Dans ces cas-là, leur intérêt sera moindre. Mais ce cas de figure n'est pas la norme, et il semble fondamental de participer à des CB réguliers. Dans tous les cas, vous avez tout intérêt à vous renseigner auprès d'autres étudiants ou de doublants pour évaluer le plus objectivement possible la qualité des CB proposés.

Que faire une fois les résultats au concours blanc obtenu ? Deux cas de figure se présentent.

- Vous avez passé un CB longtemps avant le vrai examen : vous avez la possibilité d'évaluer précisément les points que vous devez améliorer. Vous réfléchissez aux raisons des notes insuffisantes, et vous mettez en place un autre fonctionnement. On ne se cherche pas d'excuse, on prend note de la situation, et on avance !
- Vous passez un CB dans les dernières semaines de révision : le temps des remises en cause profondes est révolu. Il vous faudra mettre l'accent sur l'entraînement, le « bachotage ». Lorsque, par le biais de certains exercices, vous remarquez des lacunes, ce sera pour vous l'occasion de revoir ces points du cours. C'est de cette façon que vous serez amené, petit à petit, à revoir tous les points clés de vos leçons.

B. La fausse lucidité

Avec des évaluations régulières, vous serez confronté à de fréquents bilans. Cela vous permettra de ne pas vous enfermer dans un fonctionnement inefficace.

Certains étudiants, de profil pessimiste, ne considèrent pas leur réussite à leur juste valeur. Pour eux, être lucide c'est voir les progrès à réaliser, mais jamais ceux qui ont déjà été accomplis. Ils pensent que reconnaître un bon travail, c'est s'en contenter, et donc risquer de régresser.

Si vous avez tendance à être dans ce cas de figure, il faudra être vigilant à ne pas confondre lucidité et pessimisme. N'oubliez jamais qu'un étudiant lucide reconnaît aussi ses réussites et ses progrès, même minimes et même s'ils ne sont pas suffisants. S'il ne s'en contente pas, il les remarque et s'appuie dessus pour poursuivre sa progression.

C. La « victimite » aiguë

C'est le fléau de l'étudiant. Pour la reconnaître, il suffit de vous demander si vous avez tendance à rendre les autres responsables de ce qui vous arrive (le prof qui explique mal, la fac qui est très mal organisée, votre écurie qui ne fait pas le travail pour lequel vous la payez, les autres étudiants qui vous distraient...). Si tel est le cas, vous êtes peut-être atteint de victimite. Attention, cette pathologie est perverse : on ne se rend pas compte que l'on est malade...

Le sujet le plus facilement atteint est l'optimiste qui, en attribuant la cause de ses échecs à une source externe, peut conserver sa vision positive des choses. Malheureusement, avec cette attitude, il se coupe de la possibilité de réagir à une situation qui demande un changement. Dans ce genre de situation, l'échec rôde...

Le traitement à appliquer tient en un seul mot : **responsabilisation**.

Vous devez prendre votre part de responsabilité dans chaque situation, même si vous ne maîtrisez pas tous les éléments. Ne vous attardez pas sur ceux que vous ne pouvez pas changer, et focalisez-vous sur les autres. Inutile de maugréer contre le professeur de fac que vous jugez incompétent, mais réfléchissez à une façon efficace de travailler ses cours. C'est la seule attitude responsable qui vous amènera à la réussite. De plus, vous utilisez votre énergie dans la bonne direction, plutôt que de vous épuiser à lutter contre quelque chose que vous ne pouvez pas changer.

3 Pour finir

Grâce à la connaissance approfondie de votre propre fonctionnement, vous serez plus à même de prendre les bonnes décisions et d'adopter un travail qui vous convienne vraiment, c'est-à-dire qui tienne compte de vos spécificités.

Il est probable que vous combiniez les profils décrits précédemment : que vous soyez un social optimiste, ou un indépendant pessimiste, il est toujours possible de trouver un équilibre au sein du PASS.

Forts de ce constat, voyons maintenant comment s'organiser pour être vraiment efficace.

EN BREF

Adopter une attitude lucide implique de :

- remarquer ses progrès et ses faiblesses ;
- ne pas confondre pessimisme et lucidité ;
- prendre ses responsabilités et ne pas se laisser contaminer par la « victimite » ;
- vous évaluer objectivement très régulièrement (par exemple, avec des concours blancs), surtout à l'approche du concours.

PARTIE 3

S'organiser

Un étudiant en médecine peut rapidement se retrouver perdu, débordé par la masse colossale de données à retenir et de notions à comprendre.

La seule solution pour arriver à gérer son travail et son moral (car rien n'est plus démoralisant que le sentiment d'impuissance face à une tâche apparemment insurmontable) est de prendre les choses à faire les unes après les autres, et d'organiser son travail sur le long terme. Pour en arriver là, il faut déjà connaître les caractéristiques de l'année. Nous vous proposons deux situations différentes :

- l'une en dehors des enseignements de la faculté, c'est-à-dire :
  - soit pendant l'été qui précède la rentrée,
  - soit pendant la période de révision (juste avant les examens),
  - soit pendant les vacances (au deuxième semestre, entre la fin du tronc commun et le début des spécialités) ;
- l'autre qui intervient pendant les cours de l'université.

Une organisation optimale du travail permet de rentabiliser le temps passé à réviser. Cependant, pour beaucoup d'étudiants, « bien s'organiser » relève de la devinette. Il existe pourtant quelques règles à connaître qui permettent de retenir plus vite et plus efficacement.

En voici un florilège, que vous aurez tout intérêt à vous approprier au plus vite !

Dans la suite de l'exposé, nous nous concentrerons sur le premier semestre, car il est fondamental pour l'organisation. Une fois les méthodes trouvées dans la première phase de l'année, il suffira de les réinvestir dans le deuxième semestre.

CHAPITRE 10

Prendre du recul par rapport à l'année

Avant de vous lancer dans le travail de vos matières, il est très utile d'acquérir une vision générale de la progression universitaire. Celle-ci est conditionnée par la connaissance du nombre d'heures d'enseignement propre à chaque UE, ainsi que par la façon dont vous serez évalués au moment du concours.

À retenir

Dès la sortie des résultats du bac, consultez les sites web pour déterminer :

- *le nombre d'heures d'enseignement attribué à chaque UE ;*
- *le nombre de QCM et le mode d'évaluation de chaque matière.*

Acquérir ce genre d'informations permet d'anticiper d'éventuelles difficultés dans certaines matières et donc d'élaborer un plan d'action. C'est pourquoi cette phase doit impérativement se faire avant le début de l'année, de préférence dès que le baccalauréat est passé.

Il sera possible de réaliser ce travail préparatoire avant le début des cours, car il nécessite des informations qui seront facilement accessibles sur Internet, soit directement sur le site de l'université, soit sur les forums du tutorat. Ainsi, avec cette préparation réalisée pendant l'été, vous serez prêts à être pleinement efficaces dès le début des enseignements.

Nous vous proposons de vous intéresser pour le moment au tronc commun, et de vous appesantir sur les UE spécifiques (propres à chaque spécialité) le moment venu. En effet, l'essentiel du travail d'anticipation a pour but de mettre en place des méthodes efficaces très tôt. Pour cela, le tronc commun suffit et est très adapté. En ce qui concerne les UE spécifiques, rien n'étant définitivement arrêté, nous ne les aborderons pas dans cette partie.

1 Définir le nombre d'heures et le mode d'enseignement

Les textes officiels sont relativement souples dans leur application. Ainsi, chaque université est plus ou moins libre de la façon dont elle va traiter les thèmes imposés. C'est pourquoi, malgré la volonté d'uniformisation des enseignements le PASS, une certaine disparité entre les différentes facultés est toujours présente.

Vous devez donc, avant de vous lancer dans le vif du sujet, vous renseigner sur le type d'enseignement auxquels vous serez confronté au cours de cette année.

À titre d'exemple, voici l'organisation du PASS à l'université de Bordeaux. Vérifiez bien dans votre université l'organisation de vos UE. Attention, vous n'aurez pas à passer toutes ces UE : celles-ci dépendent du choix de votre filière, et de votre mineure.

UE	Matière	Cours magis-traux (h)	TD (h)	ECTS
1	Anglais		25	3
2	Découverte des métiers de la santé	30		0
3	Préparation aux épreuves			0
4	Sciences humaines et sociales appliquées à la santé	30		3
5	Santé publique et statistique en santé	24	6	3
6	Structure et fonction de la cellule eucaryote	28,5	2	3
7	Biochimie et biologie moléculaire de la cellule	23	2	3
8	Physiologie humaine	23	2	3
9	Bases physiques des méthodes d'exploration	24	6	3
10	Anatomie générale	34		3
11	Biologie de la reproduction - embyiologie - organogénèse	26	4	3
12	Histologie humaine	30	4	3
13	Méthodes d'études du vivant appliquées à la santé	20	4	3
14	Atomes et molécules	20	4	3
15	Biochimie et biologie moléculaire approfondie	23	6	3
16	De la molécule au médicament	18	6	3
17	Anatomie du bassin et unité fœto-placentaire	18	2	3
18	Morphogénèse et anatomie cranio-faciale et cervicale	22	2	3
19	Biomatériaux et dispositifs médicaux	24		3
20	Initiation à la connaissance du médicament	24		3
21	Anatomie du système locomoteur et biomécanique	20	10	3
22	Handicap - classification du fonctionnement, santé et société	24	4	3
23	Psycho-cognition-motricité	24	6	3
24	Psychologie	30		3
25	Anatomie cranio-faciale et du bassin	20	2	3
26	Intelligence artificielle et santé	24		3
27	Santé, environnement et thermalisme	25		3

À retenir

La collecte de ces informations permet d'anticiper d'éventuelles difficultés et de mieux organiser son travail, sans prédire le degré de difficulté des différentes matières.

2 Déterminer le mode d'évaluation

Chaque université est libre de proposer son propre mode d'évaluation. Le QCM est la règle universelle, sauf dans certaines UE, qui présentent une évaluation rédigée. Celle-ci peut prendre la forme d'un résumé de texte à rédiger avec un nombre de mots précis, ou d'une réponse à une question ouverte.

Le travail que vous allez fournir est grandement influencé par la façon dont vous allez être évalué. C'est pourquoi cette phase préparatoire est fondamentale. L'idéal est de se procurer des sujets de concours même s'ils datent d'avant la réforme, et de les analyser.

Portez votre attention sur les points suivants :

- **Combien de QCM y a-t-il dans chaque UE ?**
- **Combien de QCM y a-t-il dans chaque matière, à l'intérieur des UE ?**

Exemple
Dans une UE donnée, déterminez le nombre de QCM en chimie organique, biochimie, et biologie moléculaire.

- **Quel type de questions pose-t-on ?**

Exemple
Y a-t-il, dans une UE à matière biologique, des expériences à analyser, ou est-ce uniquement des questions de cours ? De même, dans une autre UE, y a-t-il essentiellement des calculs, des questions, ou un mélange des deux ?

Tant que vous n'avez pas suivi les cours de l'université, inutile de vouloir évaluer le degré de difficulté des questions : vous n'avez pas les bases, à ce niveau de l'année, vous permettant de l'apprécier objectivement. C'est pourquoi je vous conseille de vous contenter des points suggérés ci-dessus.

Pour vous aider à synthétiser les informations récoltées, vous trouverez en fin d'ouvrage une boîte à outils que vous pourrez compléter, puis consulter tout au long de l'année pour garder à l'esprit le mode d'évaluation. Cela vous assurera d'être toujours en accord avec les attentes du concours.

Maintenant que vous avez une vision d'ensemble de l'année, et que vous savez de quelle façon vous allez être évalué, vous pouvez organiser votre travail, tout d'abord au cours de la journée, puis au cours de la semaine entière.

EN BREF

Pour organiser correctement son travail, il faut savoir comment se déroule l'enseignement et comment l'on sera évalué :

- déterminer le nombre d'heures d'enseignement propre à chaque matière ;
- déterminer le nombre de QCM attribué à chaque matière dans le concours ;
- déterminer le type de questions posées dans les différentes matières.

3 Un travail proportionnel

Lorsque vous préparez un planning de travail, il est judicieux de déterminer l'importance d'une matière, de la façon la plus objective possible. Ensuite, il faudra quantifier une durée de travail adaptée à votre capacité et aux impératifs du PASS. Enfin, en combinant les 2 données, il sera aisé de déterminer le nombre d'heures de travail attribué à chaque matière.

A. Déterminer l'importance des différentes matières

Le plus simple et le plus efficace, pour déterminer objectivement l'importance d'une matière, est d'utiliser la notion d'**ECTS**. Ces derniers constituent un standard européen (ECTS = *European Credits Transfer System*) qui quantifie le travail à fournir par l'étudiant pour obtenir son diplôme. Ils tiennent donc compte des heures de cours dispensées en université, mais aussi de son travail personnel.

Chaque UE, et chaque matière à l'intérieur de chaque UE, se voit attribuer un certain nombre d'ECTS. Ces ECTS correspondent aux coefficients utilisés pour calculer la note finale.

Vous pourrez utiliser l'ECTS de chaque matière pour calculer le pourcentage de votre travail que vous pourrez consacrer à la matière. Par exemple, si votre semestre représente 30 ECTS, une matière qui correspond à 3 ECTS devra représenter environ 10 % de votre temps de travail hebdomadaire.

Évidemment, cette approche ne vous donne qu'une idée générale de votre organisation. Elle vous servira, par exemple, à homogénéiser le temps passé sur chaque matière : si vous passez deux fois plus de temps sur une matière que sur une autre alors que les ECTS sont équivalents, cela traduit un problème d'organisation qui risquera de compromettre vos résultats.

B. Quantification de VOTRE capacité de travail

Il s'agit maintenant de définir de façon précise le temps que vous pourrez consacrer à vos cours. Celui-ci va évoluer au cours du semestre :

1. Si vous choisissez de commencer la préparation pendant l'été, comme nous le conseillons, vous n'allez pas dès le départ vous donner à 100 % : vous ne seriez tout simplement pas capable de tenir la distance. N'oubliez pas que réussir le PASS nécessite une gestion adéquate de l'effort, ce qui implique de ne pas partir sur les chapeaux de roue.

2. À partir du début des cours universitaires, vous allez petit à petit prendre votre rythme de croisière et augmenter progressivement la charge de travail.

À propos de la quantité de travail, il n'est pas possible de donner de chiffres valables pour tout le monde. Mais un ordre de grandeur peut vous aider à organiser votre semestre :

- **Pendant la préparation d'été :** il est possible de partir sur une trentaine d'heures par semaine.
- **À partir du début des cours (mi-septembre) :** le rythme s'accélère et il faudra atteindre à peu près les 40 heures hebdomadaires.
- **À partir de novembre :** le sprint final est lancé, car vous vous situez maintenant à 6 semaines de l'échéance de l'examen. C'est le moment d'atteindre le plein régime, tout en respectant vos besoins minimum de sommeil et de loisirs. Il faudra compter entre 50 et 60 heures de travail hebdomadaires (voire 80 heures si possible).

Le graphique ci-dessous symbolise la quantité de travail en fonction des différentes phases de l'année. La durée de travail est donnée en pourcentage de la durée maximale. Si vous envisagez que vous pouvez travailler 70 h/semaine à plein régime, vous commencerez à 30 h au début de la pré-rentrée.

Notez qu'à l'approche du concours, vous pourrez dépasser la capacité maximale, et dans l'exemple précédent, atteindre 80 heures hebdomadaires. Soyez vigilant à ne pas trop faire durer cette période : ce qui est tolérable ponctuellement ne l'est pas sur la durée.

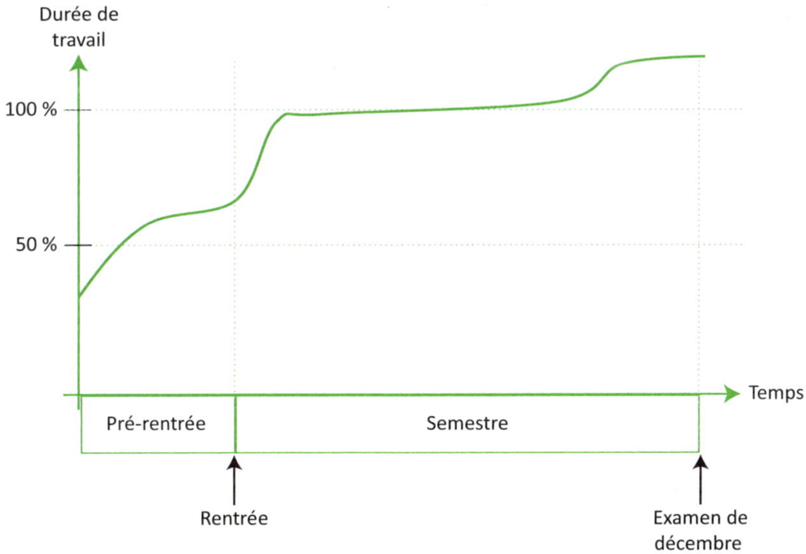

Figure 3.1 : Évolution de votre temps de travail au cours de l'année

Dans la partie précédente, il vous a été suggéré de quantifier votre capacité de travail durant votre année de terminale. Vous aurez donc une base solide, bien que modulable, sur laquelle établir votre planning.

Vous allez alors pouvoir appliquer ces préceptes aux 3 phases qui composent votre préparation : la pré-rentrée, la période universitaire, et les révisions.

C. Les écueils à éviter à propos du planning

Le planning, comme n'importe quel outil, peut se révéler contre-productif s'il n'est pas correctement utilisé.

La pertinence de son emploi réside dans un équilibre subtil entre la volonté de le suivre, et la possibilité de s'en écarter si un travail spécifique l'impose.

Voici quelques écueils à éviter pour bien utiliser un planning.

Ne pas respecter le planning établi

Si vous l'avez établi, c'est pour le suivre ! Donc, sans aller jusqu'à mettre une alarme pour vous signaler la fin d'une séquence de travail, essayez de ne pas (trop) déborder sur la suivante. Si vous vous apercevez que vous avez prévu trop peu de temps pour faire un travail important, adoptez la démarche suivante :

- à la fin du temps imparti, arrêtez, comme prévu, de travailler votre cours, même s'il n'est pas fini ;
- lors de la prochaine séquence (dans la même semaine, ou la suivante) où vous travaillerez cette matière, intégrez ce qui reste à apprendre. Si besoin, n'hésitez pas à prévoir plus de temps, puisque cette séquence vous demande un effort supplémentaire.

Si vous avez fini votre travail avant la fin du temps imparti, tant mieux pour vous, faites une pause ! N'allez pas essayer de grapiller 5 ou 10 minutes pour prendre de l'avance sur le planning, vous vous épuiseriez petit à petit, avant la fin du semestre.

Être rigide quant à son utilisation

S'il faut essayer de suivre le planning établi, ne culpabilisez pas si vous vous rendez compte qu'il n'est pas tenable. Faites de votre mieux pour le respecter, mais acceptez l'idée que parfois, vous devez le modifier pour qu'il soit plus en accord avec votre rythme.

Si vous réalisez qu'il vous manque 30 minutes pour finir d'apprendre un cours compliqué, il peut être rentable de décaler la séquence suivante pour ne pas interrompre cet apprentissage. Tout est affaire de dosage...

Être trop ambitieux

Pour pouvoir tenir le planning, il doit être réaliste. Ne prévoyez pas trop de choses à faire en un temps réduit. Vous le verrez, il est moralement très difficile de se sentir débordé, et de « courir après le temps ». Pour éviter cette sensation, votre planning doit être réalisable, adapté à votre rythme de travail. Si vous réalisez que le précédent a été très tendu, presque impossible à respecter, adaptez le suivant en l'allégeant un peu.

Ne pas respecter votre capacité de travail

Si vous pouvez soutenir 8 heures d'attention dans la journée (ce qui est déjà beaucoup), inutile d'en prévoir 10 ! En effet, vous vous heurteriez à une baisse de la vigilance, ce qui peut déboucher sur des débordements difficiles à gérer : le dernier cours étant situé dans une zone qui dépasse votre capacité d'attention, il pourra prendre beaucoup plus de temps pour être travaillé. Attention alors à la fatigue le jour suivant...

Travailler sans prendre de temps de pause

Si vous réalisez qu'un cours « ne veut pas rentrer », que vous insistez pour apprendre une notion mais que rien n'y fait, n'hésitez pas à vous arrêter, et à y revenir plus tard. Inutile d'essayer de vouloir faire entrer un cours de force, c'est perdu d'avance.

À retenir

Parfois, faire une pause constitue un gain de temps, car le travail qui suit se fera plus facilement.

Selon votre degré de fatigue, deux opportunités s'offrent à vous.

- Soit vous faites un autre cours (si votre niveau de vigilance le permet), qui vous semble plus agréable, et vous revenez plus tard sur le premier qui posait problème.
- Soit vous vous arrêtez et vous allez vous aérer pendant quelques heures, puis vous revenez frais et dispos avec l'esprit clair pour apprendre ce cours récalcitrant. Il vaut mieux « perdre » 1 ou 2 heures pour redémarrer du bon pied, plutôt que d'essayer de forcer l'apprentissage, et de mettre au final 2 à 3 fois plus de temps que prévu pour apprendre ce cours. Cette pause est en réalité tout sauf une perte de temps.

Parfois, une simple prise de recul permet de libérer les blocages. Il arrive que les difficultés rencontrées semblent alors tout à fait anodines !

EN BREF

Pour que le travail avec planning fonctionne, il faut :

- bien connaître le déroulement de l'année ;
- travailler équitablement toutes les matières ;
- respecter le planning établi si possible, mais accepter de s'en détacher si la situation l'impose.

11 CHAPITRE

Travailler pendant l'été

Travailler de façon autonome, sans être organisé par les cours dispensés à l'université, relève d'une vraie gageure si l'on n'est pas très rigoureux quant à la gestion de son planning.

Dans ce chapitre, nous verrons comment organiser de façon efficace sa préparation pendant l'été, et donc comment réussir la transition terminale/PASS.

1 Pourquoi commencer pendant l'été ?

Le travail pendant l'été est un petit bonus pour le PASS, qui n'est pas obligatoire, mais grandement conseillé. Même si vous rencontrerez toujours des étudiants qui auront réussi leur concours en commençant à travailler en même temps que la fac, le travail pendant l'été se révèle très profitable à certains profils d'étudiants.

Il est certain que si vous savez comment travailler et que vous avez assimilé le contenu de vos cours de première et terminale, la session d'été n'est pas indispensable.

À retenir

Le travail pendant l'été n'est pas indispensable pour tous les étudiants, mais il est très indiqué pour leur grande majorité.

En revanche, dans le cas contraire, il peut s'avérer très judicieux de travailler pendant l'été pour pouvoir appréhender l'enseignement universitaire avec des bases solides et des méthodes de travail éprouvées.

Cette mise à niveau vous permettra d'atteindre plusieurs objectifs.

A. Combler les éventuelles lacunes accumulées en lycée

En lycée, vous abordez de nombreuses notions qui vous seront utiles pour réussir vos études de médecine. Si vous ne maîtrisez pas ces cours avant le début du PASS, vous partez d'emblée avec un sérieux handicap : en effet, il faut savoir qu'assimiler les nouveaux cours de médecine (qui sont tous d'un haut niveau) ET combler ses lacunes de lycée est quasi-impossible en même temps.

En conséquence, si vous ne vous sentez pas très à l'aise dans certains chapitres, n'hésitez pas à revoir vos cours et à vous entraîner, pour petit à petit accéder à un niveau de maîtrise suffisant.

Les matières à travailler

Voici un tableau qui résume, pour les principales matières, les chapitres de lycée qui seront utiles à votre PASS.

	Mathématiques	**Physique/Chimie**	**SVT**
Chapitres	Études de fonctions	Signaux physiques et rappels d'optique	La cellule et son étude
	Fonctions logarithmes et exponentielles	Mécanique : Temps, mouvement et évolution	La différenciation du sexe et la procréation
	Les puissances de 10	Introduction à la thermodynamique	Génétique et évolution
	Calculs (mental, appliqué...)	Les réactions d'oxydo-réduction et acido-basiques	Immunologie
	Statistiques/probabilités	La chimie organique	Le système nerveux
		Cinétique et catalyse	
Méthodes	Apprentissage et entraînement. Revenir sur les exercices de calcul pour les réussir sans calculatrice.	Apprentissage et entraînement. Compréhension des phénomènes présentés.	Apprentissage et entraînement. Compréhension des phéno-mènes présentés (homéostasie...) Rédaction d'une fiche synthétique de vocabulaire.

Chacune de ces matières est en lien avec une ou plusieurs UE.

- Les mathématiques sont en lien avec les UE qui nécessitent des bases solides en statistiques et probabilités, mais aussi sur les fonctions usuelles (exponentielles, logarithmes, puissance...), qui devront être manipulées aisément. Elles seront aussi utiles à toutes les UE présentant des calculs (rappelons que dans la majorité des universités, la calculatrice est interdite le jour du concours).
- La physique sera à la base de la biophysique.
- La chimie servira aux UE qui traitent de chimie organique et générale et à la biochimie.
- Les SVT sont fondamentales en PASS, et se retrouveront dans de nombreuses UE.

De plus, nous pourrions rajouter les matières plus littéraires (philosophie, histoire/géographie), qui seront utiles dans le traitement de l'épreuve rédactionnelle.

Ces notions sont indispensables pour vous permettre de répartir équitablement votre temps de travail, suivant la méthode indiquée dans le chapitre précédent.

Comment s'y prendre ?

Une fois que vous avez identifié les points sur lesquels vous allez revenir, il vous faut savoir *comment travailler*.

Vous articulerez votre travail autour de deux fondamentaux, qui se déclineront dans les différentes matières :

1. **Apprentissage du cours :** les mécanismes, formules, définitions et propriétés doivent êtres compris et sus parfaitement.
2. **Entraînement :** Une fois le cours (ré)appris, il vous faudra vérifier que vous êtes capable d'utiliser les notions à travers des exercices. En effet, il ne faut pas oublier que par rapport aux cours de terminale, vous serez évalués en PASS sur une **utilisation** de ces compétences, et non sur leur apprentissage par cœur.

En mathématiques

Vous apprenez votre cours (les formules et les applications) puis vous vérifiez que tout a bien été acquis par les exercices. Rappelons que, les exercices étant là pour vérifier l'apprentissage du cours, vous les ferez *après* avoir appris votre cours. N'hésitez pas non plus à revenir sur certaines notions de calcul assez simples, de classe de seconde, par exemple. En effet, le lycée s'effectue avec un usage extensif de la calculatrice, ce qui n'est plus le cas en PASS. Il peut alors s'avérer pertinent de s'habituer à faire des calculs simples (niveau seconde), sans instrument.

En physique/chimie

Le principe est le même qu'en mathématiques, avec la nécessité supplémentaire de bien **comprendre les mécanismes décrits**. Par exemple, la Résonance Magnétique Nucléaire (RMN) est une notion traitée en terminale, largement reprise en PASS. Bien que le traitement en lycée et à l'université soit loin d'être identique, avoir une base solide de ce qu'est cette pratique se révèle être un atout sérieux. Il en va de même pour les autres chapitres cités dans le tableau ci-dessus.

En SVT

Le plus important est de maîtriser le **vocabulaire**. Vous vous en apercevrez rapidement, les professeurs d'université maîtrisent tellement leur domaine qu'ils en parlent comme si tout était évident. Les mots qui font leur quotidien, et qui leur semblent parfaitement compréhensibles, pourront vous apparaître très obscurs si vos bases en SVT ne sont pas solides. C'est pourquoi votre premier travail sera d'établir un lexique, ou une fiche synthétique, qui regroupe les définitions des mots techniques utilisés dans les différents chapitres de terminale.

Ensuite, les **mécanismes devront être profondément compris**. Vous pourrez par exemple, vérifier votre compréhension en vous imaginant expliquer un phénomène (le contrôle de la glycémie...) à un enfant. Si le mécanisme n'est pas clair pour vous, vous réaliserez très vite qu'il vous est impossible de l'expliquer (même virtuellement).

À l'issue de ce travail, qui s'articule et qui alterne avec les autres objectifs de l'été, vous aurez posé les bases solides pour aborder votre PASS plus sereinement, et tirer profit des enseignements de l'université.

Prendre de l'avance sur le cours de fac

Toutes les préparations privées en médecine le savent bien, l'été est une période idéale pour commencer à apprendre les cours de la faculté. En effet, la somme de connaissances à maîtriser pour le concours est telle, que disposer de quelques semaines d'apprentissage de plus est un atout non négligeable.

À retenir

Profitez de l'été pour prendre de l'avance sur les cours de fac, en vous focalisant sur les cours qui sont assurés de ne pas changer cette année.

Le danger, dans ce traitement anticipé des cours, c'est de consacrer du temps à travailler un chapitre qui ne sera finalement pas traité par le professeur, ou qui ne sera pas traité de la même manière.

C'est pourquoi il faut respecter certaines règles.

1. **Travaillez des cours dont le contenu est stable**, enseignés par des professeurs qui ne changent pas à la rentrée. En effet, le changement de professeur d'une année à l'autre s'accompagne souvent d'une évolution dans les cours dispensés. Renseignez-vous sur les forums du tutorat pour vérifier quels sont les enseignants qui restent, et ne travaillez que leurs cours. N'hésitez pas à demander l'avis de connaissances qui sont passées par là, ou de tuteurs (par l'intermédiaire du forum internet) pour déterminer quelles sont les matières présentant de faibles évolutions, et dont le travail anticipé est peu risqué.
2. **Procurez-vous des supports de travail propres à votre université**, et non des supports génériques (livres ou sites internet). En effet, chaque enseignant est libre de traiter les notions comme il l'entend, ce n'est donc pas parce que les intitulés de chapitres sont identiques dans toutes les facultés, que les contenus de cours le seront aussi. Il vous est possible de récupérer le pack entier des ronéos (ou corpos) de l'année précédente auprès du tutorat (qui propose en général ce service dès le mois de juin ou juillet).
3. **Préparez des fiches**, et commencez à les apprendre. Le fait de préparer des fiches vous pousse à vous pencher de façon approfondie sur les cours. Vous allez aussi petit à petit trouver la méthode d'apprentissage qui vous convient. Ainsi, lors du démarrage de l'université, vous serez pleinement opérationnel.
4. **Commencez à vous entraîner**, en utilisant des banques de QCM, de façon à vous habituer à manipuler ce type d'évaluation que vous avez jusqu'ici peu utilisé. Évitez pour le moment de faire des QCM d'annales, car étant très

représentatifs de ce que vous aurez dans votre concours, il vaut mieux les garder pour les phases de l'année où le cours de faculté aura été dispensé.

B. Expérimenter des méthodes qui conviennent

Ce travail en anticipation est aussi l'occasion, si ce n'est déjà fait, de mieux vous connaître. En effet, il vous faudra, dès le début des cours de fac, avoir *déjà* connaissance des méthodes de travail qui fonctionnent pour vous. Or, la seule façon efficace de trouver *sa* méthode, c'est d'en tester plusieurs en situation.

Ainsi, les cours que vous allez travailler pendant l'été vous permettront d'essayer plusieurs types de fiches, plusieurs façons de les apprendre, plusieurs rythmes journaliers de travail.

Au final, vous aurez testé différentes méthodes, et vous connaîtrez celle avec laquelle vous êtes le plus à l'aise.

Dans cet objectif, il est impératif de bien se souvenir que tout ce qui est fait pendant l'été l'est ***par anticipation*** : il est donc par définition impossible d'être en retard ! Ce point est fondamental car il ne faut surtout pas que la pression, qui sera forcément au rendez-vous, soit trop forte avant le début de l'année ! Vous ne seriez alors pas capable de tenir jusqu'à l'échéance.

Au contraire, considérez l'été comme un vaste espace d'expérimentation, dans lequel vous évoluez avec légèreté, dans l'optique de réunir les conditions propres à votre réussite.

À l'issue de ce travail, vous aurez, à votre rythme et sans vous surmener, commencé à apprendre des cours, trouvé votre méthode de travail, et comblé vos éventuelles lacunes. Tous les ingrédients sont alors réunis pour un démarrage réussi !

EN BREF

Pour quels étudiants ?

- ceux qui ont des lacunes de lycée,
- ceux qui nécessitent plus de temps pour apprendre,
- ceux qui sont rassurés par un démarrage anticipé.

Pour quoi ?

- combler ses éventuelles lacunes de lycée,
- commencer à apprendre ses cours,
- expérimenter des méthodes qui conviennent.

Comment ?

- travailler sur des cours de lycée,
- travailler sur des cours de PASS dont on est à peu près sûr qu'ils ne changeront pas,
- s'entraîner sur des QCM.

2 Organiser sa journée de travail

Lorsque la fac n'a pas encore commencé, il peut être plus difficile pour les étudiants de mettre en place un rythme de travail car ils ne sont pas rythmés par les cours universitaires. C'est pourquoi il est fondamental de planifier son travail sur la journée, puis sur la semaine.

N'oubliez pas de placer les cours les plus difficiles au moment de la journée où votre attention est maximale : vous allez d'abord placer sur votre planning les cours les plus complexes **au moment de votre pic d'attention**. On gardera les cours moins compliqués, les révisions et les entraînements pour les moments où vous êtes le moins alerte.

> **Exemple**
> Placez votre UE la plus redoutée au moment de votre pic d'attention. Personnellement, je la placerai entre 16 h et 18 h et entre 10 h et 12 h, car cela correspond au moment où je suis le plus efficace.

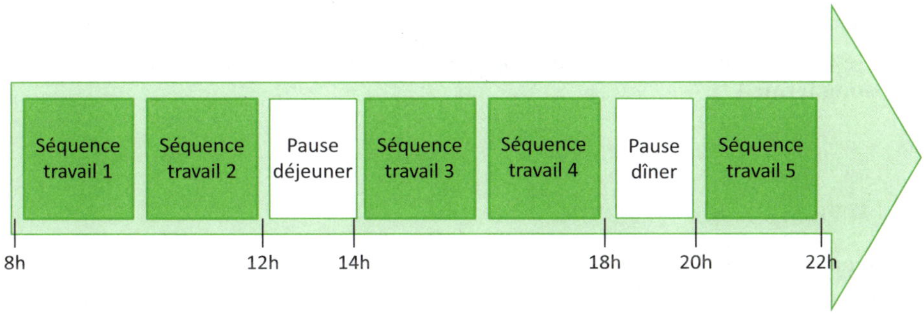

Figure 3.2 : Organisation d'une journée sans cours de fac

A. Séquence du matin

Vous prévoyez une séquence de travail dont la durée dépend de l'heure à laquelle vous vous levez (et donc fatalement de celle à laquelle vous vous êtes couché la veille).

Celle-ci se composera des trois phases suivantes :

1. Récitation/révision des cours précédents : cela vous permet de valider les apprentissages précédents. Cette étape intervient *sans révision préalable*, de façon à vérifier le stockage sur le long terme.
2. Réalisation des fiches + apprentissage : c'est l'étape principale de cette phase, celle où vous intégrez les nouvelles notions.
3. Consultation éventuelle des exercices : même dans cette phase de l'année, vous devrez vérifier que votre apprentissage vous permet de répondre à des questions de type concours.

B. Séquences de l'après-midi et du soir

L'organisation est la même que ci-dessus. Au début de chaque travail sur un cours, vous récitez soit ce que vous appris le matin, soit le cours précédent de la même matière.

À l'issue de la journée, vous aurez travaillé 4 ou 5 cours (ce qui est une bonne moyenne), revu les précédents, et récité plusieurs fois ce que vous avez appris. Ainsi, vous vous assurez de ne pas passer sur des détails que vous pensiez maîtrisés.

EN BREF

Organiser sa journée de façon performante suppose de :

- placer les cours les plus difficiles aux moments où l'attention est maximale ;
- alterner périodes de travail et de repos ;
- commencer chaque cours par une récitation, soit des cours précédents, soit des cours de début de journée ;
- ne jamais perdre de vue que l'objectif est de **stocker les informations sur le long terme !**

3 Organiser sa semaine

C'est ici que les pourcentages calculés précédemment (*cf.* p. 81) vont intervenir. En effet, il n'est pas possible de s'organiser par rapport à la fac : le travail attribué à chaque matière sera donc proportionnel à son importance dans l'enseignement universitaire.

Si vous estimez que fournir 9 h de travail journalier est cohérent avec les exigences des épreuves de sélection et la période de l'année où vous vous situez, vous répartirez vos séances de travail en tenant compte :

- des matières enseignées dans la semaine. Travaillez dès que possible en accord avec le rythme de la fac ;
- des ECTS attribuées à chaque matière, de manière à fournir un travail équitable. Cela évite le fameux écueil du je-travaille-que-les-matières-qui-me-plaisent !

N'oubliez pas également qu'à ce stade, vous organisez grossièrement vos séances sans détailler par matière. Dans une même UE, si celle-ci contient plusieurs matières, vous pourrez travailler plusieurs matières.

À retenir

10 séances de travail de L'UE1 ne signifient pas que vous travaillerez 10 leçons différentes sur la semaine, mais que lors de 10 séances de travail, vous pourrez travailler entre 4 et 5 leçons différentes.

Je vous conseille de placer deux séances le matin, une ou deux l'après-midi, et une dernière dans la fin d'après-midi/début de soirée.

Si vous êtes encore loin des épreuves, n'hésitez pas à prévoir aussi une demi-journée voire une journée entière pour vous reposer et recharger les batteries pour pouvoir repartir de plus belle. Votre endurance n'en sera que renforcée.

- Pour une même UE, il vous faudra prévoir le travail d'un cours, suivi d'une séance de révision/entraînement 2 à 3 jours plus tard.
- De plus, ne perdez pas de vue que chaque UE est composée de plusieurs matières. Sur votre planning définitif, il vous faudra indiquer, non pas simplement « UE x », mais par exemple, « Histologie » ou « Biochimie ».
- Petit à petit, vous complétez les cases vierges, en aménageant des périodes de pause en fonction de vos besoins, aux moments les plus opportuns pour vous.

	Lundi	**Mardi**	**Mercredi**	**Jeudi**	**Vendredi**	**Samedi**	**Dimanche**
8h - 10h	UE 3a : Travail leçon 1	UE 4 : Révision/entraînement leçon 1	UE 2 : Révision/entraînement leçon 1	UE 2 : Révision/entraînement leçon 2	UE 2 : Révision/entraînement leçon 3	UE 2 : Révision/entraînement leçon 4	
10h - 12h	UE 4 : Travail leçon 1	UE 3a : Révision/entraînement leçon 1	UE 1 : Révision/entraînement leçon 1	UE 1 : Révision/entraînement leçon 2	UE 1 : Révision/entraînement leçon 3	UE 1 : Révision/entraînement leçon 4	UE 1 : Révision/entraînement leçons 1, 2, 3, 4 et 5
14h - 16h	UE 1 : Travail leçon 1	UE 1 : Travail leçon 2	UE 1 : Travail leçon 3	UE 1 : Travail leçon 4	UE 1 : Travail leçon 5	UE 3a : Révision/entraînement leçon 2	UE 3a : Révision/entraînement leçon 3
16h - 18h	UE 2 : Travail leçon 1	UE 2 : Travail leçon 2	UE 2 : Travail leçon 3	UE 2 : Travail leçon 4	UE 2 : Travail leçon 5	UE 2 : Révision/entraînement leçon 5	UE 2 : Révision/entraînement leçons 1, 2, 3, 4 et 5
Soirée		UE 4 : Travail leçon 2	UE 4 : Révision/entraînement leçon 2	UE 3a : Travail leçon 2	UE 3a : Travail leçon 3	UE 1 : Révision/entraînement leçon 5	

EN BREF

Pendant l'été, organiser sa semaine de façon performante suppose de :

- déterminer le nombre de séquences de travail de façon proportionnelle à l'importance de la matière ;
- prévoir entre 4 et 5 séquences de travail par jour ;
- prévoir 2 séances hebdomadaires pour un même cours, espacées d'environ 3 jours : la deuxième permet de réviser et de commencer le stockage sur le long terme.

CHAPITRE 12

Organiser ses révisions

Les révisions en PASS revêtent un caractère particulier : tous les étudiants savent qu'il est fondamental de leur consacrer un temps important, pourtant peu prennent la mesure réelle de leur influence sur la réussite. Vos révisions commencent dès que vous avez commencé à apprendre des cours, et pas seulement lors des quelques dernières semaines. C'est pourquoi vous planifierez vos révisions dès les premières semaines de travail.

Progressivement, en se rapprochant des épreuves, le temps qui leur est consacré va *crescendo*. Voici une méthode très intéressante, qui permet d'être sûr de revoir suffisamment tous les cours appris.

1 La courbe de l'oubli

Cette méthode est basée sur la constatation suivante, que vous avez probablement déjà remarquée : plus le temps par rapport au moment où vous avez appris une leçon augmente, plus la quantité de souvenirs diminue.

Cette constatation, connue depuis longtemps, a été formalisée par des études de psychologie dès le début du XXe siècle, et reprise plus récemment.

Il est donc possible de dresser la **courbe de l'oubli** en fonction du temps.

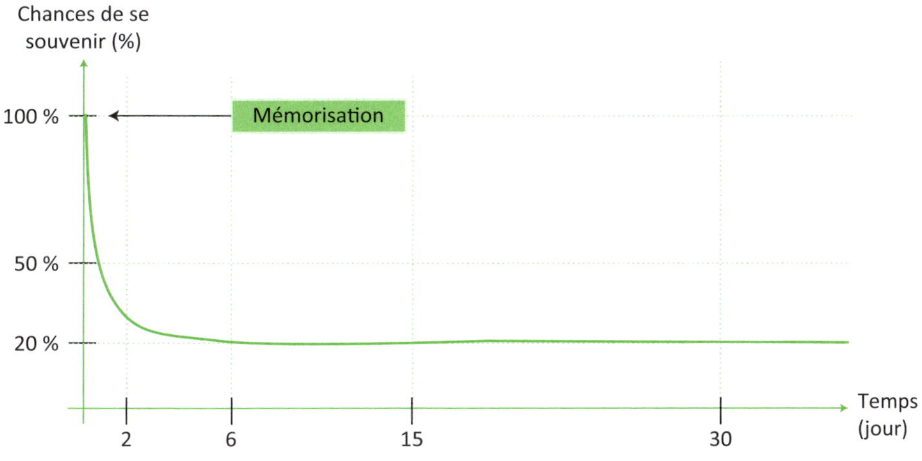

Figure 3.3 : La courbe de l'oubli, d'après Stahl et al, 2010, CNS Spectrums

Cette courbe matérialise la rapidité avec laquelle les données mémorisées sont perdues en l'absence de révision. À titre d'exemple, sachez qu'une heure après, il ne reste que 50 % de l'apprentissage de départ.

Cela confirme ce que nous avons vu précédemment à propos des différentes formes de mémoire : en l'absence de consolidation et de transfert dans la mémoire à long terme, la mémoire à court terme ne permet un stockage que temporaire d'une quantité réduite d'éléments.

Si cela démontre le caractère indispensable des répétitions pour le stockage sur le long terme, une question demeure : à quelle fréquence doivent-elles intervenir ?

Le modèle du ***spaced learning*** permet de répondre à cette question.

À retenir

En PASS, il faut considérer qu'un cours appris mais non revu plusieurs fois ne sert à rien.

2 Le modèle du *spaced learning*

La question de la fréquence optimale de révision est fondamentale en PASS car, au regard de la masse de connaissances à assimiler en un temps limité, vous n'aurez pas de temps à perdre.

Or, travailler votre cours au moment où vous êtes le plus réceptif vous assure la plus grande performance. De plus, le fait d'organiser en avance vos révisions vous oblige à les prévoir dans votre emploi du temps, et donc à ne pas vous focaliser sur les nouveaux cours.

A. La courbe de l'oubli dans le modèle du *spaced learning*

Le postulat de départ de ce modèle est qu'il est intéressant de travailler un cours lorsque la somme de souvenirs restants est encore importante.

Ainsi, on considère que la séance de révision doit intervenir alors qu'environ 90 % des notions apprises persistent.

Les chercheurs en ont déduit la fréquence optimale de révision suivante : **1 / 3 / 10 / 30 / 60.**

Cela signifie que vous devez revoir un cours 3 jours après le premier apprentissage, puis 10 jours après, puis 30 et 60 jours après.

Le graphique suivant vous présente l'évolution de la courbe de l'oubli lorsque les séquences de révision sont espacées selon cette fréquence optimale.

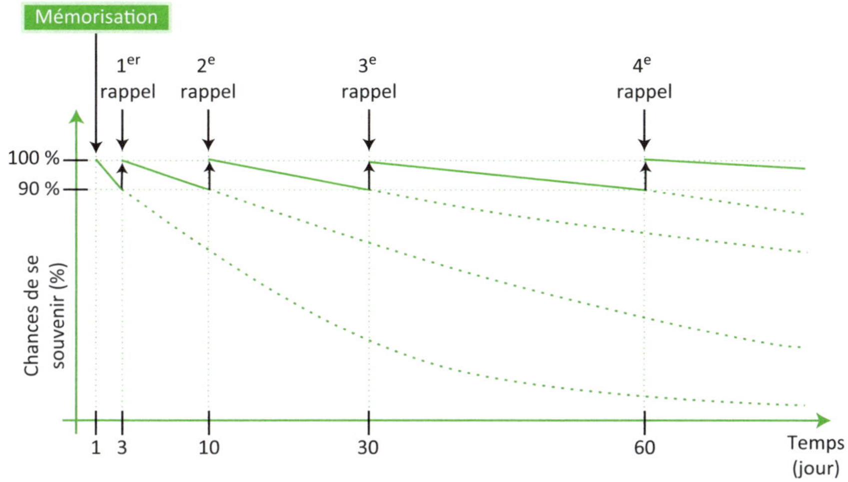

Figure 3.4 : La courbe de l'oubli selon le modèle du spaced learning, d'après Stahl et al, 2010, CNS Spectrums

Dans ce graphique, vous remarquez qu'à mesure qu'on enchaîne les séances de révision, l'oubli est de plus en plus lent. Cela est traduit par le fait que la pente initiale de la courbe est de plus en plus faible. C'est ainsi que l'on peut matérialiser la mémorisation sur le long terme : après la 4e révision, la pente est tellement faible que les souvenirs vont rester présents quasi indéfiniment.

Voyons maintenant comment organiser vos révisions de façon performante en tenant compte de ces découvertes.

B. L'organisation selon le modèle du *spaced learning*

Le but de cette organisation est de planifier en avance vos révisions pour que vous n'ayez pas de questions à vous poser, mais simplement à suivre l'agenda établi.

septembre 2015

mardi	mercredi	jeudi	vendredi	samedi	dimanche	lundi
1	2	3	4 **Tissu conjonctif**	5	6	7 Tissu conjonctif (J+3)
8	9	10	11	12	13	14 Tissu conjonctif (J+10)
15	16	17	18	19	20	21
22	23	24	25	26	27	28
29	30	1	2	3	4 Tissu conjonctif (J+30)	5

Figure 3.5 : Exemple d'organisation selon le modèle du spaced learning

Cette organisation suppose que vous utilisiez un planning général, présentant l'intégralité du semestre. Ce planning servira de base à la réalisation de votre emploi du temps hebdomadaire.

- Lorsque vous travaillez un cours, vous placez directement sur le planning vos séances de révision **à J+3, J+10, J+30, J+60**.

À vous de trouver un code de couleur astucieux qui facilitera votre travail en un coup d'œil ; par exemple, vous pouvez indiquer les matières d'une même UE avec la même couleur, ou alors définir une couleur pour chaque séquence de révision (les J+3 en bleu, J+10 en vert...).

- Dès que vous travaillez un cours, vous complétez votre planning en plaçant les séances de révision aux jours appropriés.

Ces séances se superposent à votre travail hebdomadaire d'apprentissage des cours, car elles ne constituent que des séances ***de révision***.

- Ensuite, il ne vous reste plus qu'à suivre votre agenda. Vous limitez ainsi la perte de temps due à l'indécision face aux tâches à accomplir, tout en vous assurant une révision suffisante des cours déjà appris.

C. Les écueils à éviter

Pour tirer pleinement profit de ce modèle, certaines erreurs sont à éviter.

Être trop rigide quant au respect du planning

Vous chercherez probablement à respecter coûte que coûte le planning que vous aurez établi. Pourtant, celui-ci est essentiellement **indicatif**, ayant pour but de vous obliger à réviser plusieurs fois de façon espacée un même cours.

S'il arrive qu'une journée soit trop chargée, rien ne vous empêche de répartir les tâches, initialement prévues sur ce jour, dans le reste de la semaine. Les dates de révision fixées à 3/10/30/60 sont approximatives, et non définies au jour prêt.

Ne faire plus que réviser et négliger les nouveaux cours

Soyez très attentif au fait que le *spaced learning* organise vos révisions, mais que celles-ci se superposent au travail initial de chaque cours. Dans la même semaine, vous aurez des créneaux d'apprentissage de cours nouveaux *et* des révisions.

Lorsque vous établissez votre planning hebdomadaire, vous tiendrez compte de ces deux types de travail différents.

Vous le réaliserez assez vite, il est tout à fait possible de combiner les deux aspects, car le temps de révision d'un même cours diminue à mesure qu'il est revu.

Ainsi, si vous prévoyez 2 heures pour revoir une leçon à J+3, 1 h 30 suffira à J+10, 1h à J+30 et 30 minutes à J+60. Ce timing est purement indicatif, mais il donne une idée assez juste de la décroissance du temps attribué aux séances de révisions successives pour un même cours.

EN BREF

Un travail efficace en médecine impose des révisions régulières, organisées selon le modèle du *spaced learning* :

- vous apprenez une leçon le jour J ;
- vous placez sur un planning général les dates de révision à J+3, 10, 30, 60 ;
- vous respectez, sans rigidité, le planning de révision que vous vous êtes construit, en intégrant dans votre planning hebdomadaire les séances mentionnées.

3 La dernière ligne droite

En général, les enseignements de l'université s'interrompent 2 à 3 semaines avant les épreuves. Il en résulte une dernière phase, dans laquelle vous serez confronté au même problème que pendant l'été : les cours de fac ne rythmeront plus votre travail.

Pour être pleinement efficace dans cette dernière phase, il faudra vous rappeler deux fondamentaux :

1. La durée de travail propre à chaque cours est dictée par les coefficients que vous aviez calculés pour déterminer l'importance de chaque matière.
2. Vous ne faites plus que réviser, et vous revoyez le cours à l'occasion des imperfections d'apprentissage révélées par l'entraînement.

N'oubliez pas, dans cette phase aussi, de concevoir un planning en début de semaine, et de le respecter au maximum. Si vous travaillez sans planning, vous risquez de négliger certaines matières au profit d'autres, ce qui peut vous coûter très cher en termes de résultats !

13 CHAPITRE

Travailler pendant les phases de cours universitaires

Si vous avez déjà travaillé sans faire de planning, vous l'aurez remarqué, on a toujours tendance à négliger les matières que l'on aime le moins au profit de celles pour lesquelles on a le plus d'affinité. Or, en médecine, les étudiants qui réussissent sont ceux qui limitent au maximum les impasses, voire qui n'en font pas du tout. La répartition du temps de travail doit donc être équitable, sans tenir compte de ses affinités pour telle ou telle matière.

Concrètement, vous réalisez votre planning le dimanche pour la semaine entière, qui tient compte des cours de faculté et des séances de révisions prévues par le *spaced learning* (voir chapitre précédent).

1 La période universitaire

Elle s'étend de la rentrée jusqu'aux concours (c'est-à-dire, pour le premier semestre, de mi-septembre à mi-décembre) et se décompose en 3 phases, d'une durée approximative d'un mois chacune.

À retenir

Au cours du semestre, la proportion attribuée au travail de nouveaux cours diminue, jusqu'à 0 en décembre.

Celle de l'entraînement sur QCM et des révisions augmente progressivement, jusqu'à atteindre 100 % en décembre.

Vous le verrez, chacune de ces phases présente ses propres impératifs. Les transitions constituent donc des moments « critiques », car il s'agit de changer de méthode de travail, pour s'adapter aux nouvelles exigences. Or, il est souvent difficile pour un étudiant d'accepter de fonctionner d'une nouvelle façon, surtout si la précédente lui réussissait. Pourtant, s'il n'arrive pas effectuer cette transition, son travail est voué à l'échec : il apprendra à ses dépens que ce qui fonctionne à un moment de l'année, ne fonctionne pas forcément à un autre, justement parce que chaque phase présente des impératifs bien précis.

Ainsi, les connaître aide grandement à gagner en efficacité.

Au cours du semestre, votre travail s'articulera autour de 3 fondamentaux, dont l'importance respective varie.

1. **Le travail du cours :** il nécessite une rédaction de fiches, et leur apprentissage. Il est toujours fondamental, mais la proportion de temps que vous lui consacrerez va progressivement diminuer car votre efficacité augmente au cours du semestre. Petit à petit, avec des méthodes d'apprentissage de plus en plus performantes, vous passerez moins de temps à travailler une même masse de cours.
2. **Les révisions :** c'est le plus grand défi de tout étudiant en PASS. L'essentiel est de stocker les informations sur le long terme. Nous l'avons vu, un des éléments permettant d'assurer ce type de stockage, ce sont les répétitions judicieusement espacées. Il faudra donc, progressivement au cours du semestre, prendre le temps de revoir ce qui a déjà été appris, au risque, dans le cas contraire, de ne garder en mémoire pour le concours que les derniers chapitres travaillés ! La proportion prise par les révisions ne cessera d'augmenter à mesure que l'on se rapproche de l'échéance. Nous avons déjà abordé le *spaced learning*, qui les organise de façon rigoureuse et performante.
3. **L'entraînement :** cela peut paraître surprenant, mais **ce n'est pas parce que l'on connaît son cours que l'on sait répondre à un QCM**. Pour arriver à investir ses connaissances dans ce type de question, il est fondamental d'y être habitué et d'avoir déjà pratiqué la gymnastique qui consiste à rappeler une connaissance sur un temps très court, dans un contexte bien défini. Enfin, l'entraînement permet de développer des automatismes qui permettront de répondre – juste – dans le temps imparti.

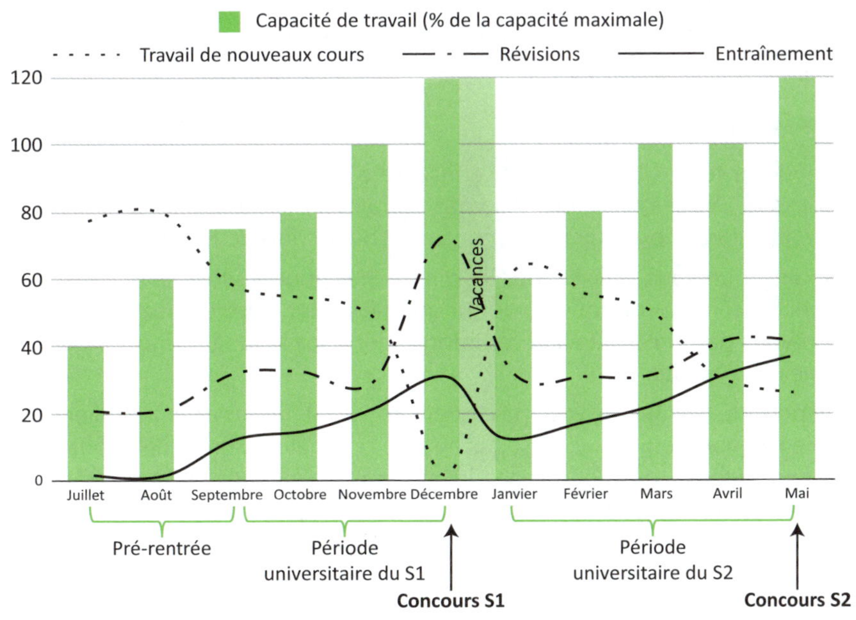

Figure 3.6 : Évolution de la part de l'apprentissage de nouveaux cours, des révisions et de l'entraînement au cours de l'année

Les différentes phases sont données pour le premier semestre, qui est crucial pour l'organisation car l'étudiant découvre le fonctionnement de la fac. Il sera plus facile pour lui de s'organiser au cours du deuxième semestre étant donné qu'il sait alors ce qui l'attend.

A. Le début du semestre

OBJECTIF

Acquérir un rythme et une méthode permettant d'assimiler le contenu des cours de faculté.

Moyens

Utiliser le planning pour organiser son travail de façon raisonnée.

Mettre en place sa méthode de rédaction de fiches et d'apprentissage.

Principale difficulté

Gérer son effort, ne pas se laisser déborder par la masse de travail.

Avec le début des cours de faculté, les choses sérieuses commencent, et la pression monte d'un cran. Cette phase de début de semestre, qui s'étend de mi-septembre à mi-octobre, vous permet de chercher votre rythme, différent de celui de l'été, car il vous faut maintenant intégrer les cours de fac et organiser votre travail par rapport à eux.

Ce sera l'occasion de vérifier que les emplois du temps que vous réalisez ne sont ni trop ambitieux, ni trop légers.

L'organisation

L'essentiel du temps de travail est consacré à la rédaction de fiches, et à leur apprentissage. Vous commencez à vous entraîner, mais le contenu étant encore assez réduit, il vous est difficile d'y consacrer beaucoup de temps.

Le planning, que vous réalisez tous les dimanches pour la semaine entière, prévoit forcément 2 séances de travail pour un même cours. Rappelons que cette organisation vous permet de stocker les informations sur le long terme, ce qui est un des gages de réussite.

À cette période de l'année, vous passez environ 3 à 4 heures pour travailler chaque cours de fac (votre efficacité n'est pas encore optimale). Durant cette phase, vous réalisez vos fiches, vous comprenez les notions enseignées, et vous récitez pour vérifier ce qui a été réellement retenu.

ENCART **Un petit conseil utile**

En ce début d'année, il pourra être utile de vous habituer à apprendre « dans les détails » vos cours, ce à quoi vous n'avez pas été habitué au lycée. Pour ceci, je vous conseille de commencer par consacrer le temps nécessaire (même s'il est très important au début) à l'apprentissage **parfait** d'un cours. Ainsi, vous saurez qu'il est nécessaire de consacrer plusieurs heures à un apprentissage par cœur et exhaustif. Petit à petit, avec de l'habitude, vous serez capable de garder le même niveau d'apprentissage, mais dans un temps plus réduit. Bref, vous gagnerez en efficacité !

Ce travail de fourmi vous laisse peu de temps pour revoir les notions déjà abordées. C'est normal : dans cette phase de l'année, l'objectif est d'intégrer du contenu. En revanche, vous commencez chaque travail d'un cours par une révision plus ou moins rapide des cours précédents. Vous n'oubliez pas, dès qu'un cours est travaillé, de compléter le planning général avec les révisions à J +3, 10, 30, et 60.

Les erreurs à éviter

Faire les fiches, et ne pas les apprendre

Ne consacrez pas tout votre temps à la rédaction des fiches, en négligeant leur apprentissage. N'oubliez pas que votre objectif n'est pas de réaliser des œuvres d'art, mais des fiches fonctionnelles qui facilitent votre apprentissage. Il faut donc impérativement que votre travail intègre un temps où vous apprendrez puis où vous réciterez vos cours.

Ne pas revoir les cours précédents avant d'en travailler un nouveau

L'intégration d'un nouveau cours s'appuie forcément sur une base posée par le cours précédent. Il est donc fondamental de commencer une séquence de travail en récitant puis en revoyant le cours précédent. Cette phase, qui peut durer environ 1 h, doit être prévue dans votre séquence de travail personnel d'un cours de fac.

Se laisser déborder

C'est le début de l'année, il est normal que vous ayez du mal à tenir votre planning. En revanche, il faut essayer au maximum de travailler tous les cours prévus. Un perfectionnisme poussé peut vous amener à n'être jamais satisfait de votre apprentissage, et à ne pas accepter de lâcher un cours imparfaitement appris ou compris. Pourtant, vous ne pourrez pas, en une seule fois, intégrer la totalité d'un cours. Il faut donc accepter de laisser un cours de côté s'il demande trop de temps. Passez à la suite, et vous reviendrez plus tard (dans la journée ou pas) à ce qui vous posait problème. Cet espace permet souvent de laisser reposer la difficulté, qui sera probablement levée lorsque vous vous y pencherez à nouveau.

S'épuiser par un démarrage en trombe

Il faut être vigilant à ne pas démarrer trop fort. Attention au surmenage, car le chemin à parcourir est encore long. Respectez bien votre besoin de sommeil, accordez-vous des pauses régulières dans la journée, soignez votre alimentation. C'est le respect d'une hygiène de vie rigoureuse qui vous permettra de tenir jusqu'à décembre.

B. Le milieu de semestre

OBJECTIF

Ingurgiter le maximum de connaissances et commencer à dégager du temps pour les révisions et l'entraînement.

Moyens

Apprendre mieux et plus vite

Réduire dans le planning la durée de travail propre à chaque cours, et intégrer des phases d'entraînement.

Principale difficulté

Supporter la pression, et garder le rythme malgré le potentiel abattement.

Le rythme de croisière est pris. Le milieu de semestre, qui s'étend de mi-octobre à mi-novembre, voit votre apprentissage gagner en efficacité. Vous ne passez plus qu'environ 2 heures à travailler chaque cours de fac, ce qui vous dégage du temps. De plus, votre capacité de travail augmente petit à petit.

L'organisation

Il vous est de plus en plus possible de revoir les chapitres précédents, qui ont été déjà appris.

Dans cet objectif, l'idéal est de regrouper les chapitres par thème, et de les revoir ensemble. Par exemple, lorsqu'en biochimie vous avez terminé les voies métaboliques des glucides, c'est l'occasion de toutes les revoir, ainsi que la structure des glucides. Ainsi, vous fonctionnez sur le principe de « super-thèmes » composés de plusieurs chapitres, tous revus en même temps.

ENCART **Second petit conseil utile !**

Attribuez à chaque tâche un temps donné. Cela vous permettra de ne pas vous disperser, et de rester concentré sur votre objectif. Par exemple, si vous estimez le temps d'apprentissage exhaustif d'une feuille à 45 minutes, notez au crayon l'heure à laquelle celui-ci est censé être terminé. Ainsi, vous ne vous laissez pas déborder, et vous apprenez à estimer votre efficacité dans le travail. Bien sûr, si vous avez été trop ambitieux, continuez votre apprentissage tout en débordant sur le créneau suivant. Vous serez plus réaliste la prochaine fois !

L'entraînement, qui était anecdotique dans la première phase, prend de plus en plus de place dans votre semaine. Nous verrons dans le chapitre suivant comment l'organiser de façon appropriée.

L'objectif à atteindre pour mi-novembre est d'avoir terminé la rédaction de fiches et l'apprentissage des cours dans la semaine, et de dégager le week-end pour les révisions et l'entraînement.

C'est le moment où les concours blancs sont le plus utiles ; en effet, ils vous permettent de vous évaluer de façon objective (si leur contenu est proche de celui du concours) et de rapidement adapter votre travail s'ils révèlent un dysfonctionnement.

Réalisés trop tard, les concours blancs présentent moins d'intérêt car vous n'aurez alors plus suffisamment de temps pour adopter un fonctionnement différent.

C'est pourquoi le mois de novembre est particulièrement adapté à ce type d'entraînement : l'année est assez avancée pour vous fournir un contenu d'évaluation suffisant, mais il n'est pas encore trop tard pour adapter la méthode d'apprentissage en cas de besoin.

Les erreurs à éviter

Ne pas s'entraîner et continuer à ne travailler que les cours

Un étudiant a souvent l'impression qu'il ne connaît pas suffisamment son cours. Alors, dans ce contexte, pourquoi s'entraîner ? La pratique des QCM n'est-elle pas dans ce cas, une perte de temps ? Hé bien non ! Elle est même fondamentale !

- D'abord, parce qu'elle permet de s'assurer que vous êtes bien en capacité de répondre aux QCM. Ce n'est pas évident : vous pouvez tout à fait apprendre votre cours correctement, mais d'une façon qui ne permette pas de répondre à ce type de questions. C'est le cas lorsque l'apprentissage n'est pas assez structuré : la connaissance est présente, mais inaccessible.
- Ensuite, s'entraîner permet d'apprendre à gérer le temps, ce qui est un élément clé de la réussite au concours.
- Enfin, le concours blanc (CB) vous pousse à vous confronter à une réalité, même si celle-ci n'est pas agréable. Ne perdez pas de vue que vous travaillez pour réussir un concours, et qu'il vous faut être meilleur que les autres. Se comparer aux autres, par l'intermédiaire du classement publié à l'issue du CB, fait aussi partie du contexte lié au concours.

Perdre le moral et se laisser démotiver

Moralement, ce milieu de semestre est la période la plus difficile. En effet, l'euphorie et l'enthousiasme du début ont laissé place à l'essoufflement, voire à l'épuisement dû à des semaines de travail intensif. Bien que le concours approche, il est encore virtuel, relativement éloigné. C'est dans ce contexte que le moral de beaucoup d'étudiants flanche, et que les interrogations surgissent : « Suis-je à la hauteur ? », « Est-ce bien ma voie ? » Pour dépasser cette phase, il faut se rappeler que :

- Tous les étudiants traversent les mêmes phases, à peu près au même moment. Certains ne s'en remettent pas, et abandonnent définitivement. **Ainsi, le simple fait de tenir bon et de garder le rythme vous fait gagner des places !**
- Parfois, s'autoriser une journée de pause est fort bénéfique, et peut permettre de retrouver un moral de vainqueur ! Certes, vous perdrez ainsi quelques heures de travail, mais vous allez surtout gagner en efficacité dans les jours suivants. C'est une sorte d'investissement à courte échéance dont vous récoltez les bénéfices très rapidement !

C. La fin de semestre

OBJECTIF

Réviser et s'entraîner.

Moyens

Réduire la part de travail des cours, et se consacrer à l'entraînement.

Réviser les cours au moment où la réponse à un QCM pose problème.

Réapprendre la partie en question.

Principale difficulté

Accepter de lâcher ses cours au profit des révisions et de la pratique (correcte) du QCM.

De mi-novembre au concours, vous entamez la dernière ligne droite. Les cours de faculté diminuent leur rythme, et s'arrêtent totalement lors de la première semaine de décembre.

Votre temps de révision et d'entraînement augmente.

L'organisation

Durant cette phase, vous allez petit à petit revoir tous les cours déjà appris, et faire la part belle aux QCM.

Au début du mois de décembre, votre rédaction de fiches doit être terminée. Éventuellement si vous avez pris un peu de retard, c'est le moment d'apprendre les dernières notions laissées de côté.

À cette phase de l'année, tout retard pris ne se rattrape plus. Si vous vous sentez très en retard dans l'apprentissage d'un chapitre, il vous faudra envisager une stratégie adaptée. Soit vous le laissez de côté, et acceptez de perdre les QCM qui s'y rapportent, soit vous le travaillez en prenant le risque de négliger d'autres chapitres qui auraient pu vous rapporter plus de points. Ce choix sera propre à chacun, et modulé par le nombre de QCM posés au concours.

À retenir

En PASS, on est souvent confronté à des choix cornéliens. Le temps de travail n'est pas infiniment extensible, et il faut régulièrement réfléchir à la meilleure façon, c'est-à-dire la plus rentable, de l'employer : faut-il tenter ce chapitre aux nombreux QCM mais qui sont difficiles à obtenir, ou assurer cet autre dont les QCM sont moins nombreux, mais aussi moins compliqués ?

Évidemment, l'idéal est de ne pas choisir et de faire les deux...

À l'approche des épreuves, vous ne craignez plus le *burn-out*. Ainsi, vous pouvez sans grand risque augmenter la durée de travail et vous surpasser. Sur une courte période, vous tolérerez de dormir un peu moins (voire peu), et de consacrer toute votre énergie à la réussite du concours.

Votre travail se compose exclusivement de résolution de QCM et de révision du cours.

Une partie de ce travail doit se faire **en conditions d'examen**, c'est-à-dire en temps limité. Cela vous permet de vous assurer de votre capacité à répondre dans le temps qui vous est imparti.

Dans cette phase de l'année, vous pourrez :

- vous entraîner sur les annales (même si elles datent d'avant la réforme). N'hésitez pas à proposer une justification argumentée lors de votre réponse à un item. Cela permet de vérifier que toute la partie à laquelle se rapporte le QCM a été maîtrisée ;
- revoir les points du cours qui n'ont pas été parfaitement acquis. Ces révisions seront effectuées **à l'occasion des erreurs dans vos réponses**. En effet, la révision n'est plus réalisée de façon séparée de l'entraînement, mais elle est déclenchée par le QCM raté ou par la difficulté rencontrée.

De même, lorsque vous vous trompez à un item, il ne s'agit pas simplement de regarder la correction en pensant que cela suffit pour ne pas refaire la même erreur, il faut **recommencer l'apprentissage de la partie sur laquelle porte l'item raté**. C'est au prix de ce travail, assez laborieux mais redoutablement efficace, que vous apprendrez de vos erreurs et que vos progrès seront notables.

Nous reviendrons, dans la partie suivante, sur les différentes façons de mettre en place un entraînement performant.

Les erreurs à éviter

Négliger l'entraînement

C'est le point le plus important. Le cours est revu lorsqu'une lacune est mise en évidence par un QCM, mais il n'est pas revu de façon systématique. En effet, en vous focalisant sur l'entraînement, vous ne perdez pas de temps à revoir ce que vous savez, mais vous mettez en lumière ce que vous ne savez pas.

S'entraîner sans contrôler le temps

Répondre à un QCM n'est déjà pas facile, mais répondre dans les temps l'est encore moins ! Pour s'habituer à la rapidité de réponse, il faut impérativement prévoir des phases de travail du QCM en temps limité. Attention, je ne suis pas en train de dire qu'il faut tout le temps s'entraîner en temps limité (ce serait contre productif car vous négligeriez l'aspect réflexif de la question), mais qu'il faut prévoir des phases où l'on s'entraîne de cette façon.

Se précipiter pour regarder la correction d'un QCM

La réponse au QCM nécessite un raisonnement qui, s'il est bien mené, conduit systématiquement l'étudiant à proposer le bon choix. C'est la raison pour laquelle vous devriez, pour chaque item, être en mesure d'expliquer pourquoi vous avez proposé cette réponse. C'est seulement après ce travail que vous pouvez consulter la correction, et en tirer un réel bénéfice.

Considérer qu'une fois la correction consultée, vous aurez durablement corrigé votre erreur

Beaucoup d'étudiants pensent que regarder la correction d'un QCM auquel ils ont mal répondu et comprendre pourquoi ils se sont trompés est suffisant pour ne pas reproduire ultérieurement la même erreur. L'expérience montre que c'est faux : si vous n'apprenez pas à nouveau la portion de cours sur laquelle porte le QCM en question, vous ne comblerez pas la lacune révélée par l'entraînement. Le temps consacré à vos QCM n'aura alors servi à rien...

EN BREF

- Durant la période universitaire, il faut :
  - en début de semestre, mettre l'accent sur l'organisation (conception du planning) et sur l'apprentissage du contenu ;
  - en milieu de semestre, commencer à introduire de l'entraînement et des révisions. Cette part va progressivement augmenter ;
  - en fin de semestre, se consacrer à l'entraînement et revoir les notions nécessaires qui ont été révélées par la pratique du QCM.
- Attention à garder le moral et à ne pas se laisser démotiver par l'environnement et la pression.

2 Organiser correctement sa journée de travail

À partir de la rentrée universitaire, la journée va présenter plusieurs phases successives. Nous vous proposons l'organisation suivante pour tirer profit de tous les moments où il sera possible de fournir un travail efficace.

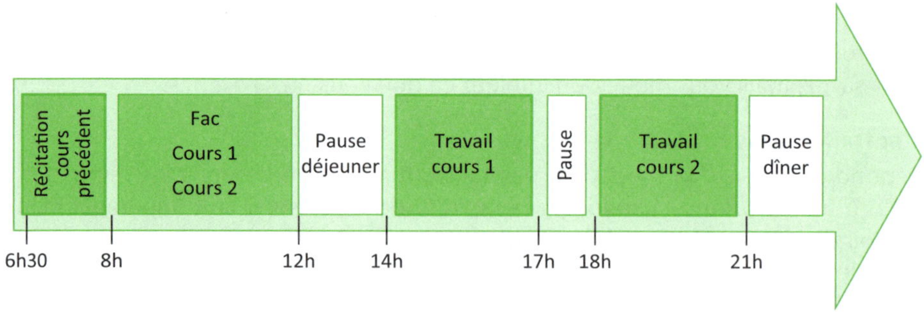

Figure 3.7 : Organisation d'une journée avec cours à la fac

A. 6h30 - 7h30

Récitation des cours appris la veille. Essayez, dès le réveil, de prendre une feuille blanche et de réciter (rapidement, en utilisant des abréviations) ce que vous avez retenu des cours travaillés le jour précédent.

L'intérêt de commencer la journée par une récitation est de vérifier ce qui reste de l'apprentissage précédent. Cela permet de travailler sur la mémoire à long terme, et donc de savoir exactement où vous vous situez dans votre mémorisation.

- **Si vous avez retenu l'essentiel** : bravo ! Vous savez que votre méthode d'apprentissage est performante. Il ne reste plus qu'à continuer !
- **S'il vous manque beaucoup d'informations :** vous n'avez pas le temps, à ce moment de la journée, de retravailler vos cours. En revanche, vous pouvez en conclure que votre mode d'apprentissage ne vous est pas adapté. Il faudra essayer autre chose. Les chapitres suivants vous proposent plusieurs méthodes d'apprentissage à tester, en fonction de votre profil.

B. 8h - 12h

Vous suivez les cours de la fac, en profitant des explications données par le professeur. Si vous rencontrez des notions que vous ne comprenez pas, notez-les d'une autre couleur de façon à les repérer facilement, et à penser à les retravailler dans l'après-midi. En général, vous aurez 2 cours dans la matinée.

C. 14h - 17h

Vous travaillez le 1er cours du matin.

1. Vous commencez par réciter les cours précédents (de la même matière). Pour ce faire, le plus adapté est la récitation sur feuille blanche : vous prenez une feuille vierge sur laquelle vous écrivez rapidement les points clés des cours précédents. Ensuite, vous comparez avec vos cours, et vous corrigez.
2. Une fois les cours précédents bien présents à l'esprit, vous pouvez commencer la rédaction des fiches, et leur apprentissage.
3. À ce stade, vous pouvez aussi consulter les annales pour voir le type de questions posées au concours, cela vous permet de cibler votre travail par rapport au mode d'évaluation et aux attentes de votre professeur (si vous ne l'avez pas déjà fait dans la phase préparatoire).

D. 18h - 21h

De la même façon, vous travaillez le deuxième cours de fac du matin. Cette séquence peut éventuellement être entrecoupée par une pause pour le dîner. Il vous faudra alors décaler d'autant l'heure de fin de travail. Sinon, votre pause-repas se fera après votre apprentissage, vers 21h.

Faites bien attention à ne pas trop reculer l'heure de coucher, car il vous faudra tenir le rythme jusqu'au concours. Nous avons vu de nombreux étudiants se coucher vers 2-3h tous les matins, et faire un *burn-out* début décembre ! Donc faites attention à respecter votre besoin de sommeil. L'hygiène de vie est fondamentale : essayez de ne pas vous coucher au-delà de 22h30.

3 Comment concevoir un planning performant

Vous savez que, grosso modo, votre travail par UE devra être proportionnel à son importance. Bien sûr, il se pourra que vous mettiez la priorité sur une matière pendant une semaine, puis que vous rééquilibriez votre travail dans les autres matières la semaine suivante. Il ne s'agit donc pas de faire preuve de rigidité dans le respect du planning, mais simplement de cadrer au niveau temporel le travail personnel. C'est dans cette phase que vous intégrerez les révisions organisées selon le *spaced learning*.

A. Organisation générale

Votre travail personnel est organisé par rapport aux cours universitaires.

- Après un cours (à l'université ou en écurie), vous calez une période de travail de ce cours **environ égale à sa durée**. Cela signifie que pour un cours de fac de 2 h, il faudra compter 2 à 3 heures de travail personnel pour l'assimiler. Durant cette phase, vous :
  - comprenez les notions expliquées en cours ;
  - réalisez une fiche synthétique *et* complète ;
  - commencez l'apprentissage.
- Chaque cours, travaillé une première fois, sera revu au cours du **week-end suivant**. Durant cette étape, vous :
  - vérifiez les notions retenues lors de votre premier apprentissage ;
  - terminez l'apprentissage de vos fiches ;
  - commencez à vous entraîner.

Il est fondamental de prévoir une phase de travail personnel le même jour que le cours officiel, car les informations délivrées par le professeur sont encore fraîches, ainsi que les éventuels points obscurs qui seront aisément éclaircis.

Revoir les cours le week-end suivant permet de ne pas travailler sur la mémoire à court terme, et de favoriser la consolidation des informations.

B. Gestion du planning

Afin d'organiser votre planning, voici la procédure à appliquer :

1. Vous placez d'une couleur les cours de la fac ou de votre prépa (en violet ci-dessous).
2. Vous placez le même jour une séance de travail de la même durée (au moins) et des mêmes matières qu'à la faculté.
3. Vous placez une deuxième séance propre à chaque matière durant le week-end pour reprendre les matières de la semaine, et vous entraîner.
4. Vous intégrez aussi les révisions organisées par le *spaced learning* (chapitre 12).

	Lundi	Mardi	Mercredi	Jeudi	Vendredi	Samedi	Dimanche
Matin	Biochimie 1 Biologie cellulaire	Biostat. Chimie organique	Physique Histologie	Biophysique BDR	Biochimie 2 Histologie 2	**Révision :** Biochimie 1 et 2	**Révision :** Biostat. Biophysique
Après-midi	Biochimie 1	Biostat	Physique	Biophysique	Biochimie 2	**Révision :** Biologie cellulaire	**Révision :** Physique
Soirée	Biologie cellulaire	Chimie organique	Histologie	BDR	Histologie 2	**Révision :** BDR	**Révision :** Histologie 1 et 2

En analysant cette organisation, vous remarquerez que tous les créneaux de travail sont utilisés.

ENCART

La stratégie risquée de l'absentéisme

Certains étudiants choisissent de ne plus aller en cours et de ne travailler chez eux que sur les supports mis à leur disposition (ronéos et diaporama des professeurs de faculté).

Cette pratique, si elle peut porter ses fruits car elle libère du temps (pas de perte de temps dans le trajet, par exemple), est aussi particulièrement dangereuse. En effet, un étudiant qui n'est pas organisé par les cours de fac est bien davantage livré à lui-même, et susceptible de se laisser déborder par la masse de travail.

De plus, les qualités des ronéos ne sont pas toujours homogènes, et les explications du professeur ne sont pas toujours intégralement et fidèlement retranscrites.

Enfin, comprendre un mécanisme complexe en se contentant d'une description écrite est parfois très difficile. Entendre et voir un professeur expliquer une notion est souvent beaucoup plus efficace que de lire chez soi la même explication.

Ainsi, le plus sûr est d'aller en cours et de travailler sur son propre support, qui pourra si nécessaire, être complété par les informations contenues dans les ronéos et les diaporamas.

Certaines écuries privées remplacent complètement les cours de l'université, et conseillent à leurs étudiants de ne plus suivre la faculté. Ce cas de figure est différent, car l'étudiant dispose, *a priori*, d'un encadrement de qualité lui assurant un accompagnement performant.

Pour conclure, disons qu'un étudiant qui travaille seul à tout intérêt à aller en cours, et à ne pas se couper de l'enseignement universitaire. Pour un étudiant inscrit en prépa, tout dépend de son ressenti et du discours tenu par son écurie. Celui-ci peut d'ailleurs être modulé en fonction des matières (aller en cours dans certaines, et se contenter des cours de l'écurie dans d'autres).

Petit à petit au cours de l'année, vous allez gagner en efficacité. La durée nécessaire au travail de chaque cours va diminuer, ce qui vous libérera du temps. Ainsi, il vous sera possible de prévoir dans votre organisation des plages de révision, au cours desquelles vous reviendrez sur les cours déjà appris et en théorie, déjà maîtrisés. Nous y reviendrons dans le chapitre suivant.

4 Pour finir

Tous ces éléments portant sur l'organisation poursuivent le même objectif : vous faire gagner du temps. En vous aidant à rentabiliser votre temps de travail, vous serez plus performant, et donc susceptible d'être mieux classés.

Une fois cette organisation des créneaux de travail bien comprise, voyons maintenant comment les utiliser au maximum de leur possibilité avec la réalisation puis l'apprentissage de fiches performantes.

EN BREF

Pendant la période universitaire, il faut :

- favoriser le fait d'assister aux cours de fac ;
- retravailler le cours de fac le jour même où il a été dispensé ;
- revoir les cours travaillés dans la semaine, lors du week-end ;
- penser à intégrer les révisions organisées par le *spaced learning* dans le planning hebdomadaire.

PARTIE 4

Rédiger des fiches selon ses besoins

Tout le monde entend parler des fiches : la quasi-totalité des étudiants est d'accord pour leur reconnaître un caractère indispensable. En effet, il est très difficile (sinon impossible) d'apprendre directement sur une ronéo, un support PowerPoint d'un professeur d'université, ou sur ses propres notes prises en cours : un retraitement préalable à l'apprentissage est indispensable.

Nous voyons une seule exception : si le professeur d'université dispense un cours particulièrement clair, et qu'il vous est possible de prendre directement au propre de façon structurée, il peut s'avérer suffisant de l'annoter sans le reformuler dans une fiche. Dans ce cas bien précis, celle-ci se révélera être une perte de temps. Il vous appartient donc de déterminer si, exceptionnellement, vous pouvez vous affranchir de sa rédaction.

Notez que vous pouvez aussi bien réaliser vos fiches à la main qu'à l'ordinateur, cela dépend de vos goûts, et aussi de vos compétences ! L'essentiel étant d'opter directement pour le domaine où vous serez le plus efficace, pour minimiser le temps passé à la conception de la fiche, et vous focaliser sur son apprentissage.

Voyons d'abord les grands principes à respecter sur l'utilisation des fiches, avant de présenter les différents types.

CHAPITRE 14

Les grands principes des fiches

Rédiger une fiche répond à certains impératifs, qui assurent à l'étudiant qui les respecte un gain de temps considérable. La condition élémentaire est de ne pas y consacrer un temps démesuré : il faudrait se limiter à 2 ou 3 heures pour *ficher* un cours. Au-delà, l'apprentissage de ce cours est compromis. En effet, il ne vous est pas possible de passer un temps disproportionné pour réaliser une fiche car ce débordement pourrait alors impacter votre travail des autres matières.

Cette mise en garde faite, il ne reste plus qu'à bénéficier des nombreux avantages que l'on retire à travailler son cours en réalisant ses fiches. Ce travail peut être facilité par des ouvrages[14] qui pourront vous aider à comprendre certaines notions complexes.

1 Un support favorisant l'apprentissage

La première fonction des fiches est de favoriser l'apprentissage, et ce à plusieurs niveaux. En effet, vous commencez à apprendre en concevant et réalisant la fiche, puis vous poursuivez cet apprentissage en la relisant pour, petit à petit, retenir toutes les notions.

A. L'intérêt de la conception des fiches

Cet apprentissage sur la fiche est favorisé par 3 éléments.

Elles assurent une mise en forme qui VOUS correspond

Dans l'apprentissage, il n'y a pas de recettes universelles. Chacun présente ses propres chemins mentaux qui lui permettront de retenir les informations. C'est pourquoi l'utilisation des couleurs, des flèches, des encadrés, ou du surlignage, sont autant d'outils permettant de faire ressortir l'information et de ce fait, de la retenir plus facilement.

Voici quelques conseils pour choisir une mise en forme adaptée.

14. Collection « 100% PACES » aux éditions Ediscience.

Faites ressortir le plan

N'oubliez pas que le plan, c'est la structure de votre cours, c'est elle qui va vous aider à retrouver l'information une fois qu'elle aura été stockée. Donc, utiliser des couleurs pour mettre en évidence les titres est une technique qui vous aidera à apprendre ET à répondre aux QCM.

Adoptez un code de couleur, et respectez-le

Il vous faut définir des couleurs pour les différents éléments de vos fiches. Par exemple :

- les grands titres en vert,
- les sous-titres en bleu,
- les mots clés en rouge,
- les explications « annexes » au crayon.

Une fois ce code de couleur défini, ne le changez plus. Cela vous permettra de repérer en un coup d'œil les différents aspects de votre fiche, et donc de faciliter son apprentissage. De plus, si vous avez une mémoire visuelle, vous pourrez vous souvenir plus facilement des notions apprises, en vous remémorant leur emplacement et/ou leur couleur dans votre fiche.

Surlignez les passages importants

Les notions qui ont le plus de chances de tomber au concours (cela se détermine par une analyse des annales) devront être mises en évidence. C'est aussi une étape de *sélection de l'information*, car mettre en évidence de cette façon celles qui sont les plus cruciales vous oblige à hiérarchiser votre travail, et donc à ne négliger aucune notion fondamentale.

Elles mettent en pratique des moyens mnémotechniques

Les moyens mnémotechniques sont très utilisés en PASS lorsque vous avez besoin de retenir des notions complexes qui s'agencent dans un ordre précis, qui ont un lien de cause à effet entre elles, ou qui s'organisent en listes.

On peut utiliser différents types de moyens mnémotechniques. Les exemples ci-dessous sont tirés du *blog de Tristan*, étudiant en médecine à Lille qui livre ses astuces pour réussir[15].

Technique de l'acrostiche

Elle consiste à faire un mot avec les initiales des noms à se rappeler. C'est le moyen mnémotechnique le plus classique, que vous avez probablement déjà mis en pratique au lycée.

15. [blog.letudiant.fr/paces-passer-primant].

Exemple :

Les 3 premières périodes du tableau de Mendeleïev

Notion à retenir	Moyen mnémotechnique
1re période : **H** et **He**	**H**alo d'**hé**lice
2e période : **Li Be B C N O F Ne**	**Li**li **Be**rce **B**ébé **C**hez **N**otre **O**ncle **F**erdinand **Ne**stor
3e période : **N Mg Al Si P S Cl Ar**	**N**apoléon **M**an**g**ea **Al**légrement **Si**x **P**oulets **S**ans **Cl**aquer d'**Ar**gent

Technique de l'association

Elle consiste à associer tous les mots et les noms que vous voulez avec d'autres similaires mais qui ont l'avantage d'être beaucoup plus faciles à se rappeler.

Exemple

Les ménisques du genou et leurs formes

Notion à retenir	Moyen mnémotechnique
Ménisque médial (**I**nterne) en forme de **C**	**CI**tr**OE**n
Ménisque latéral (**E**xterne) en forme d'**O**	

Technique de l'analogie phonétique

Vous devez penser à un ou plusieurs mots qui ont une sonorité proche.

Exemple

Liste des 11 acides aminés essentiels

Notion à retenir	Moyen mnémotechnique
Leucine, **Thré**onine, **Ly**sine, **Try**ptophane, **Phé**nylalanine, **Va**line, **Mé**thionine, **Is**oleucine	**Le très ly**rique **Tr**istan **fait va**chement **mé**diter **Is**eult

Technique à la lettre

Vous devez repérer les lettres identiques.

Exemple

En disciplines biologiques

Déficit en **A**céty**L**choline impliqué dans la maladie d'**AL**zheimer

Déficit en do**PA**mine impliqué dans la maladie de **PA**rkinson

Technique de l'alphabet

La 1ère lettre d'une notion à mémoriser doit suivre dans l'alphabet, la lettre de la seconde notion.

Exemple

Dans la disomie uniparentale :

Notion à retenir	Moyen mnémotechnique
Non-disjonction en 1ère division amène à une **h**étérodisomie	« a b c d e f g **H I** » : Le **H** se place avant le **I** d'où H = 1ère division et I = 2ème division
Non-disjonction en 2ème division amène à une **i**sodisomie	

Pour être pleinement performant, le moyen mnémotechnique doit revêtir plusieurs caractéristiques.

- Il doit être simple à retenir : s'il est plus compliqué à retenir que la notion elle-même, il a peu d'intérêt !
- Il doit faire appel à des éléments qui vous sont familiers : cela favorisera votre apprentissage.
- Il doit vous être personnel : n'hésitez pas à laisser libre cours à votre imagination pour trouver les techniques les plus efficaces. Certains moyens, très orientés sous la ceinture et ne pouvant donc pas être retranscrits ici, ont permis à leurs auteurs de retenir facilement des notions complexes...

À vous de trouver les techniques les plus originales et efficaces, qui vous feront gagner un temps précieux.

Faites attention quand même à ne pas passer trop de temps à trouver vos moyens mnémotechniques : parfois, il est plus rapide d'apprendre directement la liste à retenir !

Elles permettent une compréhension approfondie du cours

En travaillant sur la conception des fiches, vous mettrez en lumière tous les éléments qui ne sont pas complètement clairs. Ainsi, la conception de la fiche sera l'occasion de chercher à comprendre tous ces points obscurs. Pour cela, vous pourrez demander de l'aide à vos tuteurs, à vos camarades de promo (de confiance... n'oubliez pas qu'il s'agit d'un concours) ou aux enseignants de votre écurie si vous en avez une.

À retenir

Le concours de médecine s'éloigne de plus en plus du « tout par cœur ». Les QCM posés imposent une compréhension approfondie du cours, favorisée par un travail de fond sur des fiches pertinentes.

Au final, la fiche que vous produirez ne sera pas une retranscription exacte du cours enseigné par le professeur, mais un cours **digéré**, permettant à la fois une compréhension et un apprentissage performants.

Elles vous permettent de faire des liens

Au concours, bien que cela dépende à la fois des matières et des universités, il vous est demandé d'être capable d'établir des liens entre les différents chapitres d'une même matière.

Les QCM de compréhension sont de très loin les plus redoutés par les étudiants, car ils ne se contentent pas d'un apprentissage, même approfondi, des cours. Il faut ici être capable d'établir des liens, et de mener à bien un raisonnement scientifique.

Or il est impossible de réaliser cet exercice le jour des épreuves si l'on n'y a pas été spécifiquement préparé.

Cette préparation commence dès la conception de la fiche. Si vous réalisez que le professeur fait un aparté pour revenir sur un point qu'il a déjà présenté dans des cours antérieurs, il sera judicieux de reprendre cet aparté (en résumé, puisque la notion a déjà été abordée) dans un encadré. Ainsi lors de votre apprentissage, vous penserez à revoir le point précédent.

À retenir

Au concours, vous aurez parfois des QCM qui nécessitent des liens entre les chapitres, mais jamais entre différentes matières, ni entre différentes UE.

De même, si vous voyez un lien entre 2 chapitres, ou entre 2 notions d'un même chapitre, n'hésitez pas à le mettre en évidence (même s'il n'a pas été souligné par le professeur). Cela facilite votre apprentissage car vous pourrez « raccrocher » la notion nouvelle à une plus ancienne, déjà acquise.

Enfin, les professeurs de faculté ont parfois tendance à oublier qu'ils parlent à des néophytes. Ils négligent souvent de définir les mots qu'ils manipulent couramment et qui leur semblent évidents. Il vous appartiendra alors d'ajouter la définition directement sur la fiche, et si besoin, de la reporter sur un calepin qui vous servira de lexique, aisément consultable.

B. Les écueils

Si les fiches sont un outil d'apprentissage performant, elles peuvent aussi constituer un piège si elles ne sont pas utilisées correctement.

Confondre « fiche » et « œuvre d'art »

J'ai rencontré des étudiants qui passaient tout leur temps à concevoir et réaliser des fiches magnifiques, presque jusqu'au concours, sans prendre le temps de les apprendre. Or, la conception de ces véritables œuvres d'art a nécessité tellement de temps, que les étudiants se retrouvaient proches du concours sans avoir commencé leur apprentissage ! Évidemment, le résultat ne pouvait pas être très favorable... Ces étudiants ont simplement oublié que concevoir et réaliser une fiche n'est qu'une *étape* importante d'un processus global, qui inclut aussi son apprentissage.

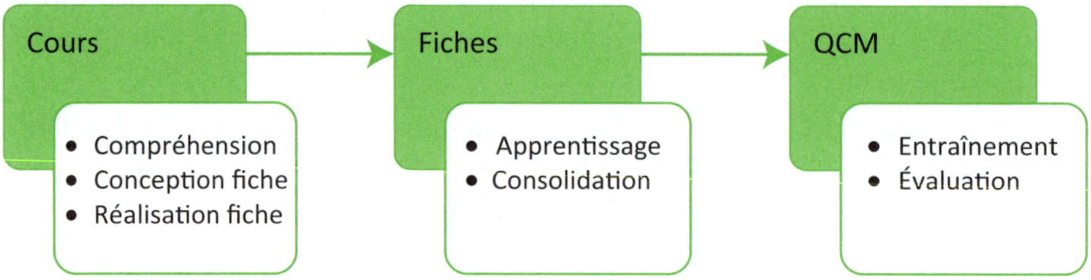

Figure 4.1 : Les différentes étapes du travail, en fonction des supports utilisés

C'est pourquoi il ne faut pas perdre de vue l'objectif de la fiche, qui est d'initier et de faciliter un apprentissage ultérieur. Que la couleur ne soit pas parfaite, que quelques ratures viennent parasiter votre feuille, ne vont pas perturber votre travail : il est judicieux de s'accommoder de ce genre d'« erreurs » sans perdre de temps à vouloir produire un support parfait, et *se mettre rapidement à apprendre*.

Tout surligner

Dans les études supérieures, les adeptes du surlignage sont légion. J'ai déjà vu des fiches complètement surlignées, si bien que plus aucune information ne ressortait !

Le but du surlignage n'est donc pas de repasser ce qui a été appris, ou la totalité des idées de votre fiche, mais de mettre en évidence les points principaux. C'est pourquoi il faut définir des priorités dans les informations retranscrites, et ne surligner que celles-ci.

Votre fiche peut ainsi être exhaustive, tout en mettant en exergue les points qui devront retenir toute votre attention.

Multiplier les supports de travail

Lorsque vous cherchez à comprendre une notion du cours qui vous paraît complexe, vous aurez besoin de chercher un complément d'information extérieur au cours.

Dans cette phase, qui peut être dangereusement chronophage, attention à ne pas vous éparpiller sur de nombreux supports, qui sont potentiellement très éloignés du concours. Par exemple, si vous ne comprenez pas un point de biologie cellulaire, il peut être tentant de creuser le domaine en question par des recherches sur Internet. Vous le remarquerez, vous serez vite renvoyé de page en page pour glaner les informations nécessaires à la compréhension du point de cours de départ.

Problèmes

- Les sites web consultés ne sont pas toujours pertinents (attention aux sites « coopératifs », tels que forums et Wikipedia).
- Les sites web utilisent parfois un vocabulaire que vous ne maîtrisez pas, et qui nécessite la visite de sites web supplémentaires... et ainsi de suite !
- Les sites web peuvent être pertinents, mais ne sont pas complètement adaptés au discours relatif à *votre* université. Par exemple, il arrive qu'un enseignant simplifie certaines notions complexes, en acceptant de s'éloigner de la réalité scientifique. Si vous cherchez une notion sur Internet, vous pourrez apprendre quelque chose de juste scientifiquement, mais qui ne correspond pas à ce qui est attendu pour votre concours.

Alors, n'oubliez pas que le plus efficace est de chercher les réponses dans les supports propres à votre université : vos cours précédents, vos tuteurs (qui peuvent poser des questions à vos enseignants) ou vos enseignants de préparation privée.

EN BREF

La rédaction de fiches doit être :

- limitée dans le temps (3 heures max) ;
- un excellent support d'apprentissage et de compréhension du cours ;
- un support de cours digéré, et non une retranscription fidèle du cours du professeur ;
- agrémentée de liens, de définitions, ou de toute autre information favorisant votre compréhension du cours.

2 Les caractéristiques de la fiche

Pour être pleinement pertinente, la fiche doit être adaptée aux exigences du concours de *votre* université, et contenir *toutes* les notions traitées en cours. C'est pourquoi un travail préalable sur les annales est hautement recommandé.

A. Un support ciblé sur les questions du concours

Le travail sur les fiches a pour but de répondre aux QCM et aux épreuves rédactionnelles. En conséquence, un travail préalable sur les annales est essentiel.

Étudier les annales du concours

En tenant compte de cet impératif, la progression proposée est la suivante :

1. Vous lisez votre cours, et vous en faites ressortir les grandes lignes.
2. Vous consultez les annales, et vous vous imprégnez du type de questions posées.
3. Vous commencez à concevoir votre fiche.

Par cette étude des questions déjà posées, vous saurez quel type de support est le plus adapté à votre travail. Il se peut que des fiches rédigées, sous forme de tableau, de schéma ou combinant plusieurs des possibilités précédentes, conviennent spécialement pour le chapitre concerné. Vous pourrez faire un choix éclairé quant au type de support sélectionné pour favoriser votre apprentissage, et donc optimiser vos résultats au concours.

Quelques exemples

Exemple 1
En histologie, vous constatez dans les annales que les QCM sont souvent illustrés de photos des différents tissus, sur lesquels on pose plusieurs questions.

→ Dans votre fiche, vous récupérerez des images illustrant les tissus étudiés, et vous les annoterez de façon à reconnaître les éléments remarquables.

Exemple 2
En biologie cellulaire, les QCM s'articulent autour d'expériences concrètes, qui servent de prétexte à poser des items en rapport avec elles.

→ Dans votre fiche, vous insisterez sur les déductions qu'il est possible de réaliser à partir d'une étude expérimentale. Vous pourrez éventuellement agrémenter votre travail d'une recherche sur les techniques de biologie cellulaire le plus souvent utilisées en laboratoire.

Exemple 3
En biochimie, vous constatez que de nombreuses questions portent sur les voies métaboliques réalisées dans le foie ou le muscle, ou bien en fonction des phases de la journée (juste après un repas, ou longtemps après un repas).

→ Vous pourrez réaliser des fiches thématiques, complétées au fur et à mesure du semestre, portant sur un organe donné (une sur le foie, une autre sur le muscle) ou sur une phase donnée (une sur les réactions de la phase post-prandiale, c'est-à-dire juste après un repas, une autre sur la phase post-absorptive, c'est-à-dire longtemps après un repas).

Avec ce travail, vous vous assurez une fiche adaptée aux questions posées, et favorisez la réponse aux QCM par un travail ciblé sur les exigences du concours.

B. Un support à la fois exhaustif et synthétique

Ces deux éléments paraissent souvent contradictoires à première vue. Pourtant, la fiche devra reprendre la quasi-totalité des notions traitées en cours, ainsi que présenter une vision d'ensemble du cours.

L'objectif est de pouvoir s'affranchir totalement du support de cours de départ. Ainsi, vous respectez l'une des conditions à la réussite en médecine : ne pas multiplier les supports de travail.

À retenir

Multiplier les supports de travail (le cours du professeur, la ronéo, des sites internet, vos fiches...) multiplie aussi les sources d'erreurs potentielles. En conséquence, vous chercherez à regrouper les informations en un seul support, et vous ne travaillerez que sur celui-ci.

Votre unique support d'apprentissage devient donc la fiche que vous aurez rédigée de façon réfléchie et adaptée au cours enseigné.

Aspect exhaustif

Rappelez-vous ce qui différencie un travail type « terminale » d'un travail type « médecine » : en terminale, on vous demande une compréhension générale, alors qu'en médecine on demande en plus de garder en mémoire tous les détails du cours.

Si vous considérez qu'une notion n'est pas importante et qu'il est inutile de la reporter sur votre fiche, vous acceptez l'idée que vous ne serez éventuellement pas capable de répondre à un item portant précisément sur cette notion !

J'ai lu parfois qu'une fiche de médecine ne devrait reprendre que les éléments principaux d'un cours. Or, cela suppose :

- qu'un étudiant en PASS dispose de suffisamment de recul pour discerner ce qui est très important de ce qui l'est moins ;
- qu'un QCM ne porte que sur les points importants.

Or justement, ces deux remarques ne s'appliquent que difficilement au PASS.

- Concernant le premier point, l'expérience montre qu'il est très compliqué pour un PASSien de faire preuve du discernement nécessaire à la sélection correcte des informations les plus pertinentes. Ainsi, il se pourra que vous jugiez une notion peu importante, mais que le professeur, ne partageant pas votre avis, pose un QCM dessus au concours !
- Concernant le deuxième point, c'est à vérifier auprès de votre université. Si vous constatez que les QCM portent uniquement sur les points principaux, alors peut-être qu'il sera utile de se concentrer sur eux, et de ne pas mentionner les autres (avec les réserves émises ci-dessus). Dans le cas contraire, bien sûr, il faudra *tout* reporter dans votre fiche, ce qui est, de loin, ce que je préconise.

C'est pour ces raisons que l'on estime qu'une fiche ne devra pas laisser de côté plus de 20 % des notions enseignées.

Aspect synthétique

La fiche est synthétique si elle donne une vision d'ensemble du cours, ce qui est fondamental pour apprendre plus rapidement, mais aussi pour répondre aux QCM dans le temps imparti.

On peut considérer qu'une fiche est synthétique si elle remplit les conditions suivantes :

- elle est **structurée** : le plan est clairement apparent, et permet d'organiser les connaissances apprises ;
- elle **favorise les liens** : vos annotations permettent de relier des notions appartenant à des portions de cours différentes, cela est d'autant plus important que des épreuves orales auront lieu en PASS ;
- les **idées générales ressortent** par rapport aux points de détails.

La fiche synthétique est grandement favorisée par l'emploi de couleurs et d'une présentation cohérente avec la matière.

C. Une forme adaptée au chapitre

La forme de la fiche doit être adaptée aux impératifs du chapitre. C'est pourquoi il est judicieux de commencer la rédaction de la fiche une fois que le cours a été globalement compris.

Prenez quelques minutes pour bien lire le cours, l'annoter, en faire ressortir la structure (le plan), les mots clés, les explications fondamentales, les liens éventuels avec d'autres chapitres... avant de vous lancer dans la rédaction de la fiche.

Cette étape vous permet de choisir le type de fiches le plus adapté en fonction des impératifs définis. Si vous ne respectez pas cette étape et que vous vous lancez tête baissée dans la rédaction, vous pourrez passer à côté d'une belle et simple façon de représenter les choses, qui aurait grandement facilité votre apprentissage.

Voici quelques exemples de fiches adaptées à différentes formes d'informations à retenir :

- classification simple : tableau ;
- classification avec clé de détermination : arborescence ;
- épreuve rédactionnelle, notions historiques ou littéraires : texte ou carte heuristique ;
- faire des liens entre différents paramètres : tableau ;
- mécanisme : schéma, notice ou dessin animé ;
- régulation : schéma (et notice éventuelle).

Cette liste n'est pas exhaustive, mais vous permet dès à présent d'adapter le type de fiches en fonction de vos besoins.

3 Une aide à la rédaction des fiches

La rédaction de fiches nécessite un **recul** sur le cours et une **compréhension approfondie** des notions abordées. Il faut également faire apparaître la structure du cours, avec un plan bien évident.

Afin de vous accompagner dans cette étape, nous vous proposons une **matrice** que vous pourrez utiliser pour établir des fiches utiles lors de votre apprentissage ultérieur. Vous la retrouverez dans la Boîte à outils : Outil 7.

A. Utilisation de la matrice

Il s'agit de vous guider dans le travail sur le cours afin de faire ressortir les **éléments importants**.

Le plan

Parfois, le cours n'a pas été fait avec un plan apparent. En effet, certains professeurs dispensent leurs enseignements « au kilomètre », sans scinder les différentes parties de manière évidente. Dans ce cas, il faudra découper le cours et faire apparaître les différents chapitres qui le composent. Heureusement, la plupart des enseignants annoncent le plan oralement, et parfois même le font apparaître sur leurs supports de cours (diaporama...).

Dans tous les cas, vous aurez intérêt à le noter sur la matrice fournie dans la boîte à outils, sur la ligne « Partie... », de façon à penser à le faire apparaître sur votre fiche.

Le schéma

Dans les sciences médicales en général, l'utilisation de schémas s'avère très utile pour faciliter l'apprentissage. Nous en reparlerons en détail dans la partie sur les fiches schématiques, néanmoins, il peut être judicieux de penser dès maintenant à intégrer un schéma bilan dans votre matrice.

Il s'agit ici simplement de reproduire une ébauche de schéma que vous intégrerez de façon complète dans votre fiche définitive. À cette fin, pensez à mentionner toutes les légendes utiles, et éventuellement à expliciter les notions qui vous posent problème.

Les autres aspects

Les autres lignes vous proposent de renseigner les données suivantes : idées principales, détails à retenir, items fréquents (et correction), mots-clés/définitions.

Ces aspects vous permettront de cerner les points sur lesquels votre fiche devra insister. Par exemple, le fait d'avoir repéré les items les plus fréquents au concours aiguillera utilement votre rédaction, en insistant sur ces aspects. De même, avoir identifié les mots-clés et leur avoir associé une définition vous assurera de comprendre les questions posées, ce qui est déjà une étape préliminaire importante !

B. Rédaction de la fiche

Une fois que la matrice est remplie, vous identifierez beaucoup plus facilement le type de fiche le plus adapté, rédigé ou schématique (chapitres 15 et 16). Par ailleurs, pour la remplir, vous aurez forcément travaillé votre cours, mis en évidence les éventuelles zones d'ombre, et fait ce qu'il fallait pour les éclaircir.

Ainsi, le travail ultérieur est grandement facilité.

N'hésitez pas à associer à chaque ligne de la matrice une couleur, que vous reprendrez lors de la rédaction de la fiche. Par exemple, tous les mots-clés pourront être écrits en rouge, les notions sur lesquelles portent de nombreux items en vert, et ainsi de suite.

EN BREF

Une fiche réussie présente les caractéristiques suivantes :

- elle est adaptée au type de questions posées aux épreuves ;
- elle est exhaustive et synthétique, pouvant donc constituer un support exclusif d'apprentissage ;
- elle est adaptée au cours travaillé. Pour en être sûr, il suffit de prendre le temps de réfléchir à la forme la plus adaptée avant de se lancer dans sa réalisation.

Utilisez la matrice fournie dans la boîte à outils en fin d'ouvrage pour vous assurer de faire un travail préliminaire efficace à la rédaction de la fiche.

CHAPITRE 15

Les fiches rédigées

Une fiche rédigée est une fiche qui présente surtout du texte, avec des phrases plus ou moins complètes. Les descriptions sont parfois longues, et les mécanismes sont décrits par des enchaînements d'étapes, rédigés en entier.

> **Attention**
>
> *Les exemples de fiches donnés dans cette partie ne sont là que pour illustrer notre propos, et pour vous permettre de réaliser les vôtres de la façon la plus pertinente possible. Les informations qui y sont apportées ne sont donc pas complètes. Elles servent simplement d'exemples pour vous permettre de bien comprendre comment remplir ce type de fiches.*

1 Pour qui ? Pour quoi ?

Une fiche rédigée est particulièrement adaptée pour les mémoires plutôt auditives, et aux matières plutôt littéraires. Pour les matières biologiques, on préfère traditionnellement des fiches schématiques, qui permettent de faire tenir un maximum d'informations en un minimum d'espace. Néanmoins, certains étudiants sont mal à l'aise avec les fiches qui regorgent de flèches, d'annotations en tout genre, et de schémas de principe. Pour eux, la fiche rédigée sera également indiquée dans les matières biologiques.

Bien sûr, la fiche rédigée sera d'une faible utilité pour les descriptions basiques : il semble inutile de chercher à décrire laborieusement par des mots ce qu'un schéma expose de façon simple et concise. En revanche, elle trouve tout son intérêt dans le commentaire de mécanismes, ou lorsque les structures décrites deviennent plus complexes.

A. Pour les étudiants de profil « auditif », dans de nombreuses matières

Nous avons présenté la PNL et son modèle dit « VAK » (Visuel Auditif Kinesthésique) pour décrire les différents profils d'apprentissage. La fiche rédigée s'apprend en lisant, parfois à haute voix, et en répétant les notions de nombreuses fois, jusqu'à ce qu'elles soient retenues. Ainsi l'audition joue un rôle très important dans ce mécanisme, c'est pourquoi ce type de fiches convient si bien au profil auditif.

À retenir

Les fiches rédigées pourront être utilisées par les étudiants de ce profil dans la quasi-totalité des matières du PASS. Bien sûr, pour certaines d'entre elles (par exemple en anatomie) il ne sera pas possible de faire l'impasse sur les schémas !

B. Pour les UE évaluées de manières rédactionnelles

Les UE évaluées de manières rédactionnelles se rapprochent davantage de la philosophie et du français que des sciences expérimentales.

Le fait d'être évalué par une question ouverte influence la façon dont les fiches sont réalisées.

Si votre fiche est rédigée, cela favorisera votre restitution de connaissances, car vous aurez appris d'une façon correspondant exactement à l'évaluation. Libre à vous de choisir entre une forme complètement rédigée (avec des phrases faites d'un sujet/verbe/complément) ou partiellement rédigée (sous une forme plus télégraphique).

2 Comment ?

Les fiches rédigées sont un outil très performant pour l'apprentissage, bien qu'elles soient souvent reléguées en arrière zone dans les cursus scientifiques. Il suffit de choisir une forme adaptée, et de les utiliser correctement.

A. Les différentes formes de fiches rédigées

Souvent, lorsqu'on évoque la fiche rédigée, on imagine une page remplie de textes, faits de descriptions et d'éléments à apprendre par cœur. Pourtant, il est très possible de concevoir une fiche rédigée qui revêt différentes formes, plus ludiques et agréables à apprendre.

Fiche sous forme de texte

Ces fiches seront surtout adaptées aux sciences humaines et à la pharmacologie, mais pourront être utilisées ponctuellement dans les autres matières lorsque les mécanismes ou les descriptions sont complexes.

Dans tous les cas, l'essentiel sera de :

- faire ressortir les mots clés, de la façon qui vous convient (surlignage, couleur ou écriture différentes). Ce sont eux, dans une question ouverte, qu'il faudra forcément penser à utiliser, car vous serez notés en fonction de leur nombre et de leur pertinence ;
- mettre en évidence le plan (les titres, sous-titres et idées directrices). Nous avons déjà insisté sur l'importance du plan dans l'apprentissage et la restitution rapide des notions apprises.

L'essentiel est d'éviter la monotonie, car il vous serait sinon beaucoup plus difficile de retenir les informations composant votre fiche. Vous pouvez faire des encadrés, augmenter des alinéas pour mettre en exergue certaines informations fondamentales... Ces éléments de mise en page, combinés avec l'usage pertinent de la couleur et du surlignage, confèrent à la fiche rédigée une dynamique visuelle qui favorisera votre apprentissage.

Fiche sous forme de tableau

Les fiches sous forme de tableau permettent de trier les informations, et de les structurer. Elles sont particulièrement utiles lorsque plusieurs paramètres interviennent conjointement dans une même discipline.

Les tableaux favorisent une **vision transversale** des chapitres, c'est-à-dire regroupant des notions appartenant à différentes parties du cours.

Remarquez qu'il est possible d'intégrer des **schémas** à l'intérieur des cases d'un tableau.

Cette forme est très pertinente car elle permet de trier les informations et de les organiser de façon structurée.

Voici plusieurs exemples où les fiches tableaux seront particulièrement indiquées :

Exemple 1 : Biochimie

Dans cette matière, vous étudiez les voies métaboliques permettant à la cellule de produire l'énergie dont elle a besoin, ainsi que les molécules indispensables à son fonctionnement. Ces voies métaboliques concernent des organes différents, et peuvent se dérouler à différents moments de la journée, juste après un repas (phase post-prandiale) ou longtemps après un repas (phase post-absorptive).

Ainsi, il peut s'avérer judicieux de faire un tableau résumant ces notions en fonction de ces deux paramètres (organes et phases de la journée)

Organes	Phase post-prandiale (juste après un repas)	Phase post-absorptive (longtemps après un repas)
Foie	Glycolyse Glycogénogénèse Lipogénèse (si régime riche en sucres)	Glycogénolyse néoglucogénèse
Muscle	Glycogénogénèse	X
...		

Exemple 2 : Anatomie

En anatomie, les cours fonctionnent souvent sur le principe du catalogue : pour chaque muscle, ou chaque partie du corps étudiée, on aborde l'innervation, la vascularisation, les rapports avec les organes environnants... Le côté répétitif de la matière se prête bien à la fiche tableau, qui viendra avantageusement compléter une fiche schématique.

Voici un exemple de tableau concernant les muscles de la jambe.

Muscle	Loge	Action principale	Action accessoire	Innervation
Tibial antérieur	Antérieure	Flexion dorsale du pied	Inversion	Nerf fibulaire profond
Long extenseur des orteils	Antérieure	Extension des orteils	Flexion dorsale du pied	Nerf fibulaire profond
Long extenseur de l'hallux	Antérieure	Extension de l'hallux	Flexion dorsale du pied	Nerf fibulaire profond
3e fibulaire	Antérieure	Adduction	Flexion dorsale du pied	Nerf fibulaire profond
Long fibulaire	Latérale	Eversion	Flexion plantaire	Nerf fibulaire superficiel
Court fibulaire	Latérale	Eversion	Flexion plantaire	Nerf fibulaire superficiel
Poplité	Postérieure plan profond	Rotation médiale du genou	Flexion genou	Nerf tibial
Tibial postérieur	Postérieure plan profond	Flexion plantaire	Inversion pied	Nerf tibial
Long fléchisseur des orteils	Postérieure plan profond	Flexion des orteils	Flexion plantaire	Nerf tibial
Long fléchisseur de l'hallux	Postérieure plan profond	Flexion de l'hallux	Flexion plantaire Inversion	Nerf tibial
Triceps	Postérieure plan superficiel	Flexion du genou Flexion plantaire du pied	X	Nerf tibial

Exemple 3 : Biophysique
À propos du fonctionnement du Potentiel d'Action (PA) sur un axone, le tableau permet de détailler les étapes du processus, et de faire ressortir efficacement les points clés.

	Phase 0	Phase 1	Phase 2	Phase 3
	Potentiel de repos	**Dépolarisation**	**Repolarisation**	**Hyperpolarisation**
Différence de potentiel (ddp)	-70 mV	La ddp devient moins négative, puis se positive franchement (jusqu'à + 30 mV)	La ddp diminue, et retourne à sa valeur de repos (négative)	La ddp est devenue trop négative (jusqu'à -90 mV), elle reprend sa valeur de repos progressivement
Canaux voltage-dépendants ouverts	X	Na^+ / voltage dépendant	K^+ / voltage dépendant	X
Canaux voltage-dépendants fermés	Tous	K^+ / voltage dépendant	Na^+ / voltage dépendant (inactivés)	Na^+ / voltage dépendant K^+ / voltage dépendant
Mouvements d'ions à travers les canaux impliqués dans le PA	Aucun	Entrée d'ions Na^+	Sortie d'ions K^+	La pompe Na/K-ATPase se charge de l'équilibrage de la répartition des charges de part et d'autre de la membrane.

Il est possible de décliner les fiches tableau de façon à les adapter à de nombreuses matières. Elles sont très efficaces lorsqu'on recherche une **vision d'ensemble** d'un domaine particulier. On peut les utiliser aussi pour structurer les **classifications**. À vous, ensuite, de les décliner de façon à les rendre pertinentes dans le rôle que vous leur avez assigné.

Fiche sous forme de « notice »

Idéalement, elle vient compléter un schéma complexe, un peu à la façon d'une notice de montage d'un meuble Ikea. Cela permet de bénéficier d'explications détaillées et rédigées, là où une représentation schématique (qui pourrait regorger de flèches en tous sens, par exemple) pourrait vous dérouter.

La fiche suivante propose ce type de fiches en complément d'un schéma de biochimie complexe, qui, s'il était appris seul, nécessiterait un temps d'analyse très important.

Exemple de fiche « notice » : Biochimie

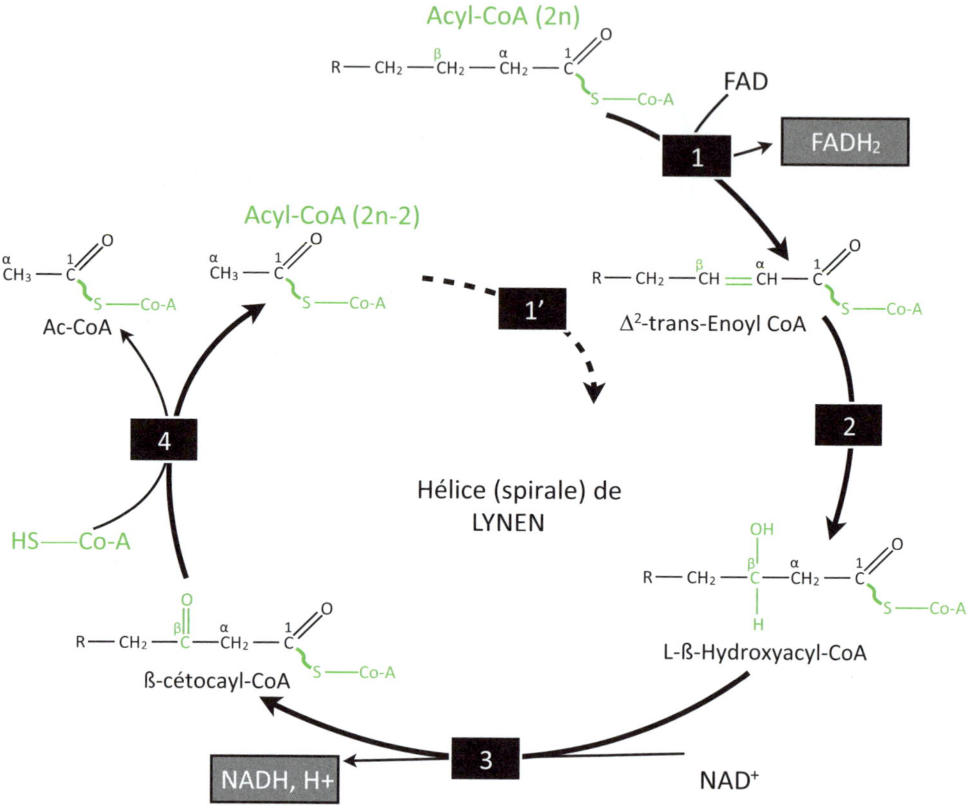

Légende :

N°	Étape	Enzyme
1	Déshydrogénation	Acyl-CoA déshydrogénase
2	Hydratation	Enoyl-CoA Hydratase (=crotonase)
3	Déshydrogénation	ß-Hydroxyacyl-CoA Déshydrogénase
4	Clivage thiolytique	Acyl-CoA:Acyl transférase (thiolase)

Figure 4.2 : L'hélice de Lynen : les réactions de la ß-oxydation des acides gras saturés à nombre pair de carbones

Notice se rapportant à la figure 4.2

L'AcylCoA (issu de l'acide gras activé) pourra entrer dans la ß-oxydation. Elle comporte **4 réactions réversibles**, qui se répètent plusieurs fois :

1. **Déshydrogénation** (= oxydation) : **l'AcylCoA DH** (enzyme intégrée au complexe II de la chaîne respiratoire mitochondriale (CRM), donc non soluble dans la matrice) ajoute une double liaison entre le carbone α et le carbone ß (le 3ème de la chaîne). Cette étape d'oxydation, s'accompagne d'une réduction de FAD en **$FADH_2$**. Ce $FADH_2$ pourra ensuite fournir **2 molécules d'ATP** grâce à la CRM.
2. **Hydratation** : la **crotonase** ajoute un hydroxyle sur le carbone ß, ce qui forme un ß-hydroxy-acyl-CoA.
3. **Déshyrogénation** (= oxydation) : la **ß-hydroxy-acyl-CoA DH** oxyde la fonction alcool en cétone. En parallèle, elle réduit du NAD en $NADH_2$, qui pourra ensuite donner **3 ATP par la CRM**.
4. **Clivage thiolytique** : la thiolase hydrolyse entre les carbones α et ß en ajoutant un coenzyme A à la chaîne libérée. Cela forme un acétyl-CoA (composé de 2 carbones, à ne pas confondre avec l'acyl-CoA, formé de *n* carbones) et un acyl-CoA raccourci de 2 carbones par rapport à la chaîne de départ.

L'AcylCoA se raccourcit donc de 2 carbones et forme un Acétyl-Coenzyme A, à chaque tour de ß-oxydation.

Par cycle de Krebs, chaque Acétyl-Coenzyme A formé pourra produire 12 ATP.

Pour un AG à 2*n* carbones, il y a donc *n* AcétylCoenzyme A formés, et (*n*-1) tours de ß-oxydation.

L'intérêt de cette notice est de vous permettre de vous remémorer rapidement un chapitre, bien qu'il ait été laissé de côté pendant longtemps. En effet, lorsque vous travaillez le cours pour la première fois, le schéma peut vous sembler évident, et simple à comprendre. Mais lorsque vous reviendrez sur le schéma après l'avoir délaissé pendant un certain temps, vous pourrez ne pas savoir par quel bout le prendre... La « notice » vous permettra alors de ne pas perdre de temps, en vous rafraîchissant les idées sans avoir besoin d'aller laborieusement à la recherche d'informations.

Fiche sous forme d'arborescence

Ces fiches s'utilisent surtout dans deux catégories :

1. pour les **classifications** : cela permet de représenter rapidement l'appartenance à une catégorie donnée d'un élément;
2. pour les **mécanismes à plusieurs entrées**, en fonction de conditions du milieu par exemple.

Exemple de fiche en arborescence 1 : Biochimie

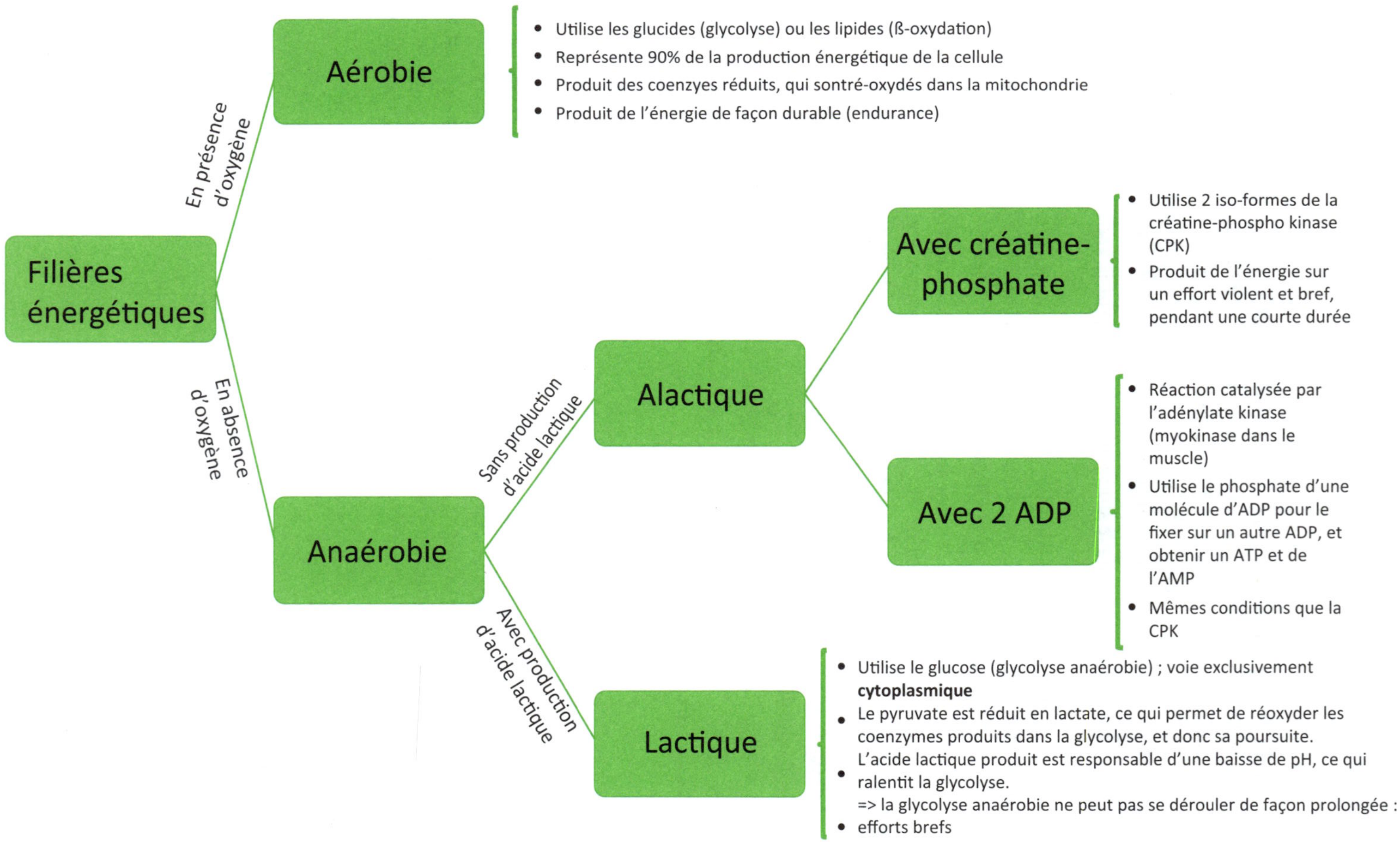

Figure 4.3 : Les filières énergétiques

Ici, chaque filière est clairement individualisée par rapport aux autres, et peut être annotée d'un commentaire rédigé pour expliciter les points fondamentaux.

Exemple de fiche en arborescence 2 : Mécanique des fluides

Cette fiche vous permet de déterminer quelle formule devra être utilisée en fonction des conditions d'écoulement.

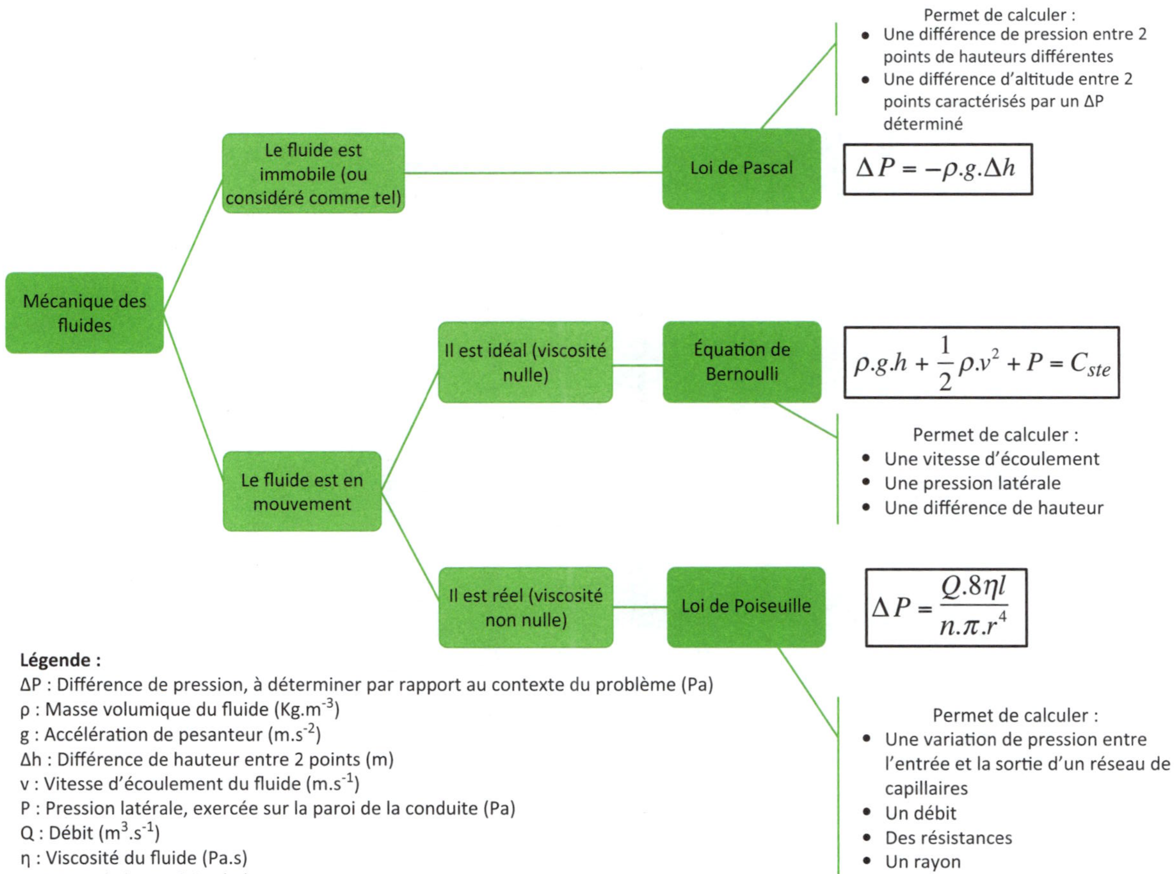

Légende :

ΔP : Différence de pression, à déterminer par rapport au contexte du problème (Pa)
ρ : Masse volumique du fluide ($Kg.m^{-3}$)
g : Accélération de pesanteur ($m.s^{-2}$)
Δh : Différence de hauteur entre 2 points (m)
v : Vitesse d'écoulement du fluide ($m.s^{-1}$)
P : Pression latérale, exercée sur la paroi de la conduite (Pa)
Q : Débit ($m^3.s^{-1}$)
η : Viscosité du fluide (Pa.s)
r : Rayon de la conduite (m)
l : Longueur de la conduite (m)
n : nombre de capillaires dans le réseau vasculaire

Figure 4.4 : Utilisation des formules de mécanique des fluides, en fonction des calculs demandés, et des conditions d'écoulement

Ce qui est utile ici est d'intégrer dans la fiche *le but* de la formule. Cela favorise la réponse aux QCM, en vous aidant à déterminer rapidement la méthode de résolution adaptée au problème.

Pour ce type de fiches intégrant des formules, n'oubliez surtout pas que vous devrez systématiquement expliciter chaque grandeur, et répondre à deux questions : à quoi sert cette formule, et quelles sont les unités des grandeurs utilisées. Ces deux éléments sont fondamentaux pour s'assurer d'utiliser la formule à bon escient.

À retenir

Ne perdez jamais de vue qu'il faut, en plus de retenir la formule pour ensuite pouvoir l'utiliser, savoir ***dans quel contexte*** *elle s'applique. La plupart des formules ne sont valables que dans des conditions précises, qu'il est utile d'apprendre en même temps que la formule elle-même pour garantir une utilisation rigoureuse.*

La fiche par arborescence reprend le principe des clés de détermination par choix successifs. Elle oriente votre raisonnement pour vous permettre d'arriver de façon systématique à la bonne réponse.

Fiche sous forme de listes, pour les erreurs les plus fréquentes

Ce type de fiches est fort utile pour rassembler tous les points d'un chapitre qui posent problème. Le principe est simple : lorsqu'en vous entraînant sur un chapitre, vous remarquez des erreurs récurrentes, ou que vous constatez qu'une notion particulière a beaucoup de mal à être retenue, vous la notez sur votre **fiche d'erreurs**.

Ainsi, vous obtenez une liste des points les plus compliqués du cours, qui auront besoin d'un apprentissage supplémentaire. Il vous sera alors très simple de les revoir régulièrement, puisque tous ces éléments seront regroupés au même endroit.

Par cette technique, vous ne négligez pas vos points faibles, mais vous vous donnez les moyens pour progresser et, petit à petit, retenir tous les éléments de votre cours.

Il pourra s'avérer judicieux de noter aussi **l'erreur que vous faites souvent**, après avoir écrit la bonne réponse.

Exemple : Biologie du développement et de la reproduction (UE 2)
La cellule de Sertoli remplit la fonction **exocrine** du testicule (*et non endocrine, remplie par la cellule de Leydig*)

B. Utilisation des fiches rédigées

Une fois que les fiches rédigées ont été réalisées, il ne reste plus qu'à s'en servir pour apprendre/revoir/synthétiser son cours.

Les fiches rédigées étant un bon support d'apprentissage pour les étudiants auditifs, on va favoriser ce sens pour les travailler.

La méthode la plus adaptée s'articule autour d'une **récitation orale**, puis d'une **récitation écrite**.

Récitation orale

- Lire un paragraphe, se le réciter mentalement; répéter l'opération au moins 3 ou 4 fois pour commencer à retenir les informations
- Lire un autre paragraphe, et réciter le premier. Si besoin, relire le premier paragraphe et recommencer la récitation
- Répéter ces étapes autant que nécessaire, puis enchaîner avec les paragraphes suivants.

Cette chronologie permet d'apprendre efficacement en favorisant d'emblée le stockage sur le long terme, puisqu'une distraction (en l'occurrence la lecture d'un paragraphe suivant) précède la récitation.

Récitation écrite

Une fois que ces récitations orales sont bien maîtrisées, on peut passer à une récitation écrite. Prenez soin, là encore, d'introduire une distraction (lecture d'une portion de cours non encore apprise) pour vider la mémoire de travail, et vérifier ce qui a été retenu dans la mémoire à long terme.

Il suffit alors de réciter sur une **feuille blanche** le contenu de votre fiche. Ne faites pas de mot à mot, cela rendrait la récitation beaucoup trop longue, mais favorisez une écriture télégraphique et les abréviations.

Si vous avez appris sur un tableau, vous pourriez en imprimer un vierge, que vous compléterez pour vérifier l'apprentissage.

Une fois la récitation terminée, vous essayez de combler **de mémoire** les lacunes (s'il y en a), avant de consulter votre cours et de corriger les erreurs et les oublis.

N'oubliez pas de compléter une fiche résumant **les erreurs fréquentes** ou les points du cours que vous avez du mal à apprendre : cela vous permettra d'insister sur ces notions qui seront toutes regroupées au même endroit.

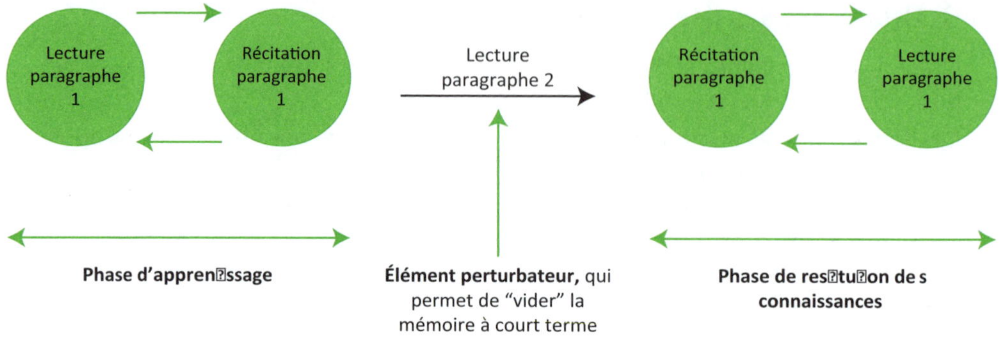

Figure 4.5 : Récitations orale et écrite

Il vous faudra enfin apprendre à nouveau les points dont l'apprentissage est insuffisant. N'oubliez jamais que ce n'est pas parce que vous avez corrigé une erreur, que vous avez retenu la bonne réponse : l'erreur doit faire l'objet d'un apprentissage spécifique pour ne pas être reproduite.

C. Les écueils des fiches rédigées

Ces fiches sont relativement simples à mettre en place, et très efficaces si elles sont bien utilisées. Quelques écueils peuvent néanmoins diminuer leur rentabilité.

Fiche « pavé »

Le danger principal de la fiche rédigée, est d'obtenir au final une fiche « pavé » : c'est une fiche qui ne contient que du texte, dont la feuille est noircie de lignes d'écriture. Il est impossible d'apprendre correctement si toutes les informations sont au même niveau. C'est pourquoi nous avons bien insisté sur la nécessité de hiérarchiser l'information, en faisant ressortir les mots-clés et le plan.

Fiche « fleuve »

On peut aussi assez facilement se laisser aller à multiplier le nombre de pages. Or, il est très rebutant d'avoir à apprendre sur une fiche trop longue. Prenez garde à limiter la longueur, à utiliser les encadrés pour expliciter une notion, et à avoir recours au style télégraphique. Toutes ces astuces vous permettront d'obtenir une fiche **concise**, **complète** et **synthétique**, soit les 3 critères facilitant l'apprentissage.

Fiche inadaptée

Enfin, avant de se lancer dans une fiche rédigée, il faut être sûr que ce type de fiche est adapté au cours. En effet, si un schéma résume en ½ page ce que vous allez décrire en 3 pages avec du texte, il vaudra évidemment mieux favoriser le schéma ! Ceci est valable quel que soit votre profil d'apprentissage. Éventuellement, si vous êtes rebutés par les schémas, vous pouvez les adjoindre d'une notice succincte : puisque le schéma aura déjà abordé la majorité des points, il ne restera plus qu'à expliciter certains d'entre eux.

EN BREF

- Les fiches rédigées concernent :
  - les étudiants auditifs ;
  - et/ou les matières littéraires.
- Elles peuvent être :
  - sous forme de texte avec des phrases enchaînées ;
  - sous forme de tableau ;
  - sous forme de notice ;
  - sous forme de liste, pour regrouper les erreurs les plus fréquentes.
- Attention à systématiquement faire apparaître le plan, et à hiérarchiser les idées principales.

16 CHAPITRE

Les fiches schématiques

Une fiche schématique est basée sur un dessin légendé et fortement annoté, ou sur une suite de réactions chimiques positionnées dans un contexte donné, ou encore sur un enchaînement de conséquences aboutissant à un événement final.

Tout l'intérêt de ce type de fiches est de regrouper des mécanismes plus ou moins complexes dans un espace très réduit.

La **condensation** est la règle associée à une fiche schématique.

Ainsi, pour les étudiants dont la tournure d'esprit permet un travail sur ce type de fiches, elles seront les plus efficaces pour apprendre rapidement des notions complexes.

1 Pour qui ? Pour quoi ?

Les fiches schématiques sont à l'étudiant visuel ce que les fiches rédigées sont à l'auditif.

On les utilisera dès que les mécanismes ou les descriptions se prêtent à être résumés par des flèches et des dessins.

C'est le type de fiches le plus utilisé dans la plupart des préparations privées en médecine, car elles permettent de synthétiser de manière surprenante les cours de faculté. Par exemple, il est possible de résumer un cours de 2 heures de biologie cellulaire, qui correspond à une vingtaine de pages de ronéo (ou corpo) en 2 schémas judicieusement annotés, et une notice ou tableau.

Ainsi, la fiche concernant ce cours se composera de 3 pages maximum, ce qui est suffisamment restreint pour assurer un apprentissage performant.

À retenir

Lorsque l'on restreint le nombre de pages par rapport à une ronéo, ce n'est pas en sélectionnant l'information (les fiches doivent être exhaustives) mais en agençant les données de façon astucieuse.

A. Les étudiants visuels

Ce sont les étudiants qui ont une mémoire photographique. Si vous êtes capables de vous rappeler une notion en vous disant : « je me souviens, elle était située en bas de la fiche à droite, et je l'avais écrite en bleu », c'est que vous êtes de profil visuel.

Mais cela ne suffit pas pour pouvoir utiliser les fiches schématiques de manière performante. Pour cela, il est nécessaire de disposer, en plus de la tournure d'esprit qui permet de transformer le schéma en mot, ce que j'appelle « *se faire sa petite histoire* ».

Car ne l'oublions pas, l'examen est posé avec des mots, et rares sont les épreuves qui mettent en jeu des schémas (souvent en anatomie ou en biologie cellulaire, mais quasiment jamais dans les autres disciplines). C'est pourquoi il est fondamental, pour utiliser efficacement les fiches schématiques, d'être capable de les transformer mentalement en phrases. Or, cet exercice n'est pas évident pour tout le monde.

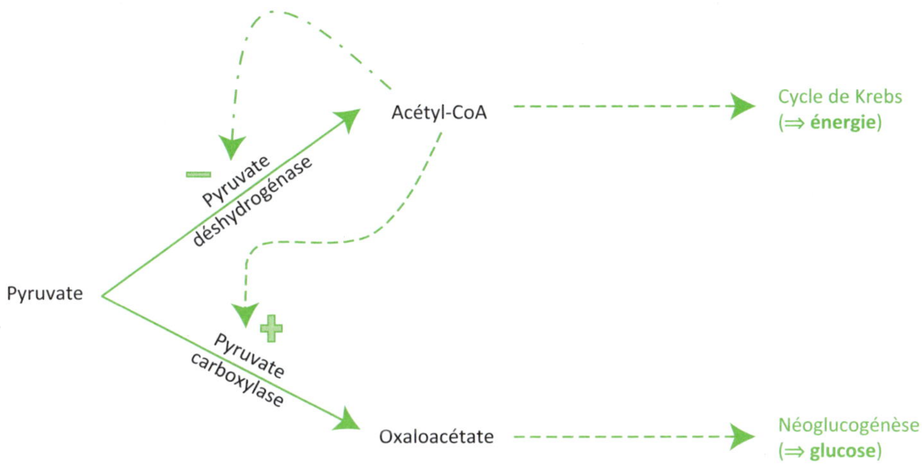

Figure 4.6 : Le devenir du pyruvate

Par exemple, lorsque vous concevez la figure 4.6, vous devez ensuite être capable de raconter « la petite histoire du devenir du pyruvate », qui pourrait ressembler à ce qui suit :

Le devenir du pyruvate

Le pyruvate a deux destinées possibles :

- soit il donne de l'acétyl-CoA (réaction catalysée par l'enzyme pyruvate déshydrogénase) et enchaîne avec le cycle de Krebs responsable de la production d'énergie ;
- soit il donne de l'oxaloacétate (réaction catalysée par la pyruvate carboxylase) qui pourra ensuite intégrer la néoglucogénèse (pour produire du glucose).

L'acétyl-CoA exerce un contrôle sur ces 2 enzymes : il inhibe la pyruvate-déshydrogénase, mais active la pyruvate carboxylase, si bien qu'une abondance de cette molécule favorisera la néoglucogénèse au détriment du cycle de Krebs.

Pour la plupart des étudiants en médecine, il est plus simple de retenir le petit schéma que d'apprendre par cœur l'encadré de texte ci-dessus. À vous, une fois le schéma en mémoire, de restituer le texte correspondant.

À retenir

En récitant, vous visualiserez les schémas, et les phrases reviendront spontanément.

Vous vous en rendez compte : utiliser les fiches schématiques présuppose que vous êtes capables d'intégrer un certain nombre de conventions que vous devrez respecter lors de la conception des fiches, sous peine de vous embrouiller. Par exemple, une flèche pleine représente une réaction unique, alors qu'une flèche en pointillés concerne un ensemble de réaction que l'on choisit de ne pas détailler. Ou encore, une flèche agrémentée d'un signe + concerne une activation, un signe - une inhibition.

Une fois que vous aurez intégré ces conventions, il sera beaucoup plus simple de travailler sur vos fiches schématiques efficacement.

B. Les disciplines scientifiques

Ce sont bien sûr les principales matières qui donneront lieu à des fiches schématiques :

- en biologie cellulaire, en histologie, en anatomie, il sera fondamental de pouvoir résumer une description par un dessin annoté et correctement légendé ;
- en biochimie, en chimie organique : les réactions seront elles aussi représentées par des schémas « fléchés » ;
- en biophysique : les mécanismes seront schématisés et associés aux formules qui conviennent, de façon à faciliter leur apprentissage ainsi que leur utilisation.

En fonction des matières, la fiche schématique n'aura pas exactement la même forme. Nous allons voir comment adapter de façon précise la réalisation de cette fiche avec les besoins de la matière.

2 Comment ?

Concevoir la fiche schématique nécessite une certaine rigueur car il est nécessaire d'être constant dans les symboles et les codes de couleur utilisés. Cette condition est indispensable pour les utiliser efficacement, et réduire le temps d'apprentissage au minimum.

Par exemple, vous pouvez utiliser des flèches rouges lorsqu'elles symbolisent une inhibition, vertes pour l'activation. En plus des signes « + » ou « – » à l'extrémité, cela permet en un seul coup d'œil de repérer à quel type de régulation on a affaire.

De même, ne vous limitez pas dans l'espace : vous pouvez concevoir votre fiche sur une feuille A4 ou A3 (en collant 2 feuilles A4 côte à côte), ou encore en partant d'une feuille A4 sur laquelle vous collez des morceaux de feuille lorsque la place vient à manquer et que vous devez rajouter une information à un endroit précis. Vous obtenez une sorte de patchwork que vous pouvez replier, et ranger dans une pochette.

L'idée directrice est toujours de **limiter le nombre de supports d'apprentissage**. En agrémentant votre fiche de cette façon, vous rassemblez de nombreuses informations au même endroit, ce qui facilite d'autant le travail de mémorisation.

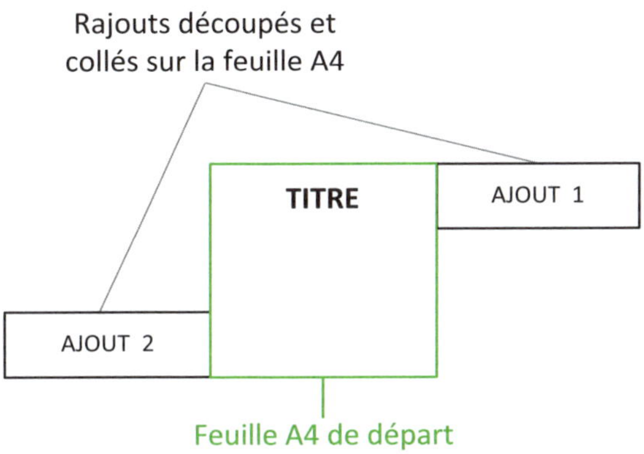

Figure 4.7 : Les fiches « patchwork »

Comme pour les fiches rédigées, nous présenterons les différentes formes de fiches schématiques, avant de détailler la façon dont on peut les utiliser. Nous terminerons par les erreurs à éviter lorsque l'on utilise ce type de fiches.

A. Les différentes formes de fiches schématiques

La fiche visuelle peut revêtir différents aspects, qui permettent d'adapter le format aux besoins du cours travaillé.

La fiche illustrée

C'est la fiche qui permet de synthétiser une **description**. Mais elle peut aussi s'avérer plus polyvalente que cela : si l'on utilise de façon pertinente les annotations et les légendes, il est possible de faire figurer la **fonction** de chaque élément représenté. Or, la structure et la fonction sont indissociables l'une de l'autre dans les disciplines biologiques.

Vous l'avez compris, il ne s'agit pas ici de se contenter d'un dessin, mais de partir d'une figure ou d'une photo, qui sera ensuite complétée par des légendes, de façon à y apposer de nombreuses informations.

Elle est très utile dans l'apprentissage car vous allez associer la notion à retenir à une illustration, qui aidera votre mémorisation.

La fiche suivante (ou plutôt la portion de fiche) est construite autour d'une illustration centrale, qui sert de support à de nombreuses informations. Les légendes ne sont pas uniquement descriptives, elles renseignent aussi sur le rôle que joue chaque structure dans l'organisme.

Exemple de fiche illustrée : Histologie

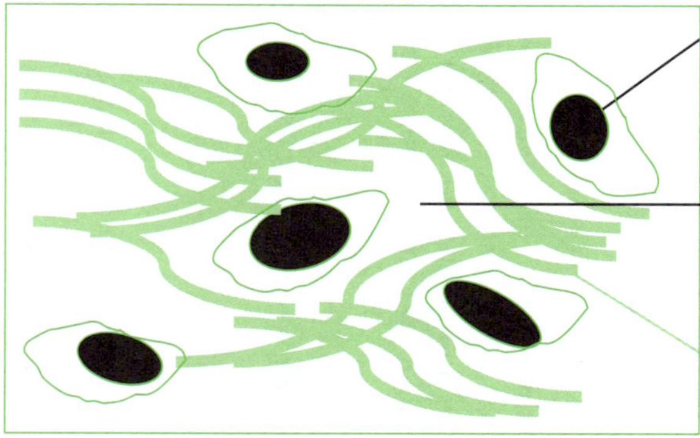

Cellules :
- Fibroblastes (si immatures)
- Fibrocytes (si matures)

Substance fondamentale : liquide extracellulaire qui baigne les fibroblastes

Fibres : collagène, élastine, réticuline... sont responsables des propriétés du TC

Matrice Extra-Cellulaire

- Le TC peut se spécialiser en fonction des organes et du type de fibres abondantes
- Les cellules ne sont pas jointives
- Le TC est vascularisé et innervé

Collagène
Fibre très abondante au niveau du TC dense (tendons).
=> Résistance à la tension

Elas□ne
Fibre abondante au niveau du du derme (peau).
=> Elasticité

Ré□culine
Fibre abondante au niveau du foie, des reins et des glandes endocrines
=> Role contractile

En fonc□on de la propor□on de chacune de ces 3 □bres, le TC aura un comportement di□érent. Il se retrouvera donc dans di□érents types d'organes.

Figure 4.8 : Généralités sur le tissu conjonctif

La fiche de « réactions »

Ce type de fiches concerne les matières raccrochées de près ou de loin à la chimie : chimie organique et biochimie et chimie générale.

Le plus simple est alors de représenter les suites réactionnelles par des flèches. On peut là encore y adjoindre des commentaires explicatifs, ou si nécessaire, réaliser une fiche de type « notice » en plus (voir ci-dessus).

Lorsque la matière s'y prête, en biochimie par exemple, il est possible de positionner sur la fiche principale les régulations, les organes dans lesquels se déroulent les réactions, ainsi que leurs phases (post-prandiale ou post-absorptive). Cela permet de placer au même endroit une grande quantité d'informations, et donc de favoriser un apprentissage rapide, synthétique et exhaustif.

N'oubliez pas de définir un code de couleur, et de vous y tenir.

Dans l'exemple 1 qui suit (figures 4.9.a et 4.9.b), un code rigoureux a été adopté :

- les réactions en violet sont réversibles, alors que celles en noir sont irréversibles ;
- les inhibiteurs sont représentés en trait pointillé, alors que les activateurs sont en trait plein.
- Les réactions qui ne concernent que le foie sont représentées dans un encadré à part, de façon à repérer rapidement les organes concernés.

Si vous deviez transposer cette fiche schématique, avec toutes ses réactions et régulations, par des phrases rédigées, cela vous demanderait au moins 3 pages écrites de façon dense. L'intérêt de la fiche schématique apparaît donc clairement.

À retenir

N'oubliez pas que ce type de fiche est indiqué si vous avez déjà compris votre cours. N'essayez pas de comprendre pour la première fois un cours avec ce type de support, ce serait perdu d'avance. C'est pourquoi la phase préalable où vous travaillez sur le cours avant de vous lancer dans la réalisation de la fiche est fondamentale.

Exemple de fiche de réactions 1 : Biochimie

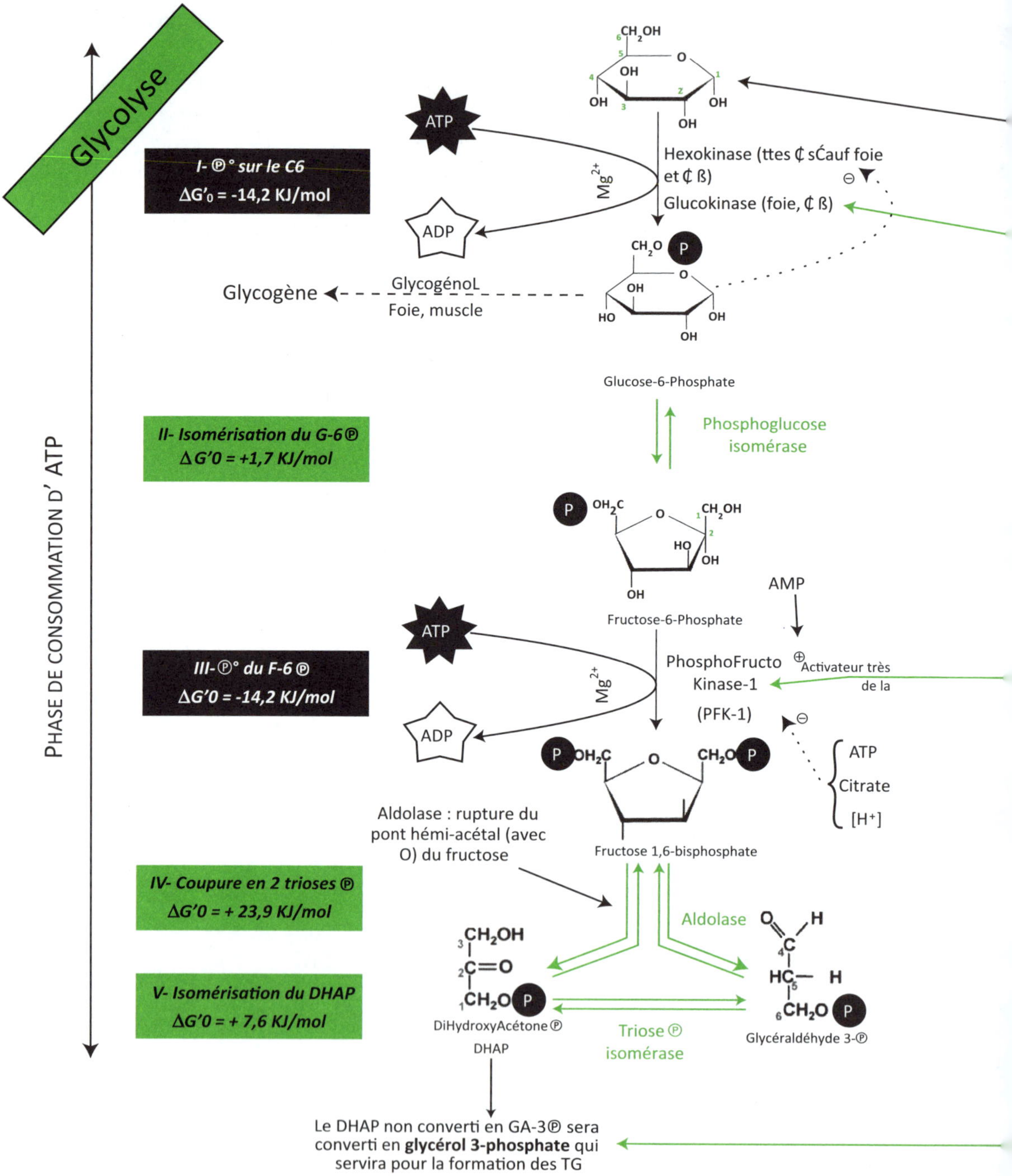

Figure 4.9.a : La glycolyse : phase de consommation d'ATP

- 3 isoformes (1, 2, et 3)
- Ez à *spécificité large* (présente d'autres substrats que le glucose) dite *ubiquiste*.
- **Inhibé** par G-6P
- Forte affinité pour le glucose (Km faible), mais Vm faible => l'Ez fonctionne à Vm *quasi* en permanence

- Isoforme 4 de l'hexokinase
- Ez à *spécificité absolue pour le glucose*.
- **Non inhibée** par G-6P
- Faible affinité pour le glucose (Km fort), mais Vm forte => l'Ez permet la régulation de la normoglycémie

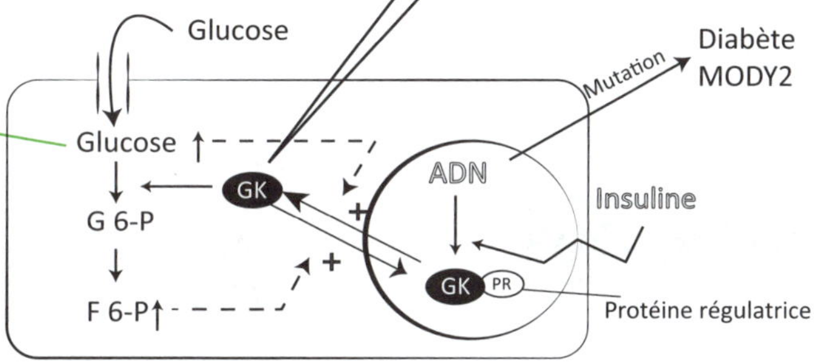

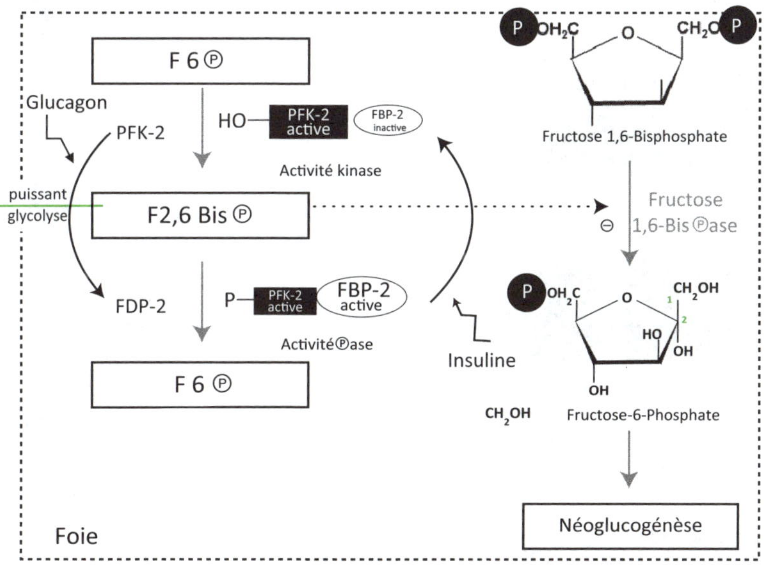

- Cette étape d'isomérisation est un frein au débit de la glycolyse (car fortement endergonique : ΔG global ≈ 31 KJ/mol) .
- Peu de DHAP s'isomérisera en GA-3Ⓟ

Exemple de fiche de réactions 1 : Biochimie

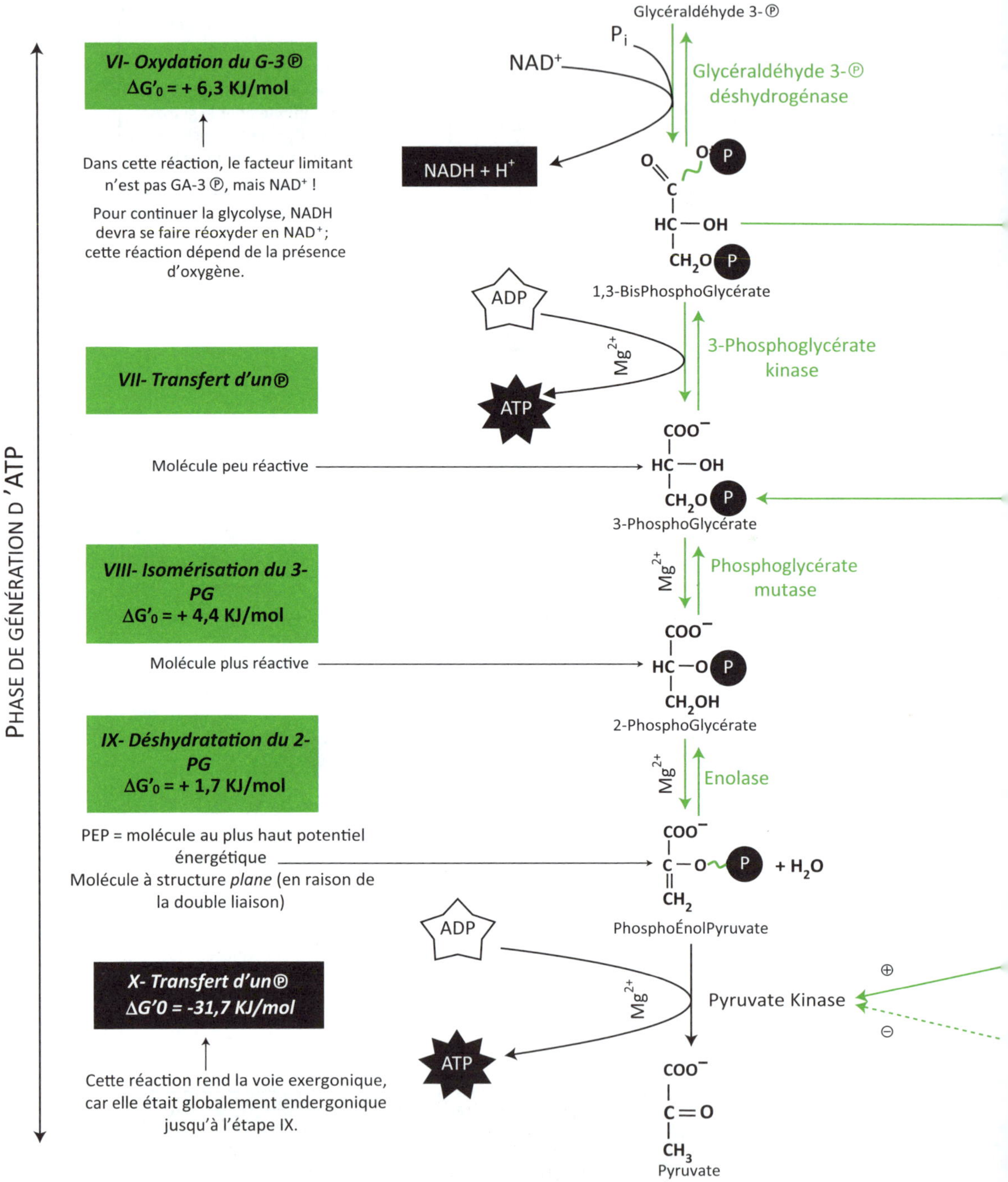

Figure 4.9.b : La glycolyse : phase de génération d'ATP

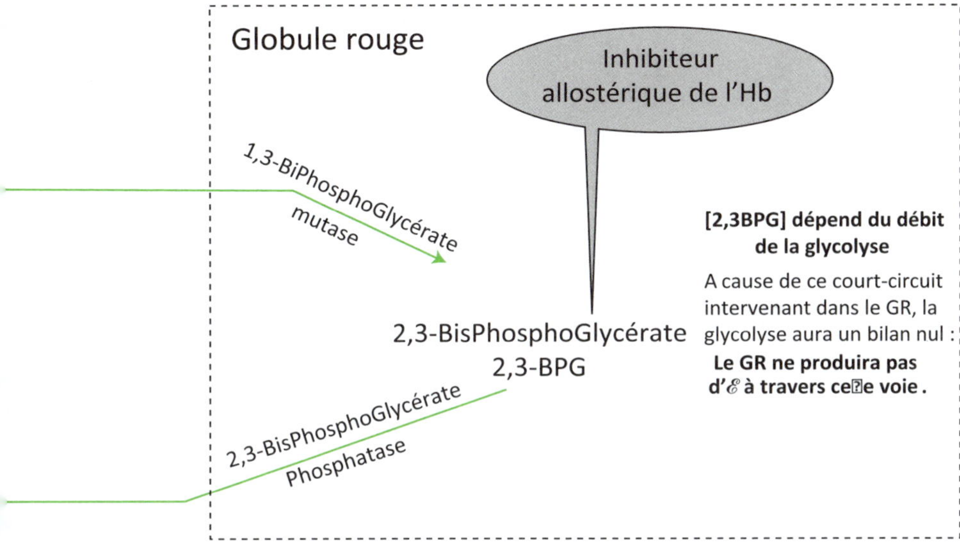
Globule rouge
Inhibiteur allostérique de l'Hb
1,3-BiPhosphoGlycérate
mutase
2,3-BisPhosphoGlycérate
2,3-BPG
2,3-BisPhosphoGlycérate
Phosphatase
[2,3BPG] dépend du débit de la glycolyse
A cause de ce court-circuit intervenant dans le GR, la glycolyse aura un bilan nul :
Le GR ne produira pas d'ℰ à travers cette voie.

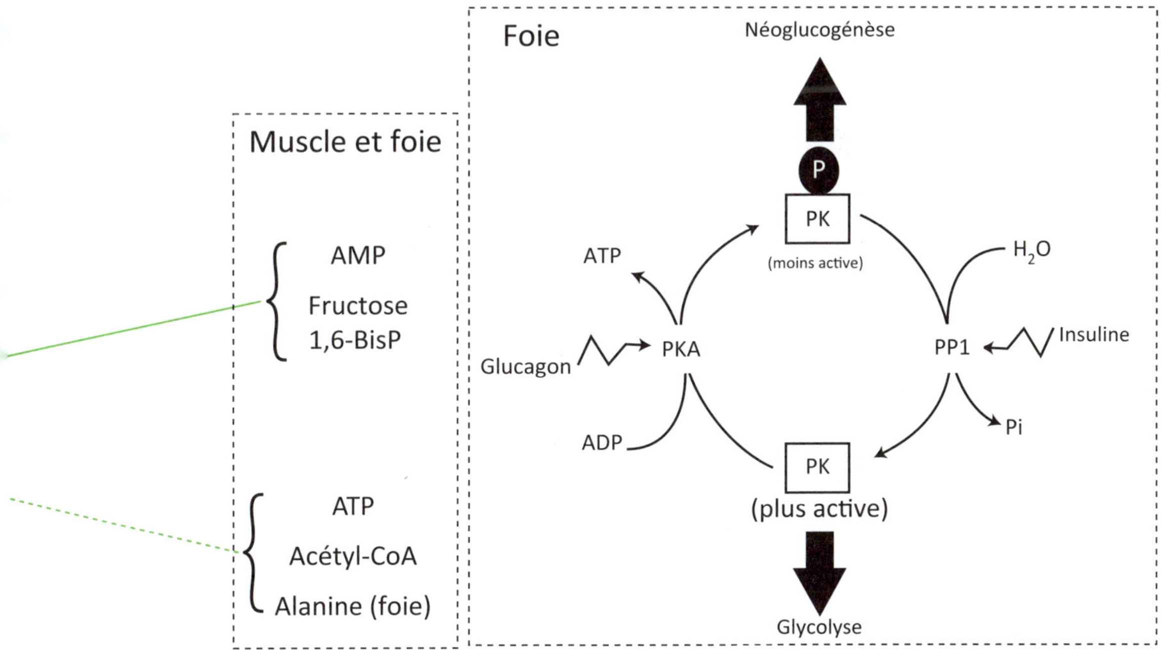
Muscle et foie
AMP
Fructose 1,6-BisP
ATP
Acétyl-CoA
Alanine (foie)
Foie
Néoglucogénèse
P
PK
(moins active)
ATP
H_2O
Glucagon
PKA
PP1
Insuline
ADP
Pi
PK
(plus active)
Glycolyse

Exemple de fiche de réactions 2 : Chimie organique

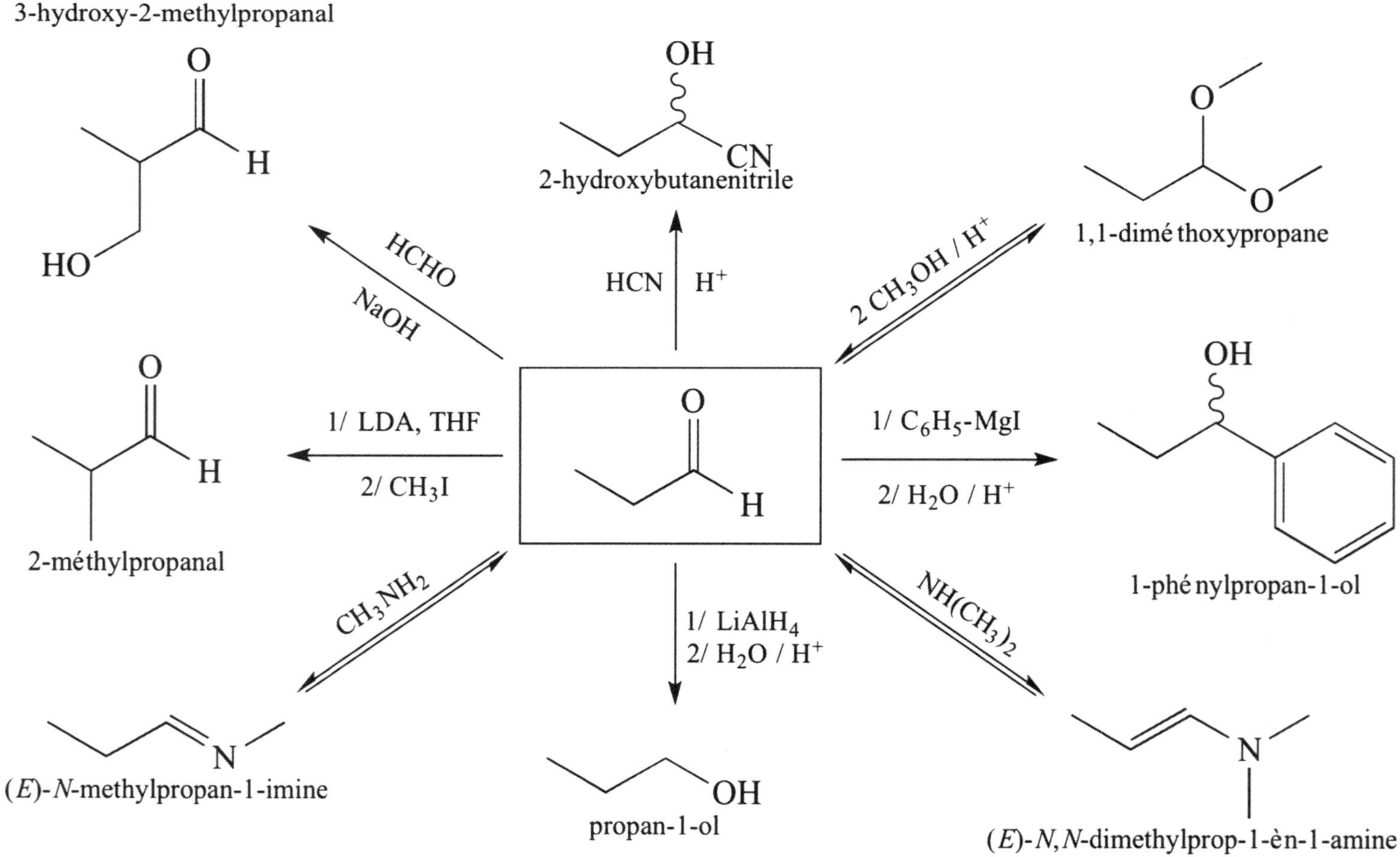

Figure 4.10 : La fiche en étoile de chimie organique : étude des destinées possibles d'un aldéhyde

Dans le cas de la chimie organique (exemple 2), les réactions « en étoile » permettent de synthétiser les devenir possibles d'une molécule en fonction des réactifs et des conditions du milieu.

Cette schématisation est très synthétique, et favorise une vision d'ensemble des processus étudiés dans le cadre de cette matière.

La fiche par nuage d'idées (ou carte heuristique)

Cette fiche permet de synthétiser les informations en les regroupant autour d'un thème central. Sa structure correspond complètement à celle d'une fiche rédigée car elle est constituée de blocs de textes, tout en ayant un aspect très visuel de par l'organisation des différentes idées. Le terme « carte heuristique » est une traduction de l'expression anglaise *mind map*.

C'est une autre façon très visuelle et ludique de présenter les relations entre les différents thèmes d'un chapitre, ainsi que leur hiérarchie. D'un seul coup d'œil, il vous est possible de déterminer les catégories et sous-catégories d'éléments abordés en cours.

À retenir

Cette représentation permet de transformer une fiche rédigée en fiche visuelle. C'est donc particulièrement intéressant pour les matières littéraires, et les étudiants visuels.

L'exemple 1 suivant positionne clairement le thème principal au centre, puis en étoile tout autour les notions qui s'y rapportent. Vous remarquerez que le plan est clairement apparent. En fiche rédigée, on laisserait apparaître la structure suivante :

La microscopie à fluorescence

Les techniques de marquage

- Micro-injection
- Electroporation
- Vectorisation par vésicules

Les techniques de microscopie à fluorescence

- Microscopie confocale
- Technique FRET
- Techniques par photoblanchiment
  - Technique FLIP
  - Technique FLAP

Exemple de carte heuristique 1 : Biologie cellulaire

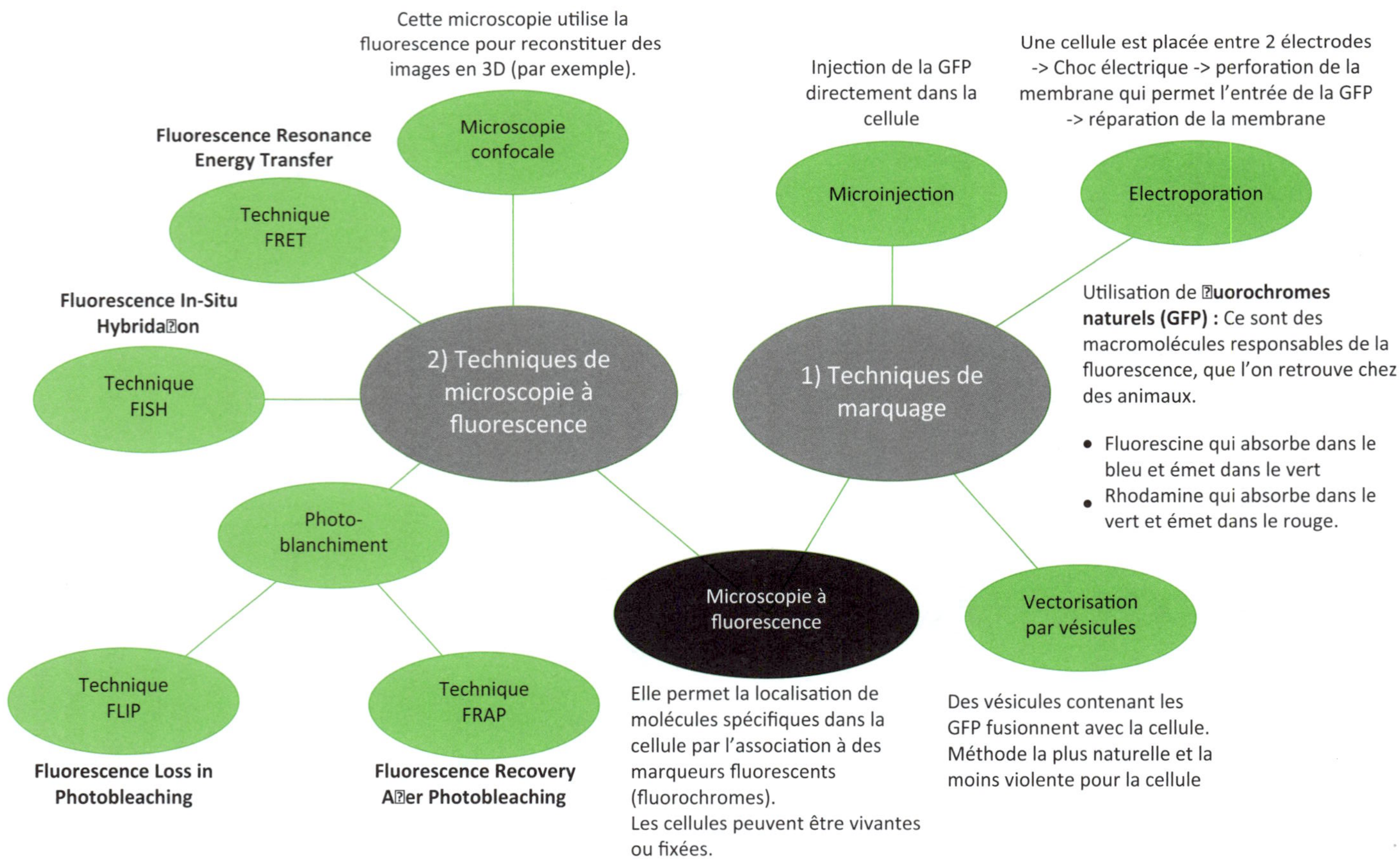

Figure 4.11.a : La microscopie par fluorescence

Exemple de carte heuristique 2 : Pharmacologie

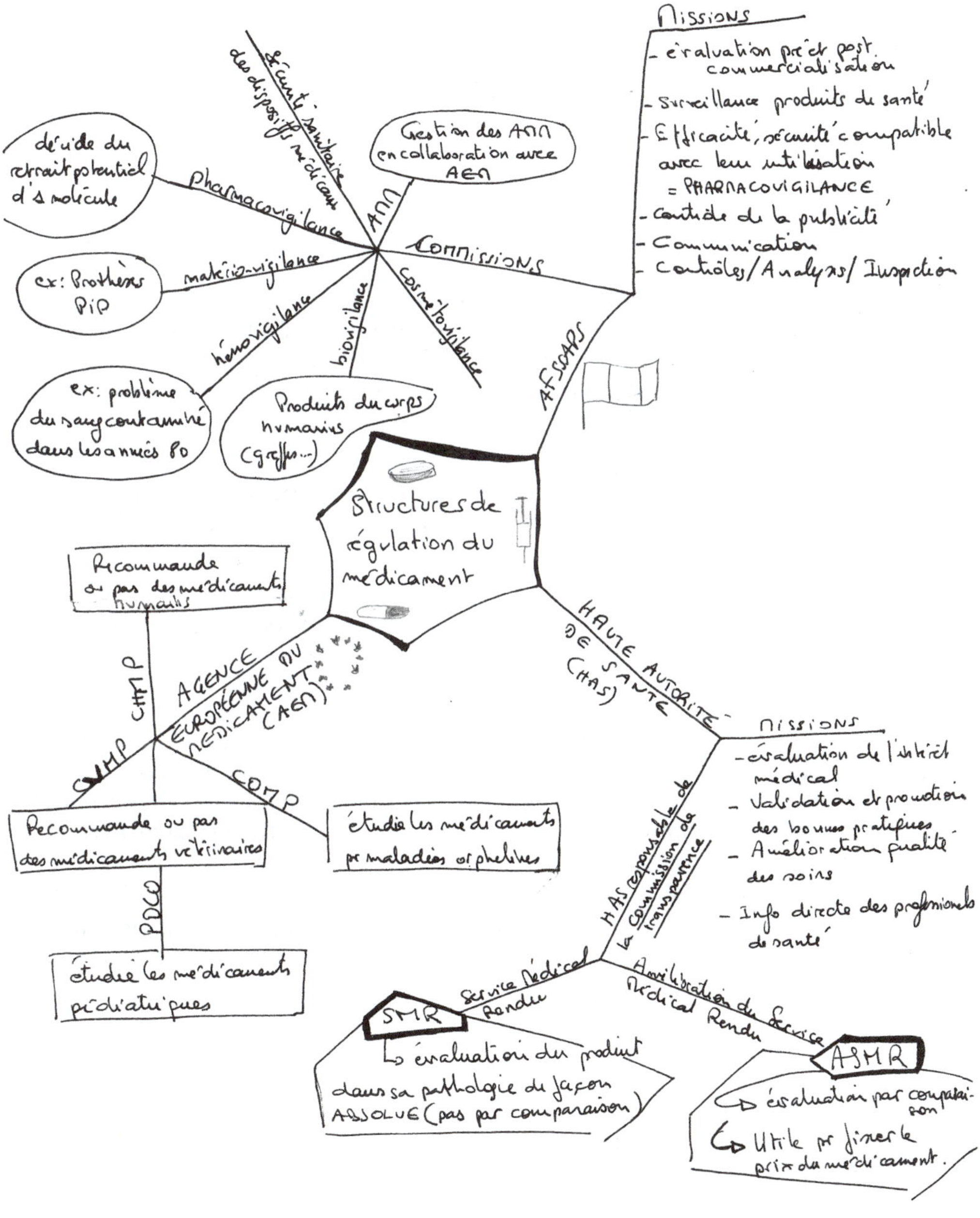

Figure 4.11.b : Carte heuristique en pharmacologie

Il est possible d'agrémenter cette fiche de divers compléments : schéma descriptif des techniques, commentaires sur les intérêts et inconvénients de chacune d'elles... Cette personnalisation à l'infini permet d'adapter la fiche aux besoins précis de chaque chapitre.

Les fiches « heuristiques » ont plusieurs avantages :

- d'abord, elles se retiennent facilement ;
- ensuite, avec un peu d'habitude, il est possible de prendre directement un cours de cette façon-là ;
- enfin, elles sont adaptables à l'infini, en les modulant par des couleurs, des encadrés différents, et des petits dessins qui aident à retenir les différentes idées.

Exemple de carte heuristique 2 : Pharmacologie
Cet exemple de fiche a été rédigé à la main par un étudiant. C'est un bel exemple de **carte heuristique**, ou « *mind map* » en anglais. Vous partez d'un thème central, et vous indiquez les sous-chapitres sur les traits qui mènent aux explications supplémentaires.

La fiche « dessin animé »

La fiche que j'appelle « dessin animé » est très utile pour décrire un mécanisme, car elle permet de donner les informations détaillées qui explicitent chaque étape d'un processus.

L'idée est de réaliser une sorte de photographie à différents niveaux du mécanisme, pour obtenir un processus décomposé en ses étapes fondamentales, que l'on peut ensuite facilement commenter.

Exemple de fiche « dessin animé » : Biochimie
Le fonctionnement de l'acide gras synthase, obéit à une série de réactions successives. La fiche « dessin animé » est donc particulièrement indiquée puisqu'on peut décomposer les différentes étapes, et annoter davantage celles qui ont besoin d'explications supplémentaires, comme dans la fiche suivante (figure 4.12).

La fiche « frise »

Ce type de fiches est très adapté à une succession chronologique d'événements. Lorsque vous devez la retenir, il peut s'avérer utile de placer les événements sur un axe horizontal matérialisant le temps. Vous pourrez alors ajouter les dates d'intérêt ainsi que les détails qui se rapportent à chaque stade.

Exemple de fiche « frise » : Embryologie
Les 2 pages de la figure 4.13 représentent sous forme de frise chronologique les quatre premières semaines de développement chez l'humain.

Exemple de fiche « dessin animé » : Biochimie

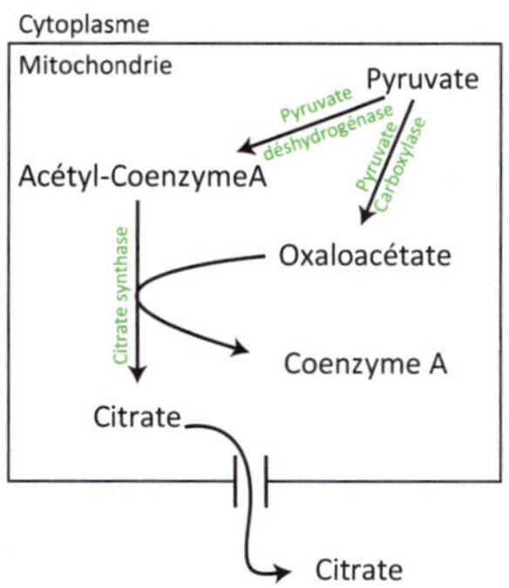

L'AcétylCoenzyme A ne peut pas traverser la Membrane Mitochondriale Interne (MMI), il est donc transformé en citrate (1ère étape du cycle de Krebs), qui dispose d'un transporteur spécifique sur la MMI. Il peut donc sortir de la mitochondrie, et se retrouver dans le cytoplasme.

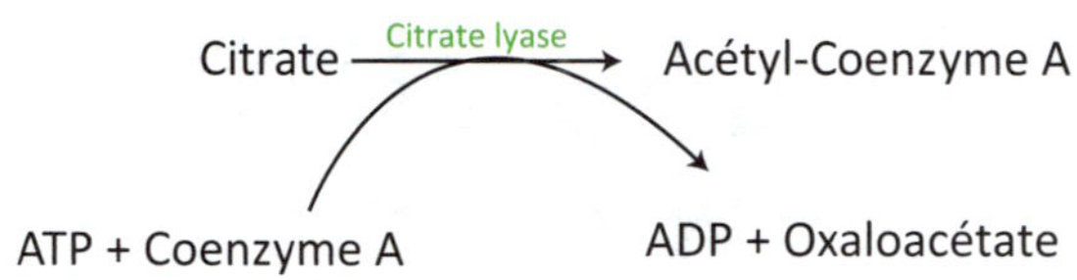

Une fois dans le cytoplasme, le citrate redonne de l'acétylCoenzyme A grâce à citrate lyase.
Ce système est donc une façon détournée de faire sortir de l'acétyl coenzyme A de la mitochondrie

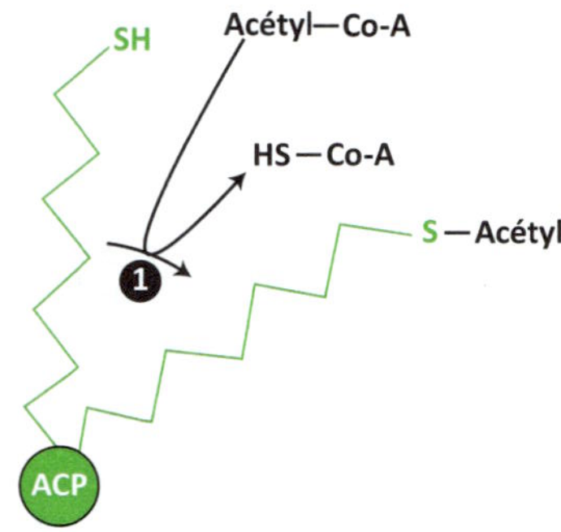

L'acide gras synthase est une enzyme cytoplasmique avec plusieurs domaines et sous unités, qui a pour but de produire des acides gras. Dans cette étape, l'Acétyl de l'AcétylCoenzyme A se fixe sur le groupement thiol (SH) d'une partie de l'acide gras synthase, nommée ACP.

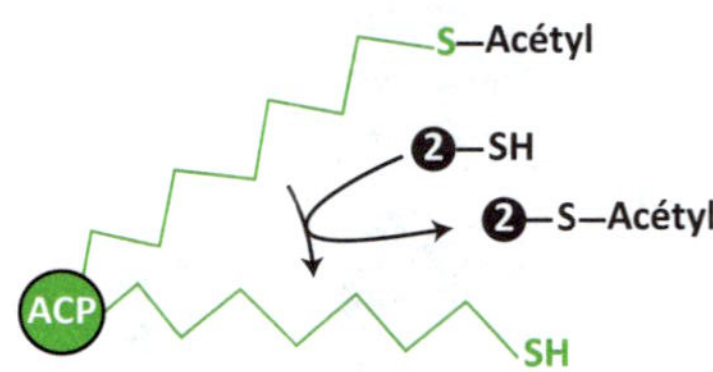

Une fois fixé sur l'ACP, l'acétyl issu de l'AcétylCoenzyme A est transféré au domaine 2 de l'acide gras synthase, où il est mis en attente.

On peut poursuivre le mécanisme jusqu'à la formation de l'acide gras définitif

Figure 4.12 : Les premières étapes de la synthèse des acides gras par l'enzyme acide gras synthase

Exemple de fiche « frise » : Embryologie

Zygote — 3e J — 5e J

Numéro du stade	Stade n° 1	Stade n° 2	Stade n° 3
TITRE	Fécondation	Morula	Bastocyste (encapsulé)
Signes caractéristiques et leur évolution	Fécondation Segmentation Clivage	Compaction Morula Polarisation	Trophoblaste Embryoblaste — *Formation du DED** Blastocoele — *Membrane de Heuser*
Photos et observations supplémentaires	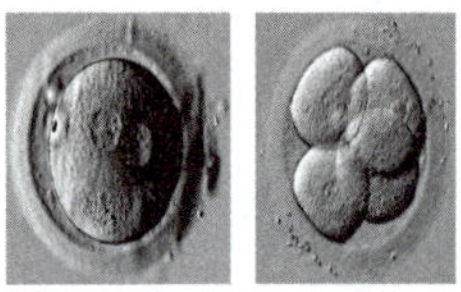 *Globules polaires et pronucléus ♀ et ♂*	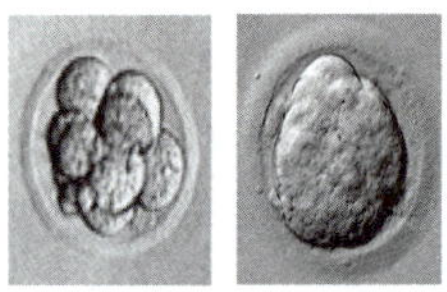 *Formation des blastomères (totipotents)*	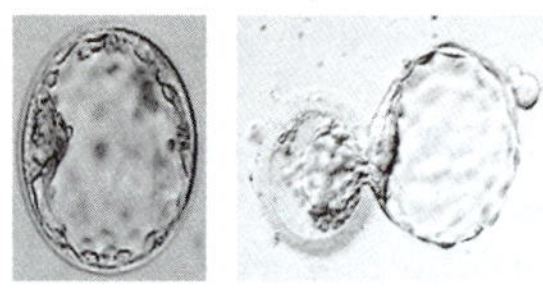 *Poursuite de la segmentation et création de pôles embryonnaire et abembryonnaire* ***Débarquement dans la cavité utérine et Hatching***

- DED : Disque Embryonnaire Didermique
- IE : Intra-Embryonnaire
- EE : Extra-Embryonnaire

Figure 4.13 : Les quatre premières semaines de développement chez l'humain 1/2

DED*

6e J	9e J	15e J
Stade n° 4	**Stade n° 5**	**Stade n° 6**
Implantation	Reticulum	Pédicule embryonnaire
Cytotrophoblaste + Syncytiotrophoblaste	**Apparition des villosités primaires du placenta** Érosion des vaisseaux maternels + invasion des lacunes par le sang maternel	**Villosités trophoblastiques secondaires**
Épiblaste + Hypoblaste	Épiblaste + Hypoblaste	Épiblaste + Hypoblaste
Vésicule vitelline primitive	*Membrane de Heuser* Vésicule vitelline secondaire	Vésicule vitelline secondaire
Cavité amniotique	Cavité amniotique	Cavité amniotique
Reticulum	**Cavité choriale** Limitée par mésoblaste ; splanchnoleure, somatopleure EE	**Cavité choriale énorme**

***APPOSITION et ADHESION** à l'endomètre*
*Formation des lacunes et **ENFOUISSEMENT***

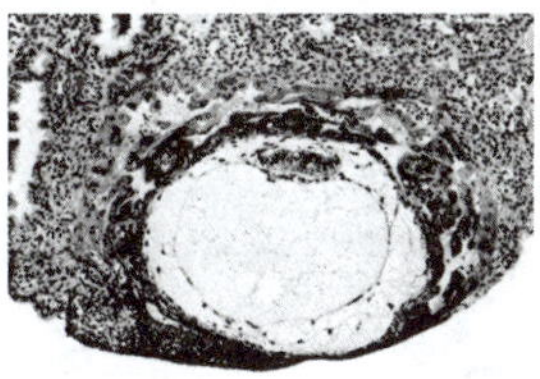

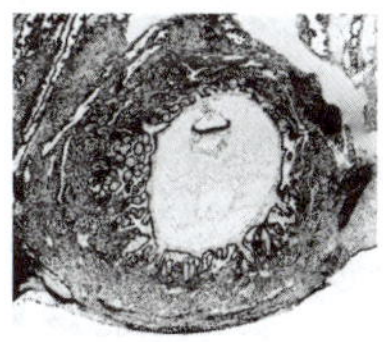

Exemple de frise : Embryologie

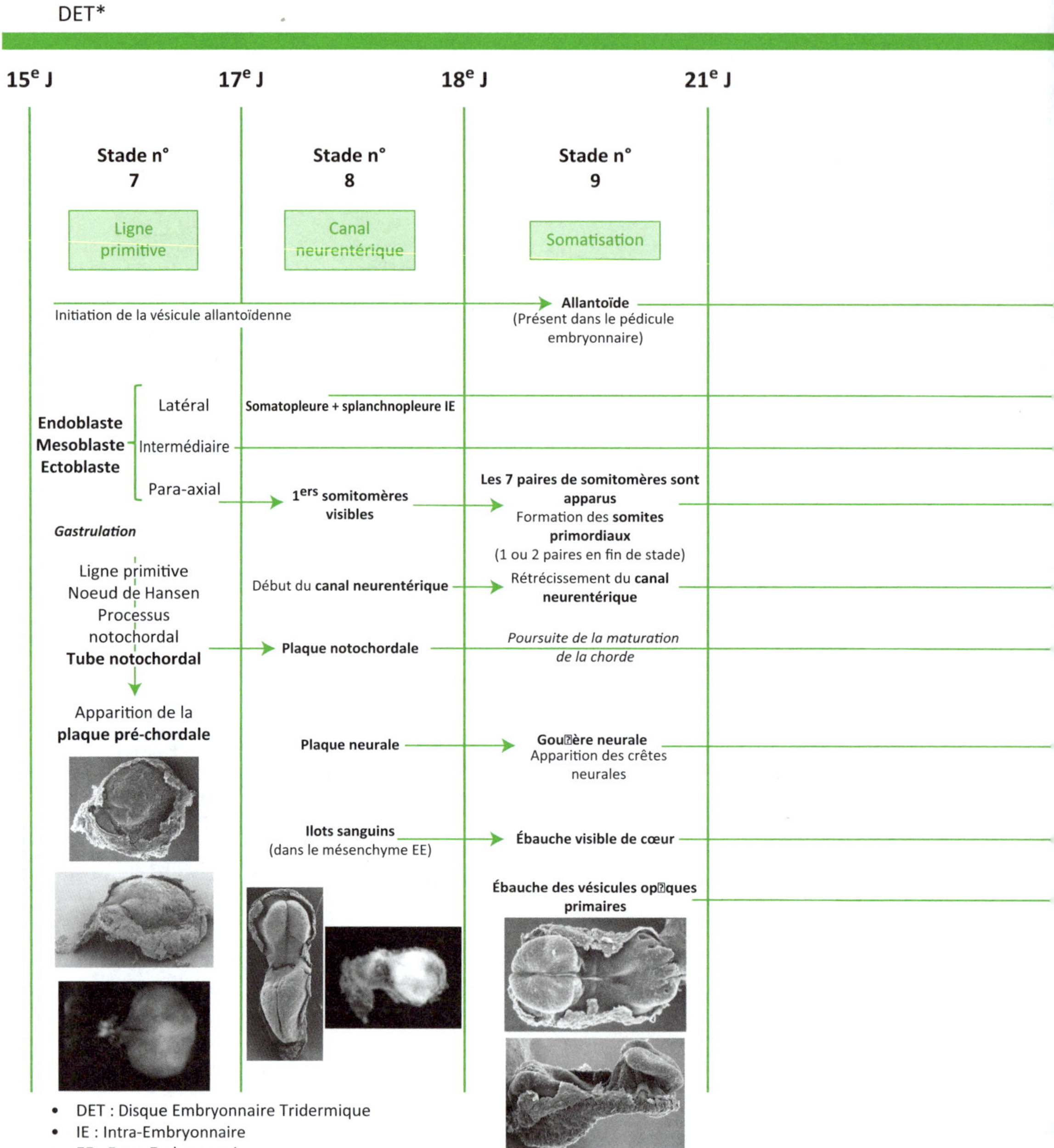

- DET : Disque Embryonnaire Tridermique
- IE : Intra-Embryonnaire
- EE : Extra-Embryonnaire

Figure 4.13 : Les quatre premières semaines de développement chez l'humain 2/2

Embryon →

23ᵉ J → 26ᵉ J → 29ᵉ J			
Stade n° 10	**Stade n° 11**	**Stade n° 12**	**Stade n° 13**
Éveil du coeur	Plicature	3D	Apparition des membres
	Gonocytes primordiaux (Début de la migration) →		**Ébauche de la gonade** Épithélium coelomique => épithélium germinatif
Apparition du PRONEPHROS Le canal de Wolff a rejoint le cloaque (fin du stade) **Développement du mésonéphros** →		**Bourgeon urétéral** **Mésonéphros en développement** **Extrémité inférieure de l'éperon périnéal au niveau du canal de Wolff** →	**Corps de Wolff très développé** Ébauche des canaux de Muller
	13 à 20 somites Les cellules du scérotome diffusent (pas de différence entre myotome et dermatome) →	**21 à 29 somites** →	**Plus de 30 somites**
Disparition du **canal neurentérique**			
Chorde définitive →	**Chorde définitive**	**Chorde définitive**	**Chorde définitive**
Tube neural (à partir des somites 5-10) 2 neuroports largement ouverts Courbure céphalique et **premiers arcs branchiauxa** →	**Fermeture du neuroport antérieur** →	**Fermeture du neuroport postérieur** Mise en place de 3 vésicules cérébrales 3 arcs branchiaux **Neurulation secondaire** →	**Bourgeon frontal** Fin d'évolution des arcs pharyngiens **Bourgeons maxillaires supérieurs fusionnent => Arc mandibulaire**
Formation du canal cardiaque primitif (Fusion des tubes endocardiques) →	**Inflexion du tube cardiaque** **Fusion des tubes endocardiques** **Fusion des aortes dorsales** →	Cloisonnement atrio-ventriculaire →	**Fin de la morphogénèse externe du cœur** **Cloisonnement des ventricules** (Cloison entre ventricule droit et gauche)
→	Vésicules optiques primaires et **placode nasale** →	Évolution de la placode otique **Placodes otiques et optiques visibles** Ébauches des **membres supérieurs** →	Ébauches des **membres inférieurs**
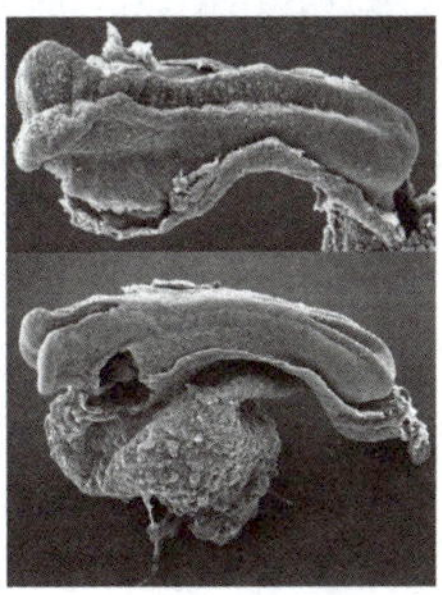	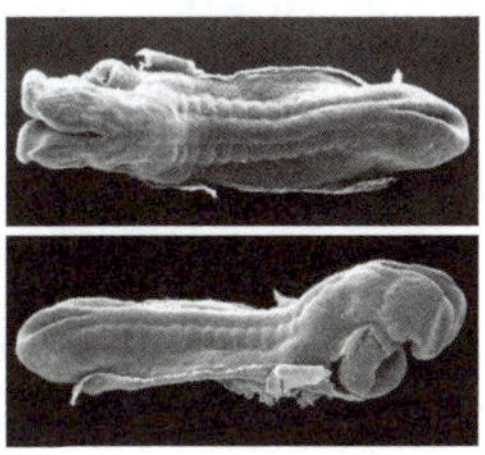	 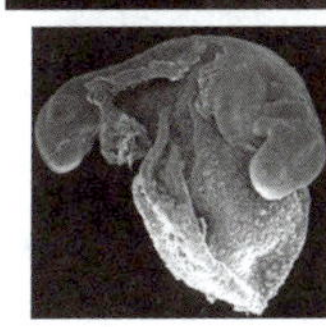	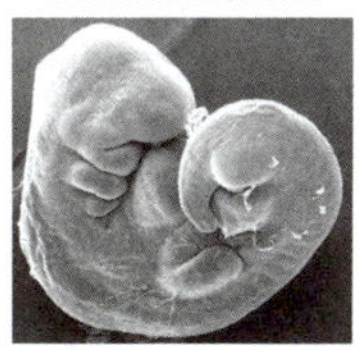

B. Utilisation des fiches schématiques

La fiche schématique nécessite un travail spécifique.

Se raconter « la petite histoire »

Tout d'abord, il est important d'être capable de commenter la fiche schématique, autrement dit de la retranscrire en mots.

Le plus efficace dans cette étape, est de procéder en gardant la fiche sous les yeux, et de s'imaginer l'expliquant à un enfant. Vous verrez, vous n'en serez capable que si les différents aspects de cette fiche ont été parfaitement assimilés.

Lorsque cette première étape est validée, vous pouvez faire la même chose, mais en visualisant mentalement la fiche, sans la regarder. De cette façon, vous serez amené à vous remémorer visuellement votre fiche, et vous favorisez son stockage.

Récitation par écrit

Et puis, comme d'habitude, il faudra réciter la partie apprise sur une feuille blanche pour vérifier la mémorisation.

Normalement, vous devriez être capable de restituer la quasi-totalité des connaissances attendues au concours.

Lorsque vous oubliez de réciter un aspect de la fiche, cela signifie qu'un QCM portant précisément sur cet aspect aura probablement une réponse fausse. Il faut donc réapprendre la section considérée, et vérifier par une nouvelle récitation écrite que, cette fois, tout a bien été retenu.

Dans cette phase de récitation, il n'est pas utile de chercher à reproduire la fiche à l'identique. Par exemple en biochimie, vous ne réciterez pas les formules des molécules, mais uniquement leur nom (car les formules sont rarement attendues au niveau du concours PACES). En revanche, les intégrer dans la fiche peut se révéler utile pour comprendre la logique des mécanismes.

Dans la phase de révision, les fiches schématiques permettent d'un seul coup d'œil de revoir une partie entière. Cet aspect les rend particulièrement utiles : il est vrai que vous passerez un peu de temps à leur conception, mais elles vous en feront gagner énormément lorsqu'il s'agira, à l'approche du concours, de revoir régulièrement la totalité de vos cours.

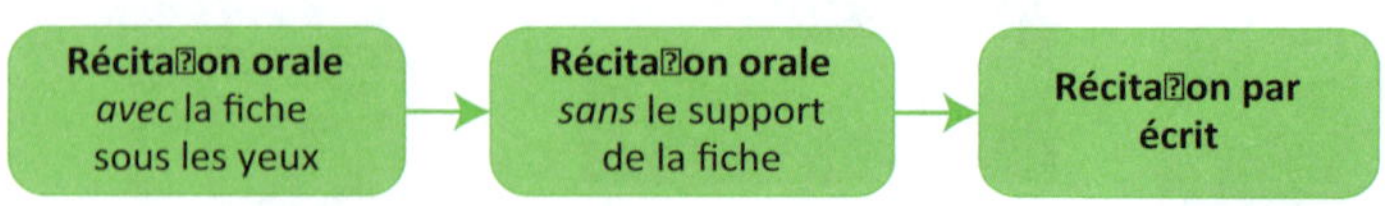

Figure 4.14 : Les différentes étapes du travail sur la fiche

C. Les écueils des fiches schématiques

Le problème essentiel d'une fiche schématique est qu'elle est relativement longue à être réalisée. C'est pourquoi il est essentiel de rentabiliser ce temps investi par une utilisation ultérieure optimale.

Voici quelques erreurs à éviter pour s'assurer une forte performance de ce type de fiches.

La fiche « fouillis »

La fiche schématique peut facilement devenir un grand « fourre-tout », dans lequel il devient impossible de se retrouver.

Par exemple, il est important de ne pas multiplier le nombre de flèches. Cela rendrait illisible la fiche, et son apprentissage impossible.

Dans la même idée, même sur une fiche schématique, le plan doit être apparent. Cela suppose que les idées soient regroupées par thème, et que chaque zone de la fiche porte un titre.

À retenir

Faire ressortir le fil conducteur d'un cours permet de le structurer et favorise un apprentissage organisé

À ce propos, il est impossible de réaliser une fiche « fouillis » si la compréhension générale du cours a été accomplie. Lorsque vous travaillez votre cours dans la phase précédant la réalisation de la fiche, essayez de trouver le **fil conducteur** du cours de votre professeur.

Pour cela, vous pouvez par exemple répondre à une question du type « pourquoi a-t-il placé les informations dans cet ordre précis ? » ou encore « quel message tente-t-il de nous délivrer en présentant les choses de cette façon ? ».

Une fois que le fil conducteur sera clair pour vous, il suffira de placer les informations dans un ordre adapté pour le faire ressortir, et ainsi éviter l'écueil de la fiche « fouillis ».

La fiche « vide »

Dans l'idéal, une fiche devrait rassembler un chapitre ou un thème donné sur une page, quitte à ce que celle-ci soit de format A3, ou comme proposé plus haut, qu'elle soit agrandie par plusieurs collages.

Ainsi, un écueil parfois rencontré est de placer très peu d'informations, et de multiplier le nombre de pages. Or, même si la quantité d'informations finales est la même, il est plus facile et plus motivant d'apprendre sur une fiche dense (tout en restant lisible, bien sûr) mais courte que sur une autre diluée sur 3 ou 4 pages... Dans ce domaine comme dans bien d'autres, tout est affaire de dosage.

EN BREF

- Les fiches schématiques concernent :
  - les étudiants visuels ;
  - et/ou les matières plutôt scientifiques.
- Elles peuvent être :
  - sous forme d'illustrations commentées ;
  - sous forme de nuages d'idées ;
  - sous forme de réactions ;
  - sous forme de dessin animé.
- Attention à être capable de retranscrire la fiche schématique par des mots pour pouvoir répondre aux QCM dans le temps imparti.

3 Pour finir

L'objectif de cette section était de vous montrer ce qu'il était possible de faire dans la conception des fiches.

Souvent, les étudiants se briment eux-mêmes et empêchent leur imagination d'œuvrer pour formaliser une fiche originale et pleinement adaptée au chapitre. La fiche de texte faite de phrases enchaînées les unes aux autres, ou la fiche constituée uniquement d'un schéma peuvent être utiles dans certains cas, mais elles peuvent être largement enrichies pour correspondre au plus près des besoins du chapitre.

À retenir

Ne négligez pas la phase de réflexion qui précède la rédaction de la fiche : elle vous assure de trouver la conception la plus performante.

À vous de définir, lorsque vous travaillez votre cours, la forme de fiche qui aidera le plus votre apprentissage. Celle-ci dépend de la matière étudiée, que nous allons maintenant détailler.

PARTIE 5

Comment travailler chaque UE

Si les méthodes qui fonctionnent sont souvent applicables à toutes les disciplines, chaque UE présente certaines caractéristiques qu'il faut connaître pour être le plus efficace possible[16].

Certaines ont de forts coefficients, d'autres de plus faibles. Ce qui est fondamental, c'est de travailler toutes les matières. Au lycée, vous avez peut-être obtenu votre bac en vous focalisant sur celles ayant un fort coefficient. Si vous reproduisez cette pratique en PASS, c'est l'échec assuré ! Il vous faut fournir un travail homogène dans toutes les matières, car vous ferez aussi la différence sur celles à faible coefficient. « Homogène » ne signifie pas « identique » : cela veut dire que votre travail devra être proportionnel au coefficient attribué à la matière, et éviter au maximum les impasses.

En l'absence d'écurie (préparation privée), il est indispensable de se rendre à la quasi-totalité des cours de fac. En effet, vous ne pouvez pas espérer être performant dans une matière si vous ne travaillez que sur les retranscriptions écrites (ronéo) : en général, les explications d'un professeur sont fondamentales. Lorsque ce n'est pas le cas, nous vous le préciserons.

Pour tirer un plein profit de ces cours, maîtrisez au moins les grandes lignes (si ce n'est en totalité) le cours précédent avant d'assister au suivant. Dans le cas contraire, il vous manquerait des notions clés ainsi que du vocabulaire spécifique. Là encore, le respect du planning que vous concevez en avance se révèle être le meilleur outil à votre disposition pour organiser efficacement votre travail.

Pour terminer cette entrée en matière, rappelons qu'il est souvent plus efficace de connaître la moitié des chapitres à fond que de savoir à moitié leur totalité.

Nous avions déjà abordé ce point-là, mais il nous semblait important de le rappeler avant de détailler les spécificités propres à chaque UE.

Dans cette présentation, nous nous consacrons au tronc commun, dans la mesure où l'organisation des enseignements de spécialité est très variable d'une université à l'autre. Attention cependant à bien vérifier le programme de votre université car, depuis la réforme, il n'y a plus d'uniformisation nationale des programmes.

Les ouvrages de la collection « PARCOURS SANTÉ », aux éditions Ediscience vous aideront à perfectionner votre préparation, car ils vous proposent des rappels de cours, des exercices d'application et des QCM pour tester vos connaissances et votre compréhension.

Chaque UE nécessite un travail spécifique. Nous donnons ici les généralités qui se rapportent aux matières qui les composent. À vous de vous renseigner, dès que possible, sur les caractéristiques des enseignements propres à votre université.

16. Merci à François Birembaux, Jérome Carletto, Christophe Forterre, Jean-Jaques Grec, Pierre Sauvage, Laurence Sebellin et Gisela Théron pour leur aide précieuse apportée à la rédaction de cette section.

UE à dominante chimique

Atomes, biomolécules, génome, métabolisme et biochimie

Cette UE regroupe essentiellement des matières chimiques, parfois appliquées au vivant. Les matières qui la composent s'appuient les unes sur les autres, ce qui complique leur travail : vous ne pourrez pas réussir la chimie organique sans de bonnes bases en chimie, ni la biochimie sans maîtriser la chimie organique.

Dans cette UE, l'enseignement réalise une sorte de zoom inversé, qui part de l'échelle atomique pour atteindre celle de la cellule. Les matières qui la composent revêtent une importance variable en fonction des universités. Ce point sera donc à déterminer dès le début de votre travail. En général, cette UE représente **un tiers** des points du premier semestre.

Avec la réforme, l'importance accordée aux matières chimiques, rassemblées autrefois dans l'UE1, tend à diminuer. Nous avons regroupé ici toutes les matières à dominante chimique. Pensez bien à vérifier l'importance dans votre université pour adapter votre travail à vos besoins spécifiques.

1 Chimie générale

Cette matière est proche de ce que vous connaissez déjà : elle aborde des thèmes traités en lycée, tels que les équilibres chimiques, les réactions acido-basiques ou d'oxydo-réduction.

Elle est évaluée par deux types de QCM :

1. **Questions de cours** : elles ne nécessitent pas de calcul, mais d'avoir compris les mécanismes dans leur globalité.
2. **Questions d'application** : elles mettent en jeu les formules et techniques présentées en cours, et nécessitent des calculs. Attention, certaines facultés interdisent l'usage de la calculatrice lors des épreuves.

Aller en cours n'est pas indispensable pour cette matière, car la chimie générale se travaille de façon assez scolaire, et constitue une matière essentiellement technique et scientifique. La ronéo, si elle est de qualité, peut vous fournir un support suffisant.

A. Faire des fiches d'utilisation des formules

Lorsque vous préparez la matière, vous avez intérêt à orienter immédiatement votre travail vers la résolution des questions.

Vos fiches devront faire figurer les formules mais aussi les méthodes de résolution qui leur sont associées, et leurs buts. Ces précautions vous aideront à déterminer rapidement quelle formule doit être utilisée dans quelle situation.

Une fois la fiche constituée, il ne vous restera plus qu'à l'apprendre et à vous la réciter. Oralement, n'hésitez pas à vous rappeler plusieurs fois les méthodes que vous mettez en place pour les utiliser efficacement.

B. Créer des automatismes par un entraînement important

Faire des fiches ne présente qu'un intérêt très limité si vous n'êtes pas capable *d'utiliser* ce que vous avez appris.

En chimie générale, il est fondamental de s'entraîner énormément, afin de créer les fameux automatismes qui vous permettront de répondre dans le temps imparti. À l'issue de vos entraînements, vous ne devrez presque plus avoir besoin de réfléchir pour trouver la bonne démarche car elle viendra spontanément.

Ces séquences d'entraînement vous apporteront une aisance certaine en calcul, ce qui limitera les fameuses erreurs d'inattention. Celles-ci, lorsqu'elles sont récurrentes, signalent toujours un entraînement insuffisant. Si la pratique a été bien menée, elle s'accompagne forcément d'un développement de la concentration qui rend impossibles ces étourderies.

2 Chimie organique

Dans cette matière, on restreint l'étude de la chimie aux atomes présents dans les organismes vivants. Elle aborde les réactions possibles à partir de ces éléments de base, et dans quel contexte elles se déroulent.

C'est une matière redoutée chez les carabins, car elle nécessite des raisonnements très complexes auxquels ils sont peu habitués. La plupart d'entre eux la délaissent, y voyant une perte de temps importante. Pourtant, bien travaillée, elle assure un gain de places énorme au concours, justement parce que tous les QCM gagnés ici feront la différence.

La chimie organique est fondamentale si vous souhaitez vous lancer dans des études de pharmacie. D'ailleurs, elle est reprise dans les UE de spécialité pour la filière pharmacie au deuxième semestre.

A. Fiches en étoiles et fiches de définition

Tout d'abord, il faudra favoriser la conception de fiches en étoiles, c'est-à-dire présentant un réactif central, avec tous les produits qu'il peut donner autour de lui. Vous pourrez noter sur les flèches les conditions qui doivent régner pour que la réaction se déroule. Si vous avez besoin de vous rappeler le fonctionnement de ces fiches, vous pouvez consulter le chapitre 16 « fiches schématiques ».

Ce mode de représentation favorise votre réponse aux QCM, car ils sont souvent formulés en ce sens.

Vous pouvez ensuite agrémenter votre fiche étoilée de nombreux exemples, qui viendront illustrer votre propos. Ils seront eux aussi à apprendre car, avec un peu de chance, vous tomberez sur l'un d'entre eux au concours !

Par ailleurs, la chimie organique utilise des notions complexes, et un vocabulaire très spécifique. Une fiche qui regroupe le vocabulaire de chaque chapitre vous permettra de répondre plus rapidement aux QCM en associant très vite le mot-clé à la notion qui s'y rapporte.

B. Créer ses propres protocoles de résolution

Les QCM de réflexion sont très fréquents en chimie organique. Pour vous y préparer, vous aurez intérêt à mettre au point vos propres protocoles de résolution. Ceux-ci correspondent à deux catégories :

1. Ils sont **valables tout le temps** : vous pouvez les appliquer dès que l'occasion se présente, sans vous poser davantage de questions.
2. Ils sont **valables dans certaines situations seulement** : soyez vigilants à n'appliquer un tel protocole qu'au contexte qui lui correspond.

Le danger est de mettre au point un protocole à partir d'un cas particulier. Vous pourriez alors généraliser une méthode, qui n'a en réalité aucun fondement rigoureux.

3 Biochimie

Comme son nom l'indique, la biochimie traite de la chimie appliquée à la cellule. De façon générale, elle présente les mécanismes qui lui permettent de fournir et d'utiliser l'énergie, ainsi que de produire les molécules essentielles à sa structure et son fonctionnement.

Elle s'articule autour de plusieurs domaines :

- **Biochimie structurale** : cette partie aborde la structure des « molécules de la vie », à savoir les glucides, lipides et protéines, parfois les bases azotées entrant dans la composition de l'ADN et de l'ARN.
- **Bioénergétique** : qui traite spécifiquement des mécanismes liés à l'énergie dans la cellule.
- **Biochimie métabolique** : dans laquelle on étudie les réactions (organisées en voies) aboutissant à produire de l'énergie ou à créer les molécules essentielles au fonctionnement du corps.

La difficulté de la matière vient du fait qu'elle aborde aussi bien les petits détails tels que le nom des enzymes ou les valeurs chiffrées associées à différentes réactions (ΔG), que des fonctionnements généraux d'organes entiers. Il ne suffit pas d'apprendre par cœur cette matière, une réelle compréhension des phénomènes exposés est nécessaire.

Le cours dispensé en fac est souvent bien construit et très intéressant. Il semble inconcevable de réussir cette matière sans assister à ces cours (à moins que ceux de votre écurie soient de très bonne qualité). Si vous le pouvez, n'hésitez pas à imprimer en avance le support du professeur, de façon à pouvoir l'annoter directement pendant son cours sans avoir à reproduire tous les éléments qu'il aborde (ce qui s'avère impossible).

Forts de ce constat, vous pourrez adopter la méthodologie la plus pertinente.

A. Faire de GRANDES fiches

La biochimie se prête très bien à des fiches de grande taille, car ces dernières permettent de placer sur une seule feuille le mécanisme entier. Ces fiches favorisent votre vision d'ensemble, et donc la bonne réponse aux QCM. Vous pouvez utiliser une feuille A3, ou plusieurs feuilles A4 que vous assemblez jusqu'à obtenir la taille souhaitée.

Les schémas que vous présenterez, constitués souvent d'une suite de réactions, devront utiliser un code de couleur déterminé, qui vous aidera à retenir en un coup d'œil les éléments clés.

B. Réciter sur feuille blanche

Souvent en biochimie, les étudiants récitent dans leur tête, ou en cachant sur leurs fiches les éléments dont ils cherchent à vérifier l'apprentissage. Cette méthode n'est pas suffisamment précise pour mettre en évidence les éventuelles lacunes.

Ainsi, le plus efficace est de réciter sur feuille blanche : une fois le cours appris, vous le récitez en entier, sans aucun support visuel, sur une feuille vierge. Vous serez alors confronté à ce qui reste *réellement* dans votre mémoire, sans aucun artifice auquel vous raccrocher.

Cette première étape passée, vous essaierez de compléter les éléments manquants, ou de corriger ce qui vous semble faux **sans consulter votre cours**.

C'est seulement ensuite, lorsque vous aurez fouillé dans tous les recoins de votre mémoire sans y trouver ce que vous cherchez, que vous pourrez consulter votre cours et compléter votre feuille de récitation.

C. Se raconter « la petite histoire »

Les mécanismes biochimiques exposés dans les voies métaboliques mettent en jeu un enchaînement de réactions et d'événements en lien les uns avec les autres, si bien qu'une véritable logique s'en dégage.

Un travail efficace vous a permis de faire ressortir cette logique, qui vous aidera à retenir votre cours.

Vous pourrez alors vous raconter la « petite histoire » de la voie métabolique : Il s'agit de se raconter à soi-même les différents aspects de la voie en les enchaînant les uns à la suite des autres. Vous pouvez imaginer que vous racontez cette histoire à un petit frère ou une petite sœur, pour vous aider à réaliser correctement cet exercice.

Vous remarquerez très rapidement si des zones d'ombre apparaissent : vous serez alors incapable de retrouver cette petite histoire. Dans ce cas, il faudra recommencer l'apprentissage du cours, et veiller à bien comprendre son fil conducteur.

D. L'entraînement : attention aux réponses automatiques !

L'entraînement en biochimie suivra la même progression que dans les autres matières.

J'attire néanmoins votre attention sur un point : il est impératif de répondre aux items en menant à bien un **raisonnement**, et non de façon automatique. Celui-ci doit être basé sur votre cours, qui sera donc parfaitement maîtrisé.

Vous serez tenté de faire des raccourcis, qui vous sembleront très performants, car ils soulageront votre mental de réflexions poussées et potentiellement chronophages. Pourtant, avant d'y succomber, assurez-vous que vos raccourcis sont bien valables **tout le temps**.

Par exemple, de nombreux étudiants font le raccourci suivant :

- Le glucagon est une hormone qui agit sur le foie.
- L'adrénaline est une hormone qui agit sur les muscles.

Le problème, c'est que la réalité est plus complexe. Ce raccourci est vrai pour certaines voies métaboliques, mais pas pour toutes ! En revanche, il serait vrai de dire « le glucagon n'a pas d'action sur le muscle ».

En conclusion, si vous voulez vous assurer des points en biochimie, vous devrez mener des raisonnements rigoureux et éviter les réponses trop rapides et instinctives.

4 Biologie moléculaire

La biologie moléculaire s'intéresse au fonctionnement du noyau et de ses relations avec le cytoplasme. Cette matière aborde aussi certaines pathologies en lien avec un dysfonctionnement touchant l'ADN et les fonctions qui en dépendent.

Bien que variable en fonction des universités, l'importance de la matière reste faible par rapport aux autres.

Les méthodes de travail efficaces sont les mêmes que celles appliquées à la biochimie.

EN BREF

- Adaptez votre travail aux spécificités de chaque matière qui la compose.
- Faites la part belle à l'entraînement, seul garant d'une rapidité et d'une performance dans les réponses aux QCM.
- Le jour de l'examen, faites d'abord les questions de la matière dans laquelle vous êtes le plus à l'aise.

UE à dominante biologique

La cellule et les tissus

Ces UE représentent en général le tiers des points du premier semestre (200 sur 600). Pour cette raison, une grande partie du travail du S1 leur sera consacrée[17].

Elles demandent :

- un apprentissage très poussé car les questions peuvent porter sur des points de détail ;
- une compréhension approfondie car certains QCM consistent en des questions de synthèse basées sur une réflexion poussée.

Elles comportent plusieurs matières, qui présentent des particularités quant aux méthodes à mettre en place pour les travailler.

1 Les différentes matières

Ces matières ont toutes un lien direct avec la cellule, qu'elles traitent de son fonctionnement propre ou de son intégration plus globale dans l'organisme. Elles nécessitent la connaissance d'un vocabulaire technique très pointu.

A. Biologie cellulaire

Il s'agit ici d'étudier la **structure de la cellule** et des **organites** (les structures comprises dans son cytoplasme) qui la composent. L'enseignant réalise une sorte de zoom, qui part du général pour arriver à l'échelle moléculaire. De nombreux détails sont à retenir quant au fonctionnement des cellules, aux protéines et aux enzymes qui interviennent dans leurs structures et leurs métabolismes.

Mais cette matière ne se cantonne pas à ces aspects descriptifs : elle aborde aussi les **techniques d'études** permettant de mieux cerner la structure et la fonction des cellules.

En fonction du cours dispensé à l'université, votre concours pourra proposer des QCM de deux types :

1. QCM de cours ;
2. QCM d'expérience, nécessitant une réflexion basée sur la connaissance du cours ET des techniques expérimentales.

17. Vous pourrez vous aider du livre *La Cellule*, de Geoffrey M. Cooper, éditions De Boeck Universités, 1999.

Ces derniers sont beaucoup plus compliqués, car ils nécessitent un recul difficile à avoir en première année.

La biologie cellulaire est donc une matière difficile, pour laquelle il est compliqué d'obtenir les points, mais qui, si elle est réussie, permet de gagner de nombreuses places au classement.

B. Histologie

L'histologie traite de l'agencement des cellules entre elles. Les cours de faculté sont illustrés par de nombreuses photos de microscopie électronique et optique. Il vous faut donc :

- retenir les caractéristiques de chaque tissu, ainsi que ses adaptations à sa fonction ;
- être capable, à partir d'images, de reconnaître les tissus, les organes dans lesquels les échantillons ont été prélevés, et leurs particularités.

Il s'agit donc d'une discipline essentiellement visuelle, qui est intéressante à travailler, et même relativement ludique.

C. Embryologie

Cette matière aborde les quatre premières semaines de développement de l'œuf fécondé. Là encore, les illustrations sont nombreuses et il est possible de vous demander, à partir d'une image, de reconnaître le stade de développement auquel elle correspond. Il vous faudra aussi retenir de quel tissu embryonnaire découlent les différents organes.

Cette matière est donc assez complexe, et manipule un jargon qui peut paraître rebutant au novice.

D. Biologie du développement et de la reproduction (BDR)

Cette matière étudie les appareils génitaux mâle et femelle, ainsi que la fécondation. Ces aspects sont traités de façon dynamique, en insistant sur leur évolution dans le temps : au cours du cycle féminin, au fil des âges (naissance, puberté, ménopause)... Elle intègre des notions d'endocrinologie, car la fonction sexuelle est indissociable des hormones qui la régulent.

2 Techniques propres aux UE à dominante biologique

Ces matières sont difficiles. Elles représentent souvent la bête noire des étudiants, en même temps qu'elles suscitent un intérêt certain en raison de leur lien direct avec les phénomènes biologiques. Voici les techniques qui vous permettront de gagner du temps.

A. Pendant le cours

Tout d'abord, il faut préciser qu'assister au cours est indispensable. En effet, le professeur l'illustre par des diapositives qu'il commente et des mécanismes qu'il explicite. Il est impossible de retranscrire ces éléments de façon aussi complète et claire *par écrit*. C'est pourquoi je vous conseille d'assister au maximum de cours possible.

Face à l'enseignant, vous serez confrontés à une grande difficulté : le vocabulaire. En effet, il parle parfois de notions complexes comme si elles étaient évidentes (elles le sont pour lui) dans un jargon difficilement compréhensible pour le non-spécialiste. Il est important que vous arriviez à ne pas vous focaliser sur elles, mais à continuer à prendre le cours du mieux que vous pouvez. Rien ne vous empêche de noter les mots nouveaux en rouge ; de retour chez vous, vous chercherez leur définition sur Internet, et compléterez votre fiche de vocabulaire.

B. Fiche de vocabulaire

Ces UE peuvent être réussies qu'avec une maîtrise parfaite du vocabulaire qui les accompagne. En effet, le « jargon » propre aux disciplines biologiques est particulièrement hermétique pour le profane. Pour cette raison, je vous conseille de constituer une fiche de vocabulaire.

Elle sera utilisée de deux façons :

1. comme support d'apprentissage, vous permettant de retenir plus facilement ces mots clés souvent un peu abscons;
2. comme support de révision, que vous pourrez consulter pour vous remémorer le sens d'un mot rencontré.

Enfin, cette fiche facilitera votre réponse aux QCM, car les énoncés mettent souvent en jeu ce vocabulaire spécifique.

C. Se constituer une « banque de questions »

Lorsque vous lisez votre cours de ces matières, vous pouvez écrire sur une feuille à part une liste de questions, auxquelles vous répondrez pour vérifier l'apprentissage de votre cours. Cette méthode sera également préconisée en physique.

Par exemple, vous pourrez poser les questions suivantes :

- Qu'est ce que le noyau cellulaire ?
- Quelle est la différence entre le cytosol et le cytoplasme ?
- Comment l'ovulation est-elle déclenchée ?

Ainsi, pendant l'apprentissage du cours, vous réalisez cette liste de questions. Par la suite, pendant la phase de révision, vous répondez avec le maximum de précisions possible aux interrogations notées. C'est un excellent moyen de vérifier votre apprentissage avant de vous lancer dans les QCM.

Une fois que vous êtes capable de répondre à ces questions, vous pouvez commencer à travailler sur les QCM ; cette deuxième phase de l'entraînement sera encore plus efficace car l'apprentissage aura déjà été validé.

D. Bien respecter son planning

Les matières biologiques constituent un tel volume de connaissances qu'il est impératif de respecter votre planning d'apprentissage. Les intervalles entre les phases de travail de vos cours et les phases de révision favorisent un stockage sur le long terme.

Si vous ne révisez pas assez fréquemment ces matières, vous allez apprendre, puis oublier petit à petit les connaissances emmagasinées. N'oubliez pas que le stockage sur le long terme nécessite une révision régulière, à la bonne fréquence, donnée par le *spaced learning*.

À l'inverse, même si ces matières représentent un fort coefficient, vous n'obtiendrez pas votre concours en ne vous focalisant que sur elles : vous délaisseriez alors les autres disciplines, et obtiendriez dans celles-ci des notes qui ne seraient pas compensées par la note d'autres matières.

La clé du succès est donc un travail régulier et adapté à la matière, basé sur des fiches astucieuses.

EN BREF

- Les matières biologiques sont complexes, à fort coefficient, qui nécessitent un travail régulier.
- Travaillez-les avec :
  - des fiches adaptées à la matière et à votre profil ;
  - des listes de questions pour valider votre apprentissage ;
  - des entraînements sur des QCM de tutorat, puis d'annales.

UE à dominante physique

Organisation des appareils et des systèmes, aspects fonctionnels et méthodes d'étude

On regroupe ici les matières qui rassemblent des aspects médicaux en lien avec la physique. Celles-ci interviennent aussi bien dans le corps humain lui-même (lorsqu'on étudie les échanges entre les membranes biologiques ou l'écoulement du sang dans les vaisseaux) que dans les techniques d'imagerie médicale.

Parmi ces matières, les principales sont :

- **Physique/chimie** : ce sont les principes scientifiques qui régissent les méthodes d'analyse ou de correction des pathologies.
- **Biophysique** : aborde les lois physiques qui s'appliquent au corps humain. Elle s'étudie en lien avec la physiologie, une matière qui présente la notion d'homéostasie, fondamentale en biologie, définie comme étant la capacité du corps à conserver les variables internes dans un état d'équilibre.

Dans ces deux matières, vous devrez parfois réaliser des calculs. N'oubliez pas que, contrairement à la terminale où le raisonnement était pris en compte dans la notation, en PASS, **seul le résultat compte**. Cela signifie que vous pourrez faire des calculs très rapides au brouillon, l'essentiel étant qu'ils soient assez clairs pour vous et que vous arriviez à donner le bon résultat.

C'est pourquoi vous aurez intérêt à réaliser beaucoup d'entraînement, en particulier à l'approche du concours. Pourquoi ne pas, par exemple, faire quelques exercices de ces matières tous les jours ?

1 La physique

Cette matière redoutée représente une proportion variable des QCM de votre concours. Elle nécessite un apprentissage par cœur des formules et de diverses connaissances, ainsi qu'un entraînement poussé pour arriver à les utiliser correctement.

Elle aborde plusieurs chapitres :

1. **Mécanique newtonienne** : notions de force, travail et énergie.
2. **Optique géométrique** : fonctionnement physique de l'œil et des méthodes de correction.
3. **Optique ondulatoire** : étude du phénomène d'interférence/diffraction), de la luminance et de la phosphorescence.

4. **Rudiments de physique quantique**
5. **Ondes** : une partie de l'étude des ondes sera intégrée à la biophysique (résonance magnétique nucléaire, RMN).

Vous le voyez, de nombreux chapitres s'inscrivent dans le prolongement de ceux de terminale. Pour cette raison, n'hésitez pas à vous procurer ou à conserver vos livres de physique de terminale, ils vous seront d'une aide précieuse dans ce cours, même si le degré d'exigence n'est pas identique.

Voici une progression vous assurant de bons résultats en physique.

A. Réaliser des formulaires

Commencez par rassembler sur une fiche les formules du cours, puis apprenez-les par cœur. Pour cela, vous pourrez les répéter autant de fois que nécessaire.

N'attendez pas de tout comprendre pour apprendre les formules : une fois maîtrisées, elles prendront du sens dans l'étape suivante.

B. Réaliser des questionnaires

Chaque phrase du cours qui paraît importante est convertie en question.

Exemple 1

Concernant le rayonnement du corps noir, on a noté la phrase suivante :

« Un corps chauffé à une température T émet un spectre continu de rayonnement électromagnétique. »

On en déduit le tableau suivant :

Question possible	Réponse correspondante
Qu'est-ce qui caractérise le spectre d'émission du corps noir ?	C'est un spectre d'émission continu d'ondes électromagnétiques.

Exemple 2 :

« Concernant l'indice optique d'un milieu, la loi de Cauchy affirme que $n(\lambda) = a + b/\lambda^2$. »

On en déduit le tableau :

Question possible	Réponse correspondante
Comment évolue l'indice optique d'un milieu en fonction de la longueur d'onde utilisée ?	La loi de Cauchy ($n(\lambda) = a + b/\lambda^2$) nous dit que n diminue si λ augmente. Autrement dit, la couleur rouge est moins déviée par un prisme que la bleue.

La conception de ces questionnaires a des intérêts variés :

- La rédaction d'un questionnaire demande une lecture critique du cours (en ce sens que l'on est obligé de *comprendre* le cours lors de la formulation de la question ou de l'affirmation). C'est déjà une forme d'apprentissage.

- Ensuite, on doit s'efforcer *d'apprendre* les réponses aux questions élaborées. Les questionnaires sont présentés sous forme de tableaux à deux colonnes : les questions à gauche, les réponses à droite. Vous cachez la partie droite et dévoilez au fur et à mesure les réponses pour vous contrôler. Certaines questions paraîtront évidentes mais mieux vaut essayer de les multiplier, quitte à ce que certaines soient trop simples.
- Au moment de l'examen, il n'y a pas que des questions nécessitant du calcul, mais aussi des questions liées à la compréhension des phénomènes. Ces questionnaires favorisent la réponse à ce type de questions.
- Enfin, les questionnaires servent d'outils pratiques lors des révisions.

Normalement, maîtriser les réponses à un questionnaire doit vous permettre de savoir et comprendre une très grande partie du cours.

C. S'entraîner sur des exercices

À ce stade, vous pouvez passer aux exercices.

Exercice basique, à application directe et indirecte d'une formule

Vous retiendrez, dans un premier temps, uniquement des exercices basiques ne nécessitant l'utilisation que d'une seule formule.

Exemple 1 : Application *directe* d'une formule
On considère un conducteur électrique de longueur L = 5 m, de section S = 1 mm^2 réalisé dans un alliage de résistivité $\rho = 10^{-6}$ Ωm. Alors la valeur de sa résistance électrique est de... (une réponse à choisir parmi 5)

Formulaire : $R = \rho\ L/S = 10^{-6}.5/10^{-6} = 5\ \Omega$.

Résolution : Il s'agit ici d'un calcul direct simple.

Exemple 2 : Application *indirecte* d'une formule
On considère un conducteur électrique de longueur L inconnue, de section S = 1 mm^2 réalisé dans un alliage de résistivité $\rho = 10^{-6}$ Ωm, dont la résistance mesurée vaut 5 Ω.

Alors la valeur de sa résistance électrique est de... (une réponse à choisir parmi 5)

Résolution : On déduit de $R = \rho\ L/S$ l'expression de L, d'où $L = RS/\rho$ et on effectue le calcul.

Exercice plus complexe, nécessitant plusieurs formules

Vous allez ensuite vous entraîner sur des exercices conduisant à l'utilisation de deux formules.

Exemple 3
On considère une corde de longueur L = 1 m de masse linéique $\mu = 0{,}01$ kg.m^{-1} tendue par l'action d'une masse m suspendue à l'une de ses extrémités. Son mode de vibration fondamental a pour fréquence 10 Hz.

La valeur de la masse en Kg est à choisir parmi 5 valeurs et on donne g = 10 m.s^{-2}.

Formulaire : f_1 (fréquence du fondamental) = c/2L (avec c = célérité de l'onde sur la corde)

$c = \surd\sqrt{\frac{T}{\mu}}$ avec T tension sur la corde : $T = mg$.

Ici, on peut préconiser le calcul numérique « *étape par étape* ».

Résolution

$1^{\text{ère}}$ étape : $f_1 = \frac{c}{2L} \Rightarrow c = 2f_1 L = 2 \times 10 \times 1 = 20\,ms^{-1}$

$2^{\text{ème}}$ étape : $c = \sqrt{\frac{T}{\mu}} \Rightarrow T = \mu c^{2''} = 0{,}01 \times 20^2 = 4N$

or : T = mg donc $m = \frac{T}{g} = \frac{4}{10} = 0{,}4\,kg$

Remarque

Une autre méthode serait un calcul purement littéral, mais l'on peut se tromper en déterminant la formule directe (qui serait ici : $T = 4f_1^{\,2}L^2\mu$) Le calcul pas à pas, lui, conduit à des calculs souvent plus simples, qui permettent en plus de vérifier si les valeurs intermédiaires calculées sont plausibles (par exemple : $c = 0{,}2\ ms^{-1}$ ou $c = 20\,000\ ms^{-1}$ ne seraient pas des valeurs plausibles dans l'exemple ci-dessus).

Il faut donc disposer d'un stock d'exercices de base corrigés et pour chacun d'eux bien repérer la ou les formules à utiliser. Il est absolument nécessaire de savoir les faire « sans filet », c'est-à-dire qu'il faut prendre une feuille blanche et les refaire sans l'aide d'aucun document, quitte à s'y reprendre plusieurs fois. Je le répète, tant que vous ne saurez pas faire un exercice *in extenso* sans l'aide d'aucun document, l'objectif n'est pas atteint.

D. Travailler sur les QCM, enfin !

Un QCM comporte en fait 4 questions, pouvant être de difficultés variables.

Il y a la plupart du temps deux types de QCM : ceux nécessitant des calculs généralement simples, et les autres. L'entraînement par les exercices prétend répondre aux QCM du 1er type, les questionnaires à ceux du second.

L'entraînement aux QCM ne peut commencer valablement qu'après le franchissement de toutes les étapes décrites ci-dessus.

Il constitue la clé de voûte de votre travail, et permettra de finaliser votre apprentissage en vous préparant de façon ciblée aux questions de l'examen.

2 La biophysique

Cette matière est plus médicale que la physique, et intéresse d'ordinaire davantage les carabins. De nombreux thèmes sont abordés, ce qui explique qu'elle soit étudiée sur les deux semestres.

Les matières de biophysique et de physiologie tendent à prendre plus d'importance avec la réforme du PASS. Voici quelques exemples de chapitres qui peuvent être traités. N'oubliez pas de vérifier votre programme spécifique car les universités sont libres de définir leurs propres priorités au niveau des enseignements dispensés.

- États de la matière et leur caractérisation : liquides, gaz, solutions ;
- Propriétés colligatives : osmose, cryométrie, ébulliométrie ;
- Régulation du milieu intérieur et des espaces hydriques et thermo-régulation : échanges à travers les membranes biologiques (lois de Fick et Nernst) ;
- Méthodes d'étude en électrophysiologie : potentiels imposés, électrophorèse, jusqu'à l'électrocardiogramme ;
- Les très basses fréquences du spectre électromagnétique : les ondes et les bases de la résonance magnétique nucléaire (RMN) ;
- Rayons X et gamma : interactions avec la matière vivante, base de la dosimétrie et radioprotection ;
- Principales caractéristiques des rayonnements α et β : utilisations thérapeutiques, particularités dosimétriques et de radioprotection ;
- Définition, mesure du pH, courbes de titration : effet tampon, systèmes ouverts et fermés ;
- Circulation des fluides physiologiques : mécanique des fluides appliquée au sang et au cœur.

Les questions peuvent porter sur des calculs, ou sur des points du cours. Voici les méthodes permettant de les appréhender efficacement[18].

A. Les fiches de formules

Afin de faciliter votre apprentissage, il est judicieux de réaliser des fiches regroupant les formules données en cours.

Pour cela, n'oubliez pas d'intégrer les données suivantes :

- **Indiquer les unités** : elles constituent un élément fondamental, indissociable de la formule, que l'on néglige parfois. À tort.
- **Indiquer dans quel contexte la formule est valable** : par exemple, certaines formules de mécanique des fluides ne s'appliquent que pour les fluides parfaits. Inutile donc de les utiliser si le fluide est réel.
- **Renseigner les questions auxquelles la formule permet de répondre**. Cela facilitera l'utilisation de la formule appropriée à votre question.

Il ne vous reste plus qu'à les apprendre !

18. *PASS UE3 Biophysique – Manuel, cours* + entraînements *corrigés*, Salah Belazreg et Rémy Perdrisot, Ediscience, 2020.

B. Intégrer l'entraînement au cours

Vous devez être capable de faire des liens permanents entre le cours et les applications numériques. Pour cette raison, il est très profitable d'effectuer quelques applications directes du cours dès que possible, c'est-à-dire dès que vous en avez travaillé une partie.

Ensuite, vous pourrez effectuer des exercices plus complexes. Vous y arriverez car vous aurez été capable, sur des applications simples, d'utiliser correctement la formule apprise.

C. Prendre son temps

Cela peut paraître paradoxal, mais vous gagnerez du temps à aller doucement. En effet, ce qui est très chronophage, ce sont les va-et-vient, qui vous poussent à revenir en arrière parce que vous avez lu trop vite, ou que vous avez fait une erreur de calcul.

Or, si vous appliquez la bonne méthode, vous pourrez vous permettre de prendre votre temps. Ainsi, vous serez concentré pour faire les calculs sans précipitation, ce qui limite grandement les potentielles erreurs d'inattention.

D. Méthode de résolution des exercices à application numérique

Lorsque vous vous trouvez face à un exercice qui nécessite un calcul, je vous conseille d'appliquer la démarche suivante :

1. Vous commencez par **transformer toutes les données** dans le **système international d'unités**. Pour rappel, il s'agit du système MKSA, c'est-à-dire :
   a. le mètre (m) pour les longueurs,
   b. le kilogramme (kg) pour le poids,
   c. la seconde (s) pour le temps,
   d. l'ampère (A) pour l'intensité électrique.
2. Vous **identifiez la formule qui convient**, en fonction du contexte de l'exercice.
3. Vous l'appliquez, et vous **effectuez les calculs**. Comme en physique, n'oubliez pas de réaliser les calculs intermédiaires au fur et à mesure (à la différence de ce que vous avez vu en terminale, où l'on vous demande de tout faire à la fin).
4. **Vérifiez** que la valeur obtenue soit cohérente avec ce que vous calculez : si vous cherchez un débit sanguin et que vous trouvez 120 L/s, il y a probablement un problème quelque part !

Important

Lorsque vous avez des fractions, essayez au maximum de les simplifier avant d'effectuer les opérations. Le fait d'utiliser les puissances de 10 facilite les calculs.

Dans ces matières, la clé est - encore et toujours - l'entraînement ! Essayez d'en récupérer le plus possible. Cela peut aller des exercices type bac aux exercices d'annales, en passant par ceux du tutorat, de votre préparation, ou de livres tels que *Tout le PASS en QCM*, aux éditions Ediscience.

EN BREF

- Les matières à dominante physique présentent des QCM de cours et de calculs. Ils demandent donc un travail spécifique.
- Travaillez-les avec :
  - des fiches de formules, que vous rédigerez en les rendant utilisables rapidement, dans le contexte des QCM posés à votre examen ;
  - des entraînements progressifs qui rendront automatique le processus de résolution ;
  - un grand nombre d'exercices, le plus variés possible.

UE en lien avec les mathématiques

Évaluation des méthodes d'analyse appliquées aux sciences de la vie et de la santé

On parle ici surtout d'une matière, appelée « biostatistiques », qui présente une approche très mathématique. Elle s'appuie sur les notions de probabilités et de statistiques étudiées en terminale.

Son degré de difficulté est très variable selon les universités. Si vous préférez travailler de chez vous, il est possible d'effectuer une préparation efficace basée sur les ronéos, sans suivre ces cours à l'université.

Voici les différentes matières qui composent cette UE.

1 Les chapitres abordés en biostatistique

Tous les chapitres abordés en biostatistiques s'appuient sur les probabilités. Il est donc fondamental que vous sachiez faire des arbres et appliquer des lois de probabilités. Ces éléments ont largement été abordés en terminale, ce qui vous permet de ne pas découvrir cette matière en PASS.

A. Tests de décision

Ce chapitre vous permet de déterminer si un traitement est plus efficace qu'un autre, ou si une maladie est due au hasard ou à des facteurs de risques spécifiques.

Ces critères permettent au médecin d'évaluer objectivement la pertinence du traitement prescrit, et de l'adapter le cas échéant.

B. Analyse de la survie

Ici, on évalue l'innocuité des traitements testés. Concrètement, cela consiste en la comparaison des traitements par rapport aux événements d'intérêt (décès, guérison...).

C. Analyse de la performance des tests

Dans cette partie, on cherche à évaluer la pertinence et la fiabilité des tests utilisés en médecine ou en recherche pharmacologique. En d'autres termes, il s'agit du test des tests.

2 Techniques propres aux biostatistiques

La plupart des QCM du concours sont des QCM d'application. Il convient donc de s'entraîner à manipuler les lois présentées en cours, et à effectuer les applications numériques qui en découlent. Mais il arrive que certains concours proposent des QCM de cours, ce qui impose au carabin de ne pas négliger l'apprentissage pur et dur.

Comme pour les matières à dominante physique, les calculs seront réalisés sans précipitation, mais de façon astucieuse. C'est à ce prix que vous avancerez sans revenir en arrière, ce qui assure une résolution des QCM dans le temps imparti.

A. Comprendre le cours

Ici plus qu'ailleurs, le « par cœur » n'a pas sa place. Les fiches que vous réaliserez auront pour objectif d'associer une loi ou une formule à une situation donnée. Cela vous aidera à répondre correctement aux QCM de cours, mais surtout aux exercices de calculs.

Trouver la formule correspondant au contexte posé dans le QCM constitue d'ailleurs une étape fondamentale de sa résolution.

B. Préférer des séances d'entraînement courtes et fréquentes

Tout d'abord, il faudra consacrer un temps suffisant au travail du cours, à son apprentissage et à l'entraînement qui lui est associé.

Une fois cette phase réalisée, vous devrez entretenir vos acquis par des exercices répétés fréquemment : il est judicieux de consacrer 10 à 15 minutes à la résolution de 2 ou 3 QCM de biostatistiques, 3 à 4 fois par semaine.

Cet entraînement ne prend pas beaucoup de temps, mais il permet d'entretenir les notions acquises grâce à votre travail.

EN BREF

- La biostatistique consiste en une matière plutôt mathématique, et présente essentiellement des QCM de calculs.
- Travaillez-la avec :
  - des fiches de formules où vous indiquerez précisément les situations dans lesquelles elles s'appliquent ;
  - un apprentissage du cours et un entraînement précoce sur les différents chapitres ;
  - des entraînements plutôt courts, mais fréquents pour ancrer les acquis.

UE en lien avec l'anatomie

Organisation des appareils et des systèmes, aspects morphologiques et fonctionnels

Ces UE constituent l'**anatomie**[19], et peuvent se dérouler aussi bien au cours du premier que du deuxième semestre. Elles sont fondamentales dans la formation du futur médecin : il serait impensable d'obtenir le titre de docteur en médecine sans avoir une connaissance parfaite de la structure du corps.

En plus de son attrait pour elle-même, l'anatomie permet de comprendre des matières qui interviendront plus tard dans le cursus médical, comme la **pathologie** (l'étude des maladies) ou encore la **sémiologie** (l'étude des signes traduisant une pathologie, et qu'on peut mettre en évidence par imagerie, examen clinique ou lors d'un simple entretien).

1 Les matières anatomiques

En PASS, les bases de certaines zones du corps sont posées, et illustrées par des techniques d'imagerie. Selon les universités, les enseignements peuvent être plus ou moins poussés.

A. Étude générale des os, des articulations et des muscles

Cette partie détaillera la structure des membres inférieurs et supérieurs, ainsi que celle de la tête et du cou. Pour tous ces éléments, vous étudierez la vascularisation et l'innervation, ainsi que les os et les muscles qui les composent.

B. Anatomie générale et morphologique de plusieurs grands systèmes

Les systèmes circulatoire, respiratoire, digestif et urogénital sont décrits. Ainsi, tous les systèmes inclus dans le tronc (thorax + abdomen) sont passés en revue.

Le point complexe est de retenir ce que l'on nomme les « **rapports** » : ce sont les relations entre un organe donné et ceux qui lui sont adjacents. En effet, vous devrez être capable de positionner correctement un organe dans le thorax par exemple, mais aussi de savoir s'il est devant ou derrière tel autre.

19. *Manuel pratique d'anatomie*, Patrick Baqué, Ellipses, 2008.

C. Anatomie générale et morphologique du système nerveux central et périphérique, ainsi que des organes des sens

L'étude du système nerveux peut être découpée en trois parties :

1. **Le système nerveux central** (SNC) : il se compose du **cerveau** et de la **moelle épinière**. C'est l'une des parties les plus complexes de l'anatomie, car la structure de ces organes nécessite un travail poussé sur des coupes anatomiques orientées selon les trois plans de l'espace. La visualisation tridimensionnelle est une compétence demandée en anatomie qui s'obtient au prix d'un travail important.
2. **Le système nerveux périphérique** (SNP) : regroupe l'étude des nerfs du corps, incluant ceux qui quittent le SNC par la moelle épinière (*nerfs spinaux*) et ceux qui le quittent au niveau du cerveau (*nerfs crâniens*). Vous étudierez ainsi les **nerfs sensitifs**, qui renseignent le SNC sur l'environnement, et les **nerfs moteurs**, qui permettent de contrôler les muscles.
3. **Les organes de sens** : il s'agira ici de décrire certains organes des sens, comme l'œil, d'un point de vue anatomique, mais aussi fonctionnel.

2 Techniques propres à l'anatomie

Dans le domaine médical, on rencontre un proverbe à propos de l'anatomie : « Il faut l'apprendre 7 fois avant de la retenir ». Cela signifie que la matière est tellement dense, qu'il est normal d'oublier régulièrement ce qui a été appris. Seul un apprentissage répété et assidu permettra de stocker sur le long terme la somme d'éléments à retenir.

Voici les techniques propres à ces matières qui faciliteront votre apprentissage.

A. Pendant le cours

Il est important d'aller en cours, car l'enseignant le fait vivre par des gestes et des commentaires qui vous aideront à visualiser les structures décrites. Une ronéo, même de qualité, ne pourra jamais remplacer ces descriptions.

L'anatomie s'apprend par des dessins, qui peuvent être soit réalisés progressivement au tableau par le professeur (à l'ancienne : craie et tableau noir), soit être projetés par un diaporama.

Certains étudiants préfèrent la première solution, d'autres la seconde. Dans tous les cas, il vous faudra :

1. **Dessiner les structures décrites** : on ne vous demande pas de réaliser une œuvre d'art, mais de reproduire fidèlement les schémas exposés par votre professeur. Ce type de dessin, plus technique qu'artistique, est réalisable quel que soit votre niveau en dessin. Il suffit d'être soigneux et de respecter les proportions.
2. **Prendre les explications** qui accompagnent oralement les dessins.

La difficulté est justement d'arriver à prendre à la fois ces dessins et les explications qui les accompagnent. Pour la contourner, vous avez deux solutions :

- Vous travaillez en **binôme** : l'un de vous dessine, l'autre prend les explications.
- Vous vous procurez des **schémas « vierges »** que vous complétez en cours : à Nice, le tutorat propose des cahiers qui regroupent la structure des schémas et qui vous permettent de n'avoir qu'à rajouter certains éléments, et à légender le dessin.

À retenir
La qualité de votre prise de cours (dessin + notes) conditionne votre travail ultérieur, et donc vos résultats au concours.

Ainsi, un cours correctement pris pendant la séance assure un travail ultérieur efficace, sans perte de temps.

B. Représentation en 3D

L'anatomie nécessite de se représenter de façon assez précise les zones du corps étudiées. Cette représentation tridimensionnelle est indispensable dans ce que l'on nomme l'étude des *rapports* entre organes. On ne peut y accéder que par des schémas en perspective, ou plusieurs coupes réalisées dans les trois plans de l'espace.

Or, réussir à reconstituer une vue globale et en volume à partir de coupes planes, nécessite une gymnastique et une tournure d'esprit très particulières.

Ce travail est possible si vous respectez les codes des représentations anatomiques :

- dessinez en pointillé une structure qui passe derrière un organe représenté en premier plan ;
- noircissez le trait entre deux organes qui établissent un contact direct ;
- utilisez un code de couleur pour associer les éléments appartenant à une même catégorie.

Ainsi, vous serez capable de répondre aux QCM du concours qui nécessitent cette forme de représentation mentale.

C. Travail ultérieur du cours

Nous l'avons déjà évoqué, l'anatomie se travaille avec des fiches :

- schématiques et légendées,
- sous forme de tableaux.

Une fois ces fiches réalisées, vous les apprendrez en regardant les dessins, en essayant de les visualiser, puis en récitant les légendes que vous aurez préalablement cachées.

En l'état, elles permettent une bonne mémorisation. Mais il est en plus possible de les modifier pour favoriser encore votre apprentissage.

1. Vous pouvez **compléter des tableaux sur ordinateur**, que vous imprimez ensuite en ayant pris soin de ne laisser qu'une ou deux cases par ligne. Il suffit alors d'en déduire les cases manquantes. Cela nécessite une réflexion qui n'est pas forcément attendue telle quelle au concours, mais qui vous donnera un tel niveau que vous réussirez forcément votre épreuve d'anatomie.
2. Vous réalisez des schémas dont vous **supprimez les légendes**. Il vous faudra alors les ajouter *de mémoire*.
3. Vous réalisez une **liste de questions formulées à partir des dessins anatomiques**, à laquelle vous répondrez dès que vous maîtrisez votre cours. Cela vous permet de vérifier votre apprentissage, mais aussi de répondre plus facilement aux QCM.

À retenir

Il est compliqué, sans un entraînement adapté, de répondre à des questions rédigées lorsque l'on a appris son cours à partir de dessins.

Cette méthode vous assure un apprentissage efficace et de fortes probabilités de réussite au concours.

EN BREF

- L'anatomie est une matière visuelle, à coefficient moyen, qui doit être réussie pour espérer un bon classement au concours.
- Travaillez-la avec :
  - des fiches schématiques ou sous forme de tableaux ;
  - des supports de récitation que vous aurez vous-mêmes réalisés (dessins à légender, tableaux à compléter, questions).
- Revoyez de nombreuses fois vos leçons d'anatomie avant d'espérer les retenir.

UE en lien avec la pharmacologie

Initiation à la connaissance du médicament

Ces UE[20], appelées couramment « pharmacologie », se situent au point de rencontre de nombreux domaines :

- Elles s'appuient sur la chimie car elles explicitent le fonctionnement et la production des molécules actives sur différentes fonctions biologiques.
- Elles abordent des notions de physiologie et de biochimie, car elles détaillent le mode d'action de certaines molécules actives.
- Elles traitent des notions économiques et sociales car elles abordent les aspects légaux des médicaments.

Voyons de quels chapitres principaux elles se composent, avant d'étudier les différentes méthodes de travail qui leur sont propres.

1 Les matières pharmacologiques

Ces matières présentent de façon assez succincte les bases du médicament, ce qui constitue un sujet passionnant pour tous ceux qui s'intéressent aux soins. Afin d'aborder tous les aspects relatifs à la thérapeutique, elle a été décomposée en plusieurs matières, dont voici quelques exemples.

A. Pharmacocinétique/pharmacodynamique

Cette première étape pose les bases du devenir des molécules thérapeutiques dans l'organisme. Elle utilise les notions :

- d'**équilibre chimique** : vues en terminale ainsi qu'au premier semestre du PASS, pour expliciter les réactions subies ou déclenchées par le médicament ;
- de **biologie cellulaire** : pour comprendre comment les molécules traversent les membranes plasmiques ;
- de **physiologie** : pour intégrer le fonctionnement de plusieurs organes, comme les reins et le foie.

Ce chapitre vous permettra de comprendre, par exemple, pourquoi certaines prises médicamenteuses doivent être espacées de 4 heures, tandis que d'autres doivent l'être de 8 heures.

20. *Initiation à la connaissance du médicament UE6 PACES. Manuel, cours + QCM corrigés*, Yves Landry, Ediscience, 2013.

B. Cibles du médicament

Cette partie présente le mode d'action du médicament sur la cellule, en commençant par sa détection grâce à un récepteur membranaire spécifique, puis en abordant la cascade d'actions au niveau cytoplasmique.

Elle associe les différentes enzymes aux pathologies correspondantes.

Cette partie permettra aux étudiants d'associer de façon pertinente un médicament à une pathologie, grâce à une bonne connaissance du mode d'action de la molécule prescrite.

C. Cycle de vie du médicament

On étudie ici les étapes comprises entre la conception et la commercialisation du médicament. Vous aborderez les dossiers autorisant la distribution des molécules thérapeutiques (autorisation de mise sur le marché, ou AMM), qui nécessitent la réalisation d'études sur animaux d'abord, puis sur humains.

Enfin, cette matière présentera le suivi du médicament une fois commercialisé (ce qu'on appelle la **vigilance**), pour s'assurer de son efficacité et de son innocuité en grandeur réelle.

D. Prise en charge du patient

Une fois que le médicament a été étudié sous différents aspects, il ne reste plus qu'à prescrire la molécule adaptée au malade. Pour cela, il est important d'aborder la notion de *bilan clinique*, avec les différents facteurs (le patient, les données de la science...) permettant d'adapter le traitement à chaque patient.

Il s'agit aussi d'expliciter le fonctionnement et les règles qui président à la rédaction d'une ordonnance.

E. Aspects sociétaux et économiques

Seront abordés ici les rapports du médicament avec le système de soin dans son ensemble : dépenses de santé, histoire du médicament, son cadre administratif...

Ce chapitre sera complété par une partie des notions traitées en UE7.

> **À retenir**
>
> *Le caractère synthétique de cet enseignement apparaît clairement. On retrouvera des éléments traités dans de nombreuses autres matières. D'où l'intérêt, au deuxième semestre, de ne pas oublier tout le programme du premier !*

2 Techniques propres à la pharmacologie

Cette matière nécessite un travail régulier, qui apporte aux étudiants consciencieux des notes tout à fait honorables. En effet, avec une bonne méthode de travail, basée sur un apprentissage de fiches performantes, vous aurez de fortes chances d'obtenir une bonne note. Le temps de travail investi dans cette UE est donc hautement rentable.

A. Aller en cours

Dans cette matière plus que pour d'autres, il est fortement recommandé d'assister aux cours de l'université, sans se contenter du travail sur les ronéos. Les cours de fac vous permettront de mieux comprendre les concepts parfois complexes, et de discriminer les informations les plus importantes.

Les mécanismes biologiques abordés pour décrire l'action des médicaments nécessitent des explications orales, dont il est difficile de se passer pour accéder à une compréhension profonde. La lecture de la ronéo viendra ensuite valider les notions comprises, tout en permettant de les revoir.

B. Conception des fiches

Les fiches de pharmacologie vous feront gagner un temps important en commençant à aborder les synthèses propres aux matières qui la composent.

Vous utiliserez des fiches de différents types en fonction des matières :

- les fiches schématiques se prêtent bien aux mécanismes biologiques ;
- les fiches heuristiques et sous forme de tableaux conviennent parfaitement aux aspects plus sociaux de la discipline.

C. Apprentissage et entraînement

L'apprentissage s'effectue par une lecture répétée, une récitation à l'oral et à l'écrit, ainsi que par une bonne chronologie du travail. Il est ici fondamental de respecter le modèle du *spaced learning*, car la masse de connaissances est importante, et vous ne pourrez la retenir qu'en fournissant un travail régulier et correctement réparti.

Une fois les cours appris et compris, vous pourrez débuter l'entraînement en commençant, comme toujours, par les exercices du tutorat, puis en terminant par des annales.

EN BREF

- La pharmacologie permet de gagner des points moyennant un travail relativement limité s'il est mené de façon régulière et pertinente.
- Ces matières présentent différents aspects, aussi bien biologiques que sociaux, liés au médicament.
- Vous pourrez utiliser les techniques que vous avez mises en place dans d'autres matières du PASS car la pharmacologie se situe à la jonction de plusieurs domaines.

UE en lien avec les sciences humaines

Santé, Société, Humanité (SSH)

Ces matières étaient plutôt, avant la réforme, abordées au deuxième semestre. Aujourd'hui, l'organisation dépend de chaque université et il arrive qu'elles soient réparties sur l'année entière. Vous étudierez dans ce cadre des matières relatives à la philosophie et à l'histoire, différemment de la façon dont vous les avez vues au lycée. Ces matières ont été introduites au concours dans un double objectif :

- Pour donner leur chance à des étudiants plus littéraires, qui étaient dans l'incapacité de réussir le concours en présence exclusive de matières scientifiques. Ainsi, ces UE sont évaluées par une épreuve comportant des QCM *et* une épreuve rédactionnelle. C'est tout de même, selon les facultés, des matières assez sélectives et la chance donnée aux plus littéraires est toute relative car il est fait surtout appel à la mémoire.
- Pour donner aux étudiants les bases d'une réflexion sur leur future pratique médicale. Ces disciplines leur permettent de mieux connaître à la fois le contexte historique associé à la naissance et au développement de la médecine, et d'avoir un certain recul quant à leur pratique thérapeutique.

En PASS, on perd parfois de vue que la médecine est une activité humaniste, et que devenir un bon médecin ne se réduit pas à être une bête à concours. Justement, ces matières obligent l'étudiant à fournir une réflexion sur sa pratique médicale, son environnement et sa déontologie. C'est pourquoi elles sont fondamentales dans son cursus universitaire.

1 Les matières en lien avec les sciences humaines

L'arrêté du 28 octobre 2009 précise le but recherché par le législateur lorsqu'il a choisi d'intégrer cette UE dans la première année des études de médecine :

- développer les capacités d'analyse et de synthèse, par exemple par le biais d'une contraction de texte (qui s'inscrit dans le cadre d'une question rédactionnelle) ;
- développer une culture commune de la santé, une réflexion éthique, la connaissance de l'histoire des soins, des sciences et des relations entre soignants et soignés ;

- développer une réflexion sur les données de la psychologie médicale, sur les bases rationnelles d'une démarche scientifique ;
- apprendre les bases élémentaires du droit et des sciences politiques et économiques.

Tous ces éléments sont abordés dans le cadre de plusieurs matières.

1. **Éthique** : c'est un chapitre proche de la philosophie, avec des exemples médicaux. Cette matière est évaluée surtout par le biais d'une réflexion, mais nécessite peu d'apprentissage par cœur.
2. **Santé publique** : ce cours intègre des questions d'économie, qui demandent aux étudiants une compréhension avancée. La difficulté réside dans le fait que cette matière est nouvelle et rebutante pour les étudiants issus de filière scientifique. Elle nécessite la connaissance et la maîtrise d'un vocabulaire technique précis (par exemple, on parle du *coût* d'une prestation, et non de son *prix*).
3. **Histoire** : cette matière retrace l'histoire de la médecine. Elle demande aux étudiants un gros effort d'apprentissage (les personnalités marquantes de la médecine, les dates des événements clés...).

Selon les facultés, tout en restant dans le cadre des sciences sociales, d'autres matières peuvent être ajoutées, comme la **psychologie**, les **institutions** (françaises et européennes) ou l'**économie**.

Maintenant que vous avez connaissance des matières qui composent cette UE, voyons les techniques qui vous permettront d'être performant en optimisant le temps investi, temps qui devra être important, vu le volume considérable de ces cours.

2 Techniques propres aux sciences sociales

Tout d'abord, il ne faut pas prendre peur face à la somme colossale de connaissances à retenir. Vous y arriverez en fournissant un travail régulier, que vous aurez réparti de façon homogène grâce à une utilisation rigoureuse du planning.

Il est important de comprendre pour pouvoir mieux mémoriser.

Enfin, ne prenez pas cette matière comme une punition, car elle joue un rôle important dans la formation du futur médecin. Essayez au contraire de saisir le sens de la SSH et de comprendre le but recherché par le professeur ; cela favorisera un travail intelligent.

Voyons maintenant concrètement comment travailler cette matière.

A. Conception des fiches

Le point principal sera toujours pour l'étudiant de chercher à faire ressortir la structure du cours : cela aidera sa réflexion ET son apprentissage. La forme de la fiche dépend de votre profil : elle pourra être rédigée ou prendre l'aspect de tableaux ou de fiches heuristiques (*mind map*).

Une technique utile est celle de la formulation d'une question à laquelle vous répondez progressivement. Voici la démarche qui aboutira à une réalisation rapide d'une fiche pertinente :

1. Vous **lisez l'intégralité du chapitre** que vous travaillez. À l'issue de cette lecture, vous vous interrogez sur la démonstration générale du cours, et vous en déduisez une **problématique**. Elle constituera le titre de votre fiche.
2. Vous reprenez la lecture de votre cours, et vous vous assurez que **chaque paragraphe du cours** donne lieu à un titre ou un sous-titre qui apporte un élément de réponse à la problématique.

À retenir

*Dans votre fiche, n'oubliez de faire ressortir les **mots clés**, car il faudra absolument penser à les utiliser lors de l'épreuve rédactionnelle.*

Ainsi, vous assurez une grande progressivité de votre travail, qui avancera du général au particulier, de même qu'un apprentissage graduel et logique.

B. Les chiffres et les dates

En santé publique et en histoire, vous serez rapidement confronté à de nombreuses dates correspondant aux événements marquants de l'histoire de la médecine, ainsi qu'à des chiffres clés que l'on peut vous demander de restituer.

- Pour les **dates** données en histoire, l'idéal serait de créer une fiche chronologique spécifique, en parallèle du travail précédent. N'hésitez pas à l'annoter et à utiliser un code couleur faisant ressortir de façon immédiate les notions clés.
- Pour les **chiffres** abordés en santé publique, il sera utile de les extraire du cours, et de les réintroduire en guise d'exemples. Vous devrez sélectionner uniquement ceux qui vous semblent pertinents, et ne pas chercher à retenir de manière exhaustive tous les chiffres cités en cours. Pour séparer ceux qui sont importants des autres, vous pourrez répondre à la question « Pourquoi l'enseignant nous donne-t-il ce chiffre ? ». Insistez surtout sur les variations (telle variable subit-elle une augmentation ou une diminution ?).

Par cette méthode, d'une part vous donnerez du sens à ces éléments, ce qui facilitera leur utilisation à bon escient, d'autre part vous les retiendrez plus facilement.

C. Apprentissage, récitation et entraînement

- L'**apprentissage** peut se faire de différentes manières. Par exemple, vous pouvez répéter à haute voix les chapitres que vous apprenez. Vous pouvez aussi les écrire plusieurs fois, jusqu'à ce que vous les ayez retenus.
- Ensuite, vient le temps de la **récitation**. Le plus efficace, est de constituer de petits groupes de travail, et de vous faire réciter entre vous.

Si ce type d'organisation ne vous convient pas, vous pouvez mettre à contribution un parent, qui n'a pas besoin de comprendre la matière, mais qui vérifiera simplement la qualité de votre récitation.

À retenir

Cette vérification par un tiers assure un retour objectif sur ce qui a été vraiment retenu. En effet, si vous vous récitez un cours à vous-même, vous pourrez avoir l'impression d'avoir bien appris, alors qu'en réalité des lacunes persistent.

- Une fois le cours retenu, il est indispensable de **s'entraîner**. Pour les QCM, il suffit de travailler sur les annales. En revanche, il est plus compliqué de s'entraîner à l'épreuve rédactionnelle, car sa correction nécessite une connaissance poussée de la matière. Ici, une écurie s'avère quasi indispensable.

3 L'évaluation

La particularité de ces matières est de parfois donner lieu à une évaluation rédigée. Ce sera, sans doute, l'une des seules matières à ne pas être évaluées uniquement par des QCM. En général, l'évaluation comportera :

1. un QCM,
2. une épreuve rédactionnelle.

La proportion attribuée à chacune de ces épreuves varie d'une université à l'autre. Renseignez-vous sur les coefficients propres à la faculté dont vous dépendez, pour adapter de manière stratégique votre quantité de travail.

A. Les QCM

Comme dans les autres matières, les QCM de sciences humaines comportent 4 items différents, et un dernier item stipulant que toutes les autres réponses sont fausses.

Les QCM ont pour but de tester l'apprentissage du cours, et la facilité avec laquelle vous accédez à vos connaissances. La réussite de cette épreuve est conditionnée par un travail régulier et performant, car la somme de connaissances est tellement volumineuse que seule une organisation efficace permet de retenir toutes les notions attendues à l'examen.

B. L'épreuve rédactionnelle

Cette épreuve rédactionnelle est obligatoire dans l'examen, car elle est imposée par les textes officiels. En revanche, sa forme est laissée libre : contraction de texte, question ouverte, dissertation... Afin de garantir une objectivité maximale dans la notation de cette épreuve, elle fait systématiquement l'objet d'une double correction.

Quelle que soit la forme de l'épreuve, le barème de notation est à peu près le même : vous serez essentiellement noté sur votre capacité à restituer une argumentation de façon structurée.

Que cette épreuve consiste en un résumé ou une dissertation, l'évaluation utilise une grille très rigoureuse, dont vous devrez connaître les critères pour pouvoir y correspondre.

À retenir

On ne vous demande pas d'être des philosophes ou des essayistes, mais de restituer de façon claire et synthétique les connaissances emmagasinées par votre travail sur le cours, dans le respect de l'enseignement prodigué en PASS.

Cette grille est constituée essentiellement de **notions clés et d'idées principales**. Le critère de correction dépend des universités, il faut donc comprendre la finalité de cet exercice. Le style a peu d'importance, seule compte votre capacité à restituer de manière logique les mots clés que vous avez appris. Renseignez-vous auprès des 2ème années et écoutez les tuteurs qui ont acquis une expérience. N'hésitez pas à vous renseigner (par l'intermédiaire d'un tuteur) auprès du professeur responsable.

Vous devrez aussi vous conformer au **sujet de l'épreuve**. Par exemple, un résumé imposera un nombre de mots précis, avec parfois une tolérance de plus ou moins 10 %. Si l'on vous demande de pratiquer cet exercice en 90 mots ±10 %, cela signifie que vous pourrez au maximum écrire 99 mots, mais pas 100. Si vous dépassez, ne serait-ce que d'un seul mot, le quota indiqué, vous perdez des points. Pour calculer rapidement le nombre de mots du texte que vous produisez, il faudra écrire chacun d'eux dans une case d'un tableau. Ainsi, les correcteurs déterminent en un coup d'œil si votre production respecte ou non le quota.

De même, lors d'une question ouverte, on peut vous demander de faire tenir votre texte dans un nombre de lignes défini. Si la consigne impose 20 lignes, il faudra faire figurer au moins un mot sur la vingtième ligne, sans déborder sur la vingt et unième, au risque de subir une pénalité.

Pour résumer, la notation tient principalement compte des critères suivants :

- le nombre et la pertinence des mots-clés ;
- votre capacité à respecter le cadre défini par le sujet (nombre de mots ou de lignes).

Dans une moindre mesure, elle tiendra compte :

- du style et de l'orthographe ;
- de l'enchaînement logique des idées développées.

EN BREF

- Les matières en lien avec les sciences humaines sont difficiles, demandent un travail régulier et approfondi, et bénéficient souvent d'un énorme coefficient (variable en fonction des universités).
- Bien que difficiles pour les étudiants, ces matières sont très importantes dans le cursus du carabin car elles lui donnent les bases permettant une réflexion sur sa future pratique quotidienne.
- Ces UE du PASS sont souvent sanctionnées par une double épreuve : QCM et question rédactionnelle.
- Elle demande un apprentissage par cœur de nombreuses notions, mais aussi une compréhension poussée du cours.
- La conception des fiches doit faire ressortir la structure et les mots clés du cours, pour favoriser la réponse aux questions rédactionnelles.
- L'entraînement à la question rédactionnelle vous permettra d'acquérir les réflexes assurant une réponse appropriée.

PARTIE 6

S'entraîner

L'entraînement est un élément fondamental de la réussite. De nombreux étudiants négligent cet aspect, en pensant que l'essentiel est de travailler et d'apprendre son cours. C'est une grave erreur, car la connaissance d'un cours, même si c'est une condition indispensable, n'est pas suffisante pour répondre correctement à un QCM. Il faut en plus s'être habitué à la gymnastique mentale propre aux questions du concours.

L'autre difficulté de l'entraînement en PASS est qu'on ne s'entraîne pas de la même façon en septembre qu'en décembre, en janvier qu'en mai. Il est indispensable de faire évoluer sa méthode d'entraînement, en fonction des besoins propres à chaque période de l'année.

Un étudiant en PASS dispose de plusieurs supports d'entraînement : les sujets des années précédentes, les colles du tutorat, les exercices de sa préparation privée (s'il en a une). Chacun de ces supports présente des avantages et des inconvénients, c'est la raison pour laquelle il s'agira de les utiliser à bon escient, dans un contexte qui correspond à leur plus grand intérêt.

Grâce aux astuces que vous trouverez dans cette partie, vous éviterez les pièges classiques dans lesquels de nombreux étudiants tombent, et vous adopterez un fonctionnement qui vous mettra sur le chemin de la réussite.

CHAPITRE 17

Évaluer son entraînement

Même si de nombreux étudiants s'entraînent mal ou pas suffisamment, tous savent bien qu'il est fondamental d'accorder à l'entraînement une place importante dans la préparation à l'examen. Or, garder en mémoire son rôle précis assure une utilisation efficace des supports à votre disposition, et du temps qui leur sera consacré.

1 S'assurer d'être en capacité de répondre aux QCM

En terminale, pour vous préparer au bac, vous avez travaillé sur des annales. Si vous êtes perfectionniste, vous avez même fait toutes les annales à votre disposition. Cela vous a permis de cerner ce que le correcteur attendait de vous.

C'est le même principe en médecine : s'entraîner permet d'acquérir la démarche qui correspond aux attentes de vos professeurs d'université. De cette façon vous serez certain :

- de mener les réflexions attendues à l'examen ;
- d'avoir acquis et de maîtriser les connaissances exigibles ;
- d'être capable d'utiliser les feuilles réponses spécifiques à votre examen.

A. S'habituer à réfléchir « comme à l'examen »

Nous avons beaucoup insisté sur ce point : le concours n'est pas simplement un test de connaissances. Il nécessite une compréhension poussée des phénomènes décrits, et vous impose de savoir mener à bien des raisonnements rigoureux.

Vous aurez parfois besoin d'extrapoler par rapport au cours dispensé. Par exemple, votre professeur peut faire un cours sur une notion, dans lequel il expose une certaine technique expérimentale dans un contexte donné. Il peut vous être demandé à l'examen d'appliquer cette technique dans un contexte différent.

Dans ce cas de figure, seuls les étudiants qui ont compris leur leçon en profondeur seront capables de réinvestir leur connaissance dans un contexte qui n'a pas été explicitement traité en cours.

L'entraînement sur les annales, sur les sujets du tutorat, ou sur les exercices donnés par votre écurie vous permettront d'acquérir la démarche intellectuelle attendue par vos enseignants. C'est l'acquisition de la démarche qui permet de répondre juste à un QCM, quel que soit le contexte !

B. Tester ses connaissances

Cette étape permet de mettre en lumière les éventuelles lacunes. La question fondamentale à se poser est de savoir d'où elles proviennent. Lorsque l'entraînement en met en évidence, elles sont alors le révélateur d'une méthode de travail au moins partiellement inappropriée.

Révéler des lacunes

Bien sûr, le rôle de l'entraînement est avant tout de vérifier que vos connaissances sont solides, et que le stockage s'est bien effectué sur le long terme.

Rappelez-vous que la mémoire à long terme est la seule à vous assurer de ne pas tout mélanger au moment de l'examen.

De plus, vous remarquerez que de nombreux items se retrouvent d'une année à l'autre. Les professeurs d'université insistent sur les points fondamentaux de leurs cours, sur lesquels ils posent des questions. Or, ces points sont en nombre relativement restreint, ce qui implique forcément qu'en travaillant sur les annales récentes, vous verrez les items qui ont de grande chance de se retrouver à votre examen.

L'intérêt est donc double :

- d'une part, vous mettez en lumière vos lacunes, ce qui vous pousse à proposer une solution pour les combler,
- d'autre part, vous vous entraînez sur des supports que vous aurez de grandes chances de retrouver, au moins partiellement, lors de l'examen.

Les conclusions à tirer

Cet entraînement vous donne un aperçu de vos capacités, et votre performance globale, à un instant *t*. Vous pouvez donc proposer un changement dans vos méthodes si vous rencontrez des difficultés lorsque vous vous entraînez sur des supports représentatifs.

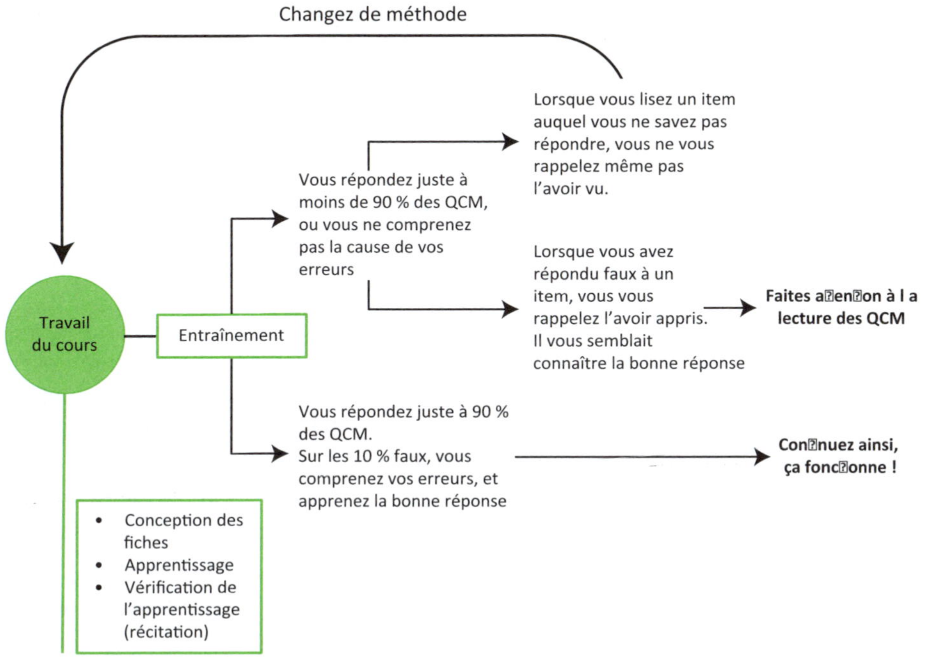

Figure 6.1 : Les conclusions à tirer d'un entraînement efficace

Si votre entraînement met en lumière des difficultés dans la réponse aux QCM, elles peuvent avoir deux origines :

1. Soit votre approche au QCM est mauvaise. Nous y reviendrons au cours du deuxième chapitre.
2. Soit vos méthodes d'apprentissage ne sont pas complètement efficaces. Ne pensez alors pas que, comme par magie, vos difficultés s'évanouiront le jour de l'examen. Pour les surmonter, il faudra changer votre méthode de travail.

Voici quelques pistes de réflexion qui peuvent vous orienter :

- Passez moins de temps à faire les fiches, mais davantage à les apprendre.
- Assurez-vous d'utiliser les méthodes proposées dans ce guide : réalisation de fiches dans la majorité des matières, récitations orales puis sur feuille blanche, entraînement progressif, fiches d'erreurs fréquentes, utilisation du *spaced learning*...
- Vérifiez que la forme de vos fiches est adaptée au contenu de vos cours.
- Respectez votre rythme de travail : votre temps de sommeil est-il suffisant ? Vous êtes-vous aménagé des plages de détente suffisantes ?

À retenir

Des difficultés persistantes sont toujours l'occasion de faire un bilan sur vos méthodes, et de cerner leur origine. Ne faites pas l'impasse sur cette étape car elle est l'une des garantes de votre réussite.

Les difficultés sont fondamentales dans le processus d'apprentissage car elles mettent en lumière les points à améliorer. Ne les négligez pas, en tenant un discours inconsidérément optimiste, du style : « ah oui, je me suis trompé sur ces QCM, mais j'ai compris mes erreurs, je ne les ferai plus ! ». Ce dernier raisonnement est possible si vous faites très peu d'erreurs. Mais dans le cas contraire, prenez ce constat comme un révélateur de méthodes inadaptées. Il faut donc trouver ce qui doit changer, et mettre en place des nouvelles méthodes, qui produiront les effets attendus.

C. S'habituer à utiliser les grilles de réponse

Dans la totalité des facultés, les étudiants doivent reporter leur réponse sur une grille standardisée qui permet la correction de copies par lecture optique : elles sont passées dans une sorte de scanner, qui analyse l'emplacement des cases noircies, correspondant aux réponses données par l'étudiant. Un exemple de ce genre de grille de réponse est fourni dans la boîte à outils.

Or ces grilles, si elles semblent simples à manipuler au premier abord, peuvent se révéler finalement assez « piégeuses » lorsqu'elles sont associées au stress de l'examen.

En effet, une case insuffisamment noircie, ou trop noircie (avec un trait qui dépasse sur la case d'à-côté) peut perturber la correction donnée par le lecteur optique.

En conséquence, s'être habitué à utiliser ces grilles est un aspect très important de la préparation. Nous l'avons déjà mentionné plus haut : le tutorat permet à tous les étudiants de s'entraîner à répondre sur ces grilles, car lui aussi corrige les épreuves de concours blanc ou de colles hebdomadaires par cette technique.

Ainsi, tous les étudiants pourront arriver le jour de l'examen en ayant déjà manipulé ce genre de grilles.

2 Répondre dans le temps imparti

Le temps attribué à la réponse à chaque QCM est très variable d'une faculté ou d'une matière à l'autre. Le point commun est qu'il est toujours trop court pour les étudiants ! Afin de pouvoir répondre (juste) aux QCM de votre concours dans le temps imparti, il faudra vous être entraîné en amont.

A. Créer des automatismes

La répétition des QCM, même ceux que vous avez déjà fait 10 fois, permet d'ancrer des automatismes. Or ces automatismes sont indispensables car ils permettent de déclencher très rapidement le raisonnement qui aboutit à la bonne réponse.

C'est pourquoi il ne faut pas hésiter à faire et refaire inlassablement les mêmes QCM : même si vous connaissez par cœur la bonne réponse, l'important est de reproduire à chaque fois le bon raisonnement et faire en sorte qu'il devienne une évidence.

À retenir

Générer des automatismes permet de gagner du temps le jour de l'épreuve, et de répondre dans le temps imparti.

Devant votre sujet d'examen, vous avez à peu près entre 1 minute et 2 minutes 30 secondes pour répondre à chaque QCM. C'est très peu : vous n'avez pas le temps de réfléchir au raisonnement à mener pour obtenir la bonne réponse. Celui-ci doit être automatique, réalisé presque sans y penser. C'est la seule solution pour répondre dans le temps imparti. Or, réussir à mener le bon raisonnement rapidement nécessite un entraînement préalable important.

B. Mobiliser rapidement ses connaissances

À l'approche de l'examen, l'entraînement doit s'effectuer en temps limité. Cela permet de vérifier que vous êtes capable de mobiliser vos connaissances suffisamment rapidement, mais aussi, si vous ne l'êtes pas, d'acquérir petit à petit cette capacité.

La rapidité est une compétence qui se travaille, et qui s'acquiert par des exercices adaptés : il faut commencer par vous entraîner sans chronomètre de façon à enclencher les raisonnements qui aboutissent à la bonne réponse, puis intégrer un temps limité. Au début, le temps associé à chaque QCM peut être plus important qu'à l'examen, puis vous le réduirez progressivement jusqu'à répondre en un temps légèrement inférieur au temps officiel. Cela permet de s'habituer à gagner en rapidité.

À retenir

La rapidité s'acquiert par un travail spécifique, non pas en travaillant votre cours, mais en vous entraînant.

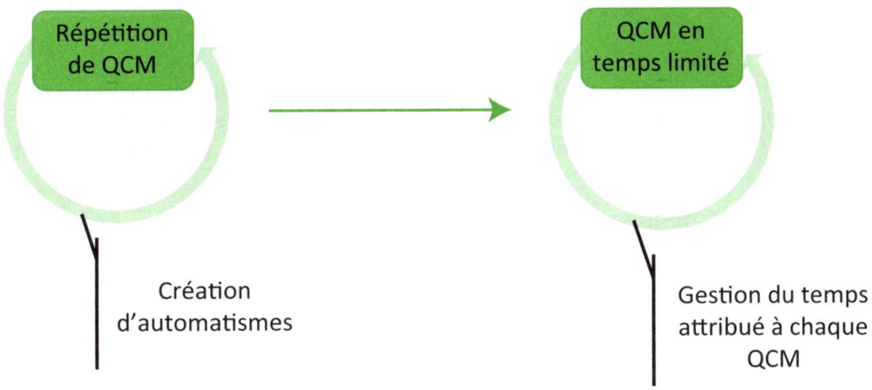

Figure 6.2 : Les différentes phases de l'entraînement sur les QCM

Vous le verrez, vous aurez des QCM auxquels vous répondrez juste en prenant votre temps, mais dont vous êtes incapables de donner la bonne réponse en temps limité. Rassurez-vous : cela montre que votre apprentissage est bon. Simplement, il faut vous entraîner davantage pour accéder plus rapidement aux connaissances.

N'oubliez pas d'insister sur l'apprentissage du plan : c'est lui qui vous permet de retrouver rapidement l'information demandée.

3 Prendre conscience de son niveau réel

L'entraînement sur des annales ou sur des concours blancs de qualité (c'est-à-dire sur des sujets proches de ceux avec lesquels vous serez évalués le jour J) vous donne une idée de votre niveau réel. Or, il est très difficile pour un étudiant de le cerner avec objectivité. Pourtant, cet élément est fondamental pour mener à bien votre préparation.

A. Si vous vous sentez à l'aise

Il se peut qu'après un travail efficace du cours et des révisions bien organisées, vos séances d'entraînement révèlent votre bon niveau d'intégration des cours. Tant mieux : cela signifie que la méthode mise en place fonctionne bien, que vous avez trouvé votre rythme.

Le danger dans ce cas-là, est de relâcher les efforts, et de réduire le temps consacré à l'entraînement. Or, même avec de bons résultats, vous avez aussi besoin de créer les automatismes dont nous parlions plus haut. Il faut donc continuer à faire des QCM, d'autant plus que vous vous approchez de l'épreuve.

B. Si l'entraînement révèle des difficultés

Celles-ci peuvent être mises en lumière aussi bien par des entraînements réalisés chez vous, que par des concours blancs (du tutorat ou de votre écurie), ou par des colles hebdomadaires (organisées par la faculté).

Ces difficultés doivent être regardées en face : il ne s'agit pas de sombrer dans le pessimisme, mais d'intégrer que quelque chose doit changer dans votre façon de travailler.

Ces résultats ne sont qu'une photographie de votre niveau à un instant t : vous pouvez toujours l'améliorer par un travail efficace. Nous avons déjà vu des étudiants en difficulté lors de tests en novembre, qui réagissent de façon très positive et terminent très bien classés dans leur concours du premier semestre.

Vous comprenez peut-être pourquoi nous avons autant insisté sur la nécessité de ne pas considérer l'entraînement comme une perte de temps. D'expérience, les étudiants qui le négligent sont assurés... de finir dans les *alléluias* des résultats !

EN BREF

L'entraînement sur les QCM remplit plusieurs rôles. Il permet de :

- tester ses connaissances et de s'assurer d'être prêt pour le concours ;
- s'habituer à répondre dans les conditions de l'examen : en temps limité et avec une grille de réponses ;
- prendre conscience de façon objective de son niveau, et donc de proposer une orientation nouvelle dans son travail, si elle s'avère nécessaire.

CHAPITRE 18

Se préparer aux QCM

Le QCM est une forme de question à laquelle les étudiants en première année ne sont que très peu habitués. En effet, il est utilisé de façon très épisodique en lycée, ce qui peut en dérouter plus d'un lorsqu'ils se retrouvent confrontés à cette unique forme d'évaluation au premier semestre à l'exception près des sciences humaines, parfois évaluées par une épreuve rédactionnelle[21].

Les QCM peuvent être notés de plusieurs manières :

- **De façon binaire** : ce système, très exigeant car il nécessite de donner la combinaison exacte pour obtenir le point, tend à disparaître.
  - +1 si la réponse est bonne (en totalité).
  - 0 si elle ne l'est pas.
- **Avec une pondération** : ce système est le plus complexe, mais le plus avantageux pour l'étudiant car il lui attribue des points même si la réponse donnée n'est pas entièrement exacte. Plusieurs façons d'attribuer les points existent, en voici un exemple :
  - Si la réponse donnée est exactement la réponse attendue, l'étudiant obtient 1 point.
  - Si la réponse donnée diffère par un seul élément de la réponse attendue, l'étudiant obtient 0,5 point.
  - Si la réponse donnée diffère par deux éléments de la réponse attendue, l'étudiant obtient 0,2 point.
  - Au-delà, l'étudiant n'obtient aucun point.
- **Avec points négatifs** : si ce mode de notation était fréquent avant la réforme, il n'existe aujourd'hui quasiment plus. Voici un exemple de barème qui intègre des points négatifs en cas d'erreur :
  - +3 pour une bonne réponse.
  - 0 pour une absence de réponse.
  - –1 pour une réponse fausse.

Dans tous les cas, **renseignez-vous bien avant l'examen** sur le barème utilisé, cela vous évitera des déconvenues.

En effet, ce dernier conditionne votre comportement devant votre sujet de concours. Par exemple, en l'absence de points négatifs, il faudra fournir une réponse à TOUS

21. *Tout le PASS en QCM et exercices 2021-2022 – 2e éd.*, Daniel Fredon *et al.*, Ediscience, 2021.

les QCM, même à ceux dont vous n'êtes pas sûrs, quitte à répondre au hasard (on ne sait jamais...). En revanche, si des points négatifs sont attribués à une réponse fausse, il pourra s'avérer judicieux de ne proposer une réponse que si vous la pensez bonne (sans toutefois attendre une certitude absolue).

1 Les différentes formes de QCM

De prime abord, on a l'impression que le QCM revêt une forme relativement stable. En réalité, les professeurs d'université ont une imagination débordante lorsqu'il s'agit d'évaluations. Ils sont capables de proposer des formes de QCM variables, le but étant d'arriver à évaluer différentes compétences chez les étudiants tout en respectant l'impératif de correction par lecture optique.

En voici quelques-unes.

A. Le QCM de cause à effet

C'est une forme de QCM plutôt ancienne, mais que l'on continue de retrouver aujourd'hui encore, de façon plus anecdotique.

Ce type de QCM présente une structure stable :

1. une première phrase, appelée « le fait » ;
2. une seconde phrase, censée expliquer la première, appelée « la raison ».

Entre les deux, la locution « parce que » matérialise un lien de cause à effet potentiel.

Schéma de réponses

L'étudiant propose sa réponse en fonction de la grille ci-dessous, toujours indiquée en première page du sujet.

Fait	Raison	Lien de cause à effet	Réponse
VRAI	VRAIE	VRAI	A
VRAI	VRAIE	FAUX	B
VRAI	FAUSSE	Sans objet	C
FAUX	VRAIE	Sans objet	D
FAUX	FAUSSE	Sans objet	E

Exemple : Anatomie

Une lésion du genou de la capsule interne donne une hémiplégie contro-latérale avec atteinte du membre supérieur et inférieur

parce que

les fibres de la voie motrice principale véhiculant la motricité des membres passent par la capsule interne.

Résolution : Ici, le fait et la raison sont vrais. Donc la réponse est A ou B. Dans la mesure où il n'y a pas de lien de cause à effet, la réponse attendue est B.

Ce type de QCM est avantageux pour l'étudiant car il n'a qu'à considérer 2 items, par opposition aux autres formes qui en proposent souvent 4, parfois 5. Proportionnellement, il dispose donc de davantage de temps.

De plus, le lien de cause à effet n'est à étudier que dans le cas où les 2 phrases sont justes. Dans la plupart des cas, il n'est pas utile de se pencher sur cette question, puisque vous serez confrontés à un fait et/ou une raison faux.

Techniques de résolution du QCM de cause à effet

Il est important de respecter une certaine chronologie pour ne pas perdre un temps précieux lors de la réponse à ce type de QCM.

Lecture indépendante de chaque item

La première étape est de lire chaque phrase de façon indépendante et de considérer si elle est vraie ou fausse.

Je vous conseille de noter directement sur votre sujet un petit "V" ou "F" sous la phrase concernée.

Détermination du lien de cause à effet potentiel

Dans le cas où les deux phrases sont justes, alors il faut vous pencher sur l'existence d'un lien de cause à effet. C'est clairement la partie la plus complexe. Posez-vous la question suivante : « la raison *(phrase 2)* apportée est-elle la **cause** du fait observé *(phrase 1)* ? »

Si c'est le cas, cela signifie que, dans un schéma logique, la raison est située **avant** le fait.

On pourrait résumer la démarche globale par la figure 6.3.

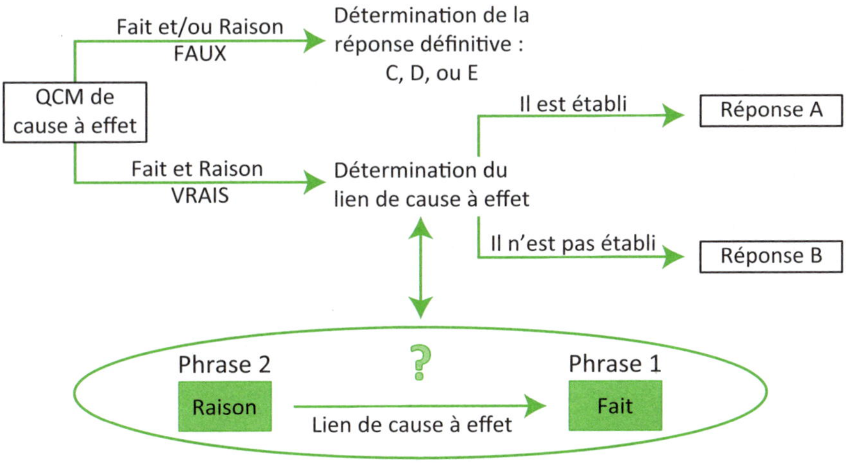

Figure 6.3 : Démarche de réponse pour le QCM de cause à effet

Pour conclure, le QCM de cause à effet est plutôt moins compliqué que les autres formes, mais il nécessite un entraînement particulier car la démarche qui mène à la bonne réponse ne s'acquiert qu'au prix d'une certaine pratique.

B. Le QCM classique, sans groupement de réponse

Ce type de QCM est le plus fréquent. Il est toujours composé d'une même structure générale.

Exemple 1 : Biologie du développement et de la reproduction
Quelles cellules possèdent le complexe enzymatique aromatase permettant de transformer les androgènes en œstrogènes (testostérone en estradiol ou delta 4-androsténedione en estrone) ?

A. Cellules épididymaires
B. Cellules adipeuses
C. Cellules gonadotropes
D. Cellules musculaires
E. A, B, C, D sont fausses.

Exemple 2 : Anatomie
Quelle est la proposition exacte qui se rapporte au cœur :

A. La valve mitrale est entre le ventricule gauche et l'aorte.
B. La valve tricuspide est entre le ventricule droit et l'artère pulmonaire.
C. Les cordages empêchent l'inversion des valves aortiques et pulmonaires après la contraction ventriculaire.
D. Le faisceau atrio-ventriculaire de His passe par le septum interventriculaire.
E. Le nœud sino-atrial est dans la paroi du sinus coronaire.

La structure de ces QCM

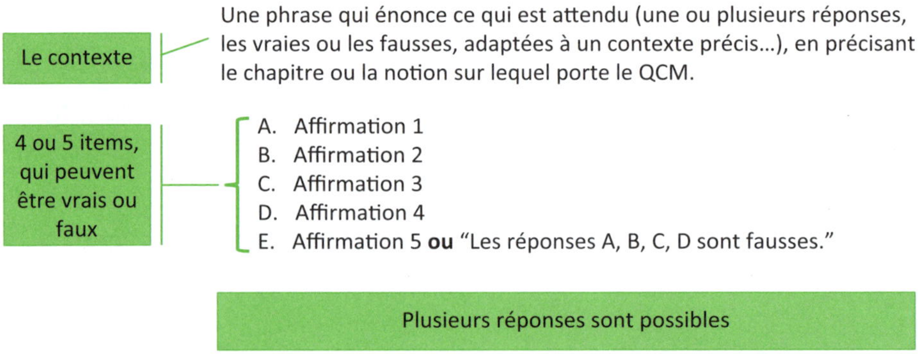

Figure 6.4 : Structure des QCM sans groupements de réponses

Ces QCM se composent d'un **contexte** et de plusieurs **affirmations**.

Un contexte

Posé en préambule aux affirmations, il est indiqué en gras dans les exemples ci-dessus.

- Ce contexte est fondamental car il va conditionner les affirmations que vous cocherez sur votre feuille réponse. Par exemple, il pourra vous demander les affirmations exactes ou inexactes.
- Il pourra aussi vous donner des informations utiles. Par exemple : « Donnez **l'**affirmation exacte qui se rapporte... » → vous savez alors qu'il n'y aura **qu'une seule** réponse à cocher.
- Il pourra être restrictif à une situation ou un organe bien précis. Par exemple : « Parmi les voies métaboliques ci-dessous, quelles sont celles qui se rapportent au foie en phase post-prandiale ? »

Une lecture correcte de ce contexte est donc une condition *sine qua non* à la bonne réponse au QCM. Si on vous demande une voie se déroulant dans le foie alors que vous cochez un item juste en théorie, mais qui concerne une voie ne se déroulant que dans le muscle, vous perdez votre point. De même si on vous demande les items justes et que vous sélectionnez les faux.

Plusieurs affirmations

Aussi appelées items, ces affirmations sont au nombre de 4 ou 5, selon le type de QCM. Elles peuvent être exactes ou inexactes et il vous appartient de cocher celles qui sont demandées par le contexte.

En général, le dernier item est « Les réponses A, B, C, D sont fausses ». Cela vous permet quand même de cocher une case sur votre feuille réponse même si la totalité des items est fausse.

La notation

La question de la notation des QCM est cruciale, car elle influence la façon de travailler vos cours. En effet, selon que la notation soit pondérée ou binaire, elle laisse une marge d'erreur différente à l'étudiant.

- **Notation pondérée :**

Le nombre de points attribués dépend du **nombre de bonnes réponses données**. Cela permet d'obtenir des points même si vous n'avez pas donné la combinaison exacte.

> **Exemple**
> Ici, le nombre de points attribués dépend du nombre de différences entre la réponse donnée par l'étudiant et celle attendue. Les détails de ce barème peuvent varier. Voici un exemple de notation :
> - Si la réponse attendue est AD, l'étudiant qui propose ABD ou A obtient 0,5 (1 seule différence).
> - S'il propose AC, il obtient 0,2 (2 différences : C est fausse, mais D est vraie).
> - S'il propose BCDE, il obtient 0 (plus de 3 différences).

Si vous êtes évalué selon ce mode, vous pourrez vous accommoder d'un travail légèrement superficiel, car la pondération laisse un « droit à l'erreur » aux étudiants.

- **Notation binaire :**

Pour obtenir le point imparti au QCM, il vous faut fournir la **combinaison exacte**, c'est-à-dire avoir sélectionné toutes les réponses attendues, et uniquement celles-ci.

> **Exemple**
> Par exemple si la bonne combinaison est ACD, vous aurez 0 que vous proposiez B (qui est très éloigné de la réponse attendue) ou AC (où vous ne vous êtes trompé que sur un item). Cet aspect peut avoir un côté frustrant : ce n'est pas parce que deux étudiants ont eu une même note que leur niveau est identique. Il arrive que certains étudiants aient des notes globales basses, mais qu'ils n'aient raté leurs QCM qu'à un item prêt. Cela traduit un travail trop superficiel. L'étudiant, dans ce cas de figure, a fourni un travail colossal, mais étant passé à côté de certaines notions d'importance, il obtient des résultats décevants.

C'est pourquoi ces QCM sont les plus difficiles pour les étudiants.

Si vous comparez la note du dernier reçu en médecine entre deux universités qui évaluent les étudiants selon deux modalités différentes, vous constatez qu'elles peuvent être très éloignées. Par exemple, le dernier reçu en médecine à Nice obtient environ 10/20 (évaluation selon un mode binaire) alors que dans d'autres universités qui évaluent de façon pondérée, le dernier reçu avoisine les 15/20.

Dans un souci d'harmonisation, il semblerait que les QCM pondérés tendent à se généraliser progressivement. Le mouvement est amorcé !

C. Le QCM avec groupements de réponses

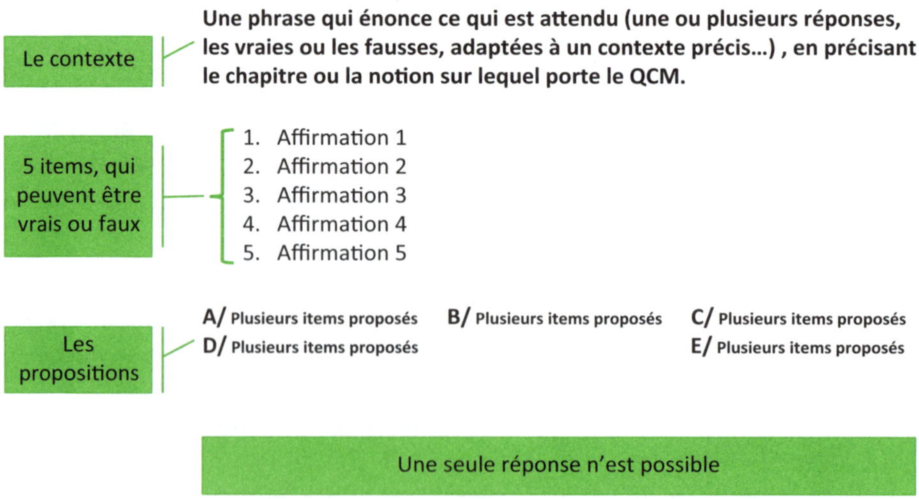

Figure 6.5 : Structure des QCM avec groupements de réponses

C'est ce type de QCM qui était souvent associé à une notation avec points négatifs. Ils sont moins difficiles, car on peut obtenir le point du QCM sans nécessairement connaître la réponse à tous les items. En effet, il est possible, avec ce type de QCM, de déterminer la bonne réponse *par élimination*.

Exemple 1 : Biophysique

Quelles sont les affirmations exactes se rapportant à la prise de tension artérielle au brassard ?

1. Lorsque la pression dans le brassard est supérieure à la tension artérielle maximale, aucun son n'est audible au stéthoscope.
2. Lorsque la pression dans le brassard devient inférieure à la tension artérielle, un souffle est audible.
3. Ce souffle traduit la fermeture des valves d'éjection.
4. En poursuivant la diminution de la pression dans le brassard, il arrive un moment à partir duquel ce souffle disparaît, marquant la tension artérielle systolique.
5. La disparition du souffle est due à une diminution de la viscosité sanguine.

A	B	C	D	E
1, 2, 4, 5	2, 3, 4, 5	1, 2, 3	3, 4, 5	1, 2

Résolution : vous remarquez qu'il suffit de savoir que les items 3 et 4 sont faux pour pouvoir donner la bonne réponse : E.

C'est avantageux pour les étudiants : une certitude sur 2 ou 3 des 5 items proposés permet presque à chaque fois de donner la bonne réponse.

Hormis les groupements de réponses, la structure de ce type de QCM répond à la même organisation que celle décrite précédemment. C'est la façon de l'appréhender qui est légèrement différente.

Ici, le mieux est de noter en marge de chaque item :

- un "V" si vous êtes sûr que l'item est vrai ;
- un "F" si vous êtes sûr que l'item est faux ;
- un "?" si vous n'êtes pas sûr de vous.

Puis vous sélectionnez les propositions qui regroupent les réponses dont vous êtes sûrs. Avec un peu de chances, celles-ci suffiront pour pouvoir donner de façon certaine la réponse attendue. Dans le cas contraire, il faudra vous creuser la cervelle pour essayer de lever l'incertitude...

Soyez très attentifs à utiliser un support d'entraînement qui soit conforme à votre mode d'évaluation lors du concours. Par exemple, j'ai rencontré des étudiants qui s'entraînaient sur des annales relativement anciennes basées sur des QCM avec groupements de réponses. Or, le concours actuel de ces étudiants n'en proposait plus. Ainsi, s'étant entraînés sur des QCM plus faciles que ceux rencontrés au concours (de par la possibilité de répondre par élimination), ils ont obtenu des résultats moyens ou mauvais sans que leurs lacunes n'aient été révélées en amont. Le même principe s'applique aux épreuves du PASS.

2 Techniques de réponses aux QCM

Il est important de disposer d'une démarche que vous appliquerez de façon automatique pour pouvoir répondre rapidement et juste, à vos QCM.

En effet, ces deux éléments doivent être réunis pour accéder à un bon résultat : la rapidité permet de traiter un maximum de QCM, la justesse d'y apporter la réponse attendue.

Cependant, ne perdez jamais de vue que prendre son temps et aller doucement permet, au final, de gagner du temps ! Nous allons voir comment...

La méthode de résolution des QCM s'articule autour de **trois fondamentaux** :

1. **une lecture performante**, qui permet de repérer rapidement les éléments discriminants pour fournir la bonne réponse ;
2. **une étude attentive** de la phrase de contexte pour en extraire les renseignements utiles pour la résolution ;
3. **un raisonnement rigoureux** basé sur une bonne connaissance du cours pour apporter la bonne réponse aux items composant le QCM.

A. Lecture lente et attentive

Beaucoup d'étudiants, pris par le stress de l'épreuve, se précipitent sur leur sujet et ne lisent que très (trop ?) rapidement les énoncés. C'est une erreur majeure. Si vous êtes dans ce cas de figure, vous vous apercevrez rapidement que vous devrez revenir plusieurs fois sur ce qui a déjà été lu, ce qui constitue, au final, une perte de temps considérable.

Donc, prenez bien votre temps pour lire correctement vos QCM dès la première fois. Vous formulez votre réponse, et vous n'avez plus besoin d'y revenir.

Une lecture attentive est basée sur un questionnement portant sur **les mots clés**, c'est-à-dire qu'une fois identifiés, vous devrez vous rappeler leurs définitions. C'est fondamental pour vérifier si celle-ci est cohérente avec le contexte énoncé dans l'item. Si ce n'est pas le cas, c'est que l'item est faux !

> **Exemple : Biologie cellulaire**
> On retrouve des réticulocytes dans le sang.
> → Vous devez vous rappeler ce qu'est un réticulocyte avant de chercher s'il se retrouve dans le sang ou pas. Cette étape peut aller très vite, mais elle est indispensable.

Si vous adoptez cette démarche dès la première lecture, vous gagnerez un temps précieux car vous ne ferez pas « d'aller-retour » sur vos questions.

La vérification, en PASS, est une illusion (au moins sur les matières à QCM). Vous n'avez pas le temps de relire votre sujet et de vérifier vos réponses à la fin de votre épreuve : vous devez donner *directement* la bonne réponse.

Voyons maintenant comment adapter cette lecture attentive aux deux parties du QCM : la phrase de contexte, et les items.

B. Travail de la phrase de contexte

La phrase de contexte est souvent négligée, alors qu'elle apporte des renseignements dont il serait dommage de se passer. Le temps investi dans la lecture attentive de cette partie du QCM permet de déterminer beaucoup plus rapidement sa bonne réponse.

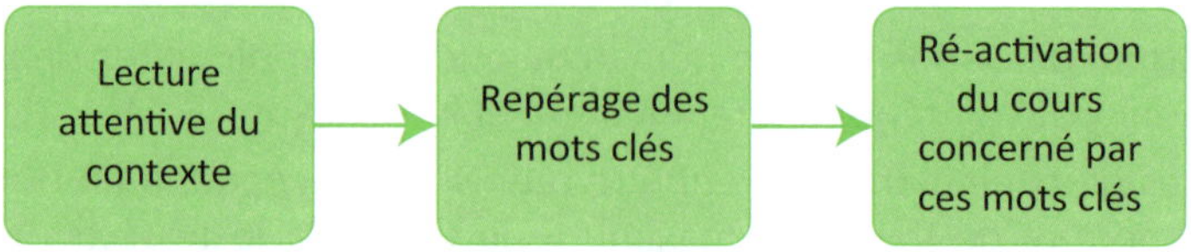

Figure 6.6 : Les étapes du travail de la phrase de contexte

Rappelons que cette phrase de contexte est située en préambule au QCM, et qu'elle précède les items.

Mettre en évidence les mots clés

Le fait de surligner ou de faire ressortir par le moyen de votre choix les mots clés qui la composent, vous aidera à sélectionner les items attendus. Il s'agit donc d'une phase de **préparation** à la réponse, que beaucoup d'étudiants considèrent comme une perte de temps, alors qu'elle est une aide précieuse.

Exemples

Voici quelques exemples de phrases de contexte dans la colonne de gauche, dont on a fait ressortir les mots clés dans celle du milieu. Essayez de vous entraîner à les repérer en cachant cette colonne, et en vous demandant quels sont les mots que vous auriez sélectionnés.

Phrase de contexte « brute »	Phrase de contexte avec mots clés mis en évidence	Remarque
Lors d'une transformation spontanée, comment varie l'entropie de l'univers ?	Lors d'une **transformation spontanée**, comment varie l'entropie de l'univers.	En ayant identifié ces 2 mots clés, vous réactiverez le cours concerné par ces notions.
Parmi les propositions suivantes concernant la mise en culture des fibroblastes primaires, quel est le groupement de propositions exactes ?	Parmi les propositions suivantes concernant la mise en culture des **fibroblastes primaires**, quel est le groupement de propositions exactes ?	Il faudra garder en mémoire ce qui touche spécifiquement ce type de cellules.
Parmi les propositions suivantes, une seule concerne le muscle. Laquelle ?	Parmi les propositions suivantes, **une seule** concerne le **muscle**. Laquelle ?	On sait qu'il ne faudra cocher qu'une seule réponse.
Classer par ordre d'apparition les étapes de la formation des cristaux d'hydroxyapatite.	Classer par **ordre d'apparition** les étapes de la formation des cristaux d'hydroxyapatite.	Cela conditionne les réponses formulées.
La scissure calcarine du cerveau est située :	La **scissure calcarine** du cerveau est située :	Vous réactivez votre cours concernant cette zone du cerveau.
À propos des hormones polypeptidiques sécrétées par le placenta...	À propos des **hormones polypeptidiques** sécrétées par le **placenta...**	Il faut tenir compte des 2 critères énoncés : le type d'hormones (ici, polypeptidiques) et l'organe producteur (ici le placenta).
Quelles sont les propositions inexactes qui se rapportent aux cellules de Sertoli ?	Quelles sont les propositions **inexactes** qui se rapportent aux cellules de **Sertoli** ?	Il faudra penser à sélectionner les items FAUX.

La raison de cette étape est simple : lorsque vous lisez vos 4 ou 5 items, il arrive que, sans vous en apercevoir, vous ayez oublié le contexte que vous avez lu au début.

> **Exemple classique**
> Le contexte demande les réponses fausses, mais arrivé au bout de votre QCM, vous l'avez oublié et vous reportez machinalement sur votre feuille réponse les items vrais...

Réactiver la mémoire

Prenez quelques secondes, lorsque la phrase de contexte a été lue et analysée, pour faire revenir à votre conscience la portion de cours concernée par ce QCM.

L'identification des mots clés a justement pour but de vous permettre de faire émerger les notions apprises.

Il est essentiel de commencer par réactiver sa mémoire avant de lire les items, car ceux-ci sont souvent plausibles, même lorsqu'ils sont faux. En conséquence, ils pourront instiller un doute dans votre esprit, alors même que vous connaissez la bonne réponse. En ayant réactivé votre mémoire sans avoir lu les items, vous ne vous laissez pas induire en erreur, et vous augmentez vos chances de répondre correctement.

Dans les exemples ci-dessus, après avoir lu les phrases de contexte, vous allez puiser dans votre mémoire les informations relatives aux mots clés mis en évidence.

Dans le cas de la première phrase proposée, vous allez mentalement faire les liens correspondant à la transformation spontanée d'une réaction (*quelles sont les différentes causes et conséquences d'une transformation spontanée ? Dans quel contexte se produit-elle ?*).

Cela vous permettra, lors de la lecture ultérieure des items, d'avoir des connaissances directement accessibles et claires, ce qui favorisera une réponse rapide et juste.

Une fois cette étape effectuée, vous pouvez lire la suite du QCM, et vous pencher sur les items qui le composent.

Détermination des items à sélectionner

Les affirmations représentent l'essentiel du QCM. Nous nous concentrerons ici sur le QCM sans groupement de réponses, car les particularités liées à ses autres formes ont déjà été traitées. En revanche, l'essentiel des conseils abordés sont valables quelle que soit la forme de la question.

La méthode d'étude des items est très progressive :

1. Pour chaque item, on repère d'abord les points d'ambiguïté, c'est-à-dire les sources potentielles d'erreurs.
2. On lève les ambiguïtés au moyen d'un raisonnement rigoureux et des connaissances issues de l'apprentissage du cours.
3. On sélectionne les réponses attendues, en lien avec le contexte posé par la phrase d'introduction du QCM.

Repérer les « points d'ambiguïté »

Lorsque vous lisez un item, il faut être capable rapidement de déterminer sur quel(s) point(s) peuvent porter les erreurs : c'est ce que j'appelle les points d'ambiguïté.

Exemple

- Si on vous dit « le taux de progestérone **diminue** dans la deuxième partie du cycle menstruel », il faut se demander si, dans le contexte posé par l'affirmation (ici, dans la deuxième partie du cycle menstruel), le taux de cette hormone *augmente* ou *diminue*.

  Dans ce cas, c'est relativement simple, car cet item ne comporte qu'un seul point d'ambiguïté.
- Mais vous rencontrerez aussi des items plus complexes, avec plusieurs erreurs potentielles. Par exemple : « l'activation du système nerveux parasympathique, par l'intermédiaire du nerf vague, favorise la miction ».

  Pour répondre correctement à cet item, il y a en réalité 3 questions, de complexité croissante, à se poser :

  1. L'activation du parasympathique favorise-t-elle la miction ? => OUI
  2. Le nerf vague appartient-il au système nerveux parasympathique ? => OUI
  3. La vessie est-elle innervée par le nerf vague ? => NON

  Donc cet item sera faux.

Important ! Vous remarquez que les questions posées sont de plus en plus complexes : si vous répondez NON à la première, inutile d'aller plus loin et de perdre du temps à réfléchir aux suivantes.

À retenir

Votre raisonnement doit commencer par les notions les plus simples, de façon à ne réfléchir aux notions complexes que si c'est indispensable. Si la notion simple est fausse, inutile de perdre du temps sur le reste.

C'est ce genre d'item qui est le plus complexe : avec une lecture trop rapide qui ne laisse pas le temps au cerveau de faire les liens nécessaires, il y a de fortes chances pour que la réponse proposée soit fausse...

Lever les ambiguïtés

Une fois identifiés, les points d'ambiguïtés doivent être éclaircis, permettant d'aboutir à la conclusion : l'item est-il vrai ou faux ?

Quel que soit l'item, vous pourrez toujours transformer le ou les point(s) d'ambiguïté en une ou plusieurs question(s). Le fait de répondre à ces questions permet de décomposer un raisonnement, et de fournir de façon beaucoup plus probable la bonne réponse.

Le danger en PASS est de fournir une réponse basée sur l'intuition, et non sur un raisonnement rigoureux. Méfiez-vous des réponses que vous donnez rapidement, sans trop y réfléchir...

Olivier Houdé a beaucoup travaillé sur les erreurs de raisonnement chez l'adulte, et il a montré que lors d'une réponse fausse à une question de logique, les aires cérébrales responsables de la réflexion (cortex pré-frontal) n'étaient quasiment pas activées. À l'inverse, celles-ci étaient très actives si la réponse était bonne[22].

Justement, en mettant en place un **raisonnement rigoureux** pour étudier votre item, vous activez les aires de la réflexion, et vous augmentez les chances d'éviter les pièges.

La mise en place d'un raisonnement logique passe souvent par un enchaînement de questions qui permettent de fournir une réponse argumentée, dont on sera à peu près sûr. C'est le cas de l'exemple précédent à propos de la miction.

En voici quelques autres pour que vous vous habituiez à identifier rapidement les points d'ambiguïté sur un item, et à mettre en place le raisonnement adapté.

Exemples

Item « brut »	Item avec points d'ambiguïté mis en évidence	Questions pour déterminer si l'item est vrai ou pas
Pour la mise en place de la circulation fœtale, on constate que les vaisseaux allantoïdiens se sont développés dans le pédicule embryonnaire.	Pour la mise en place de la circulation fœtale, on constate que les vaisseaux allantoïdiens se sont développés dans le **pédicule embryonnaire.**	Où ces vaisseaux se développent-ils ?
La première division méiotique réalise un brassage génétique important au cours de la prophase grâce à des échanges de segments entre les chromatides.	La première division méiotique réalise un brassage génétique important au cours de la **prophase** grâce à des échanges de segments **entre** les chromatides.	Y a-t-il brassage génétique au cours de la prophase 1 ? Ce brassage est-il inter ou intra-chromosomique ?
La modulation de l'adhésion des polynucléaires neutrophiles à l'endothélium vasculaire est indépendante de l'expression des récepteurs endothéliaux et leucocytaires.	La modulation de l'adhésion des polynucléaires neutrophiles à l'endothélium vasculaire est **indépendante** de l'expression des récepteurs **endothéliaux** et **leucocytaires.**	La modulation de l'adhésion est-elle dépendant ou indépendante de l'expression de récepteurs ? Est-ce valable sur les cellules endothéliales et/ou sur les leucocytes ?
Les solutions micromoléculaires sont constituées de particules visibles au microscope électronique.	Les solutions micromoléculaires sont constituées de **particules visibles** au microscope électronique.	Les particules de ces solutions sont-elles visibles ou invisibles ?

22. *Le Raisonnement*, Olivier Houdé, PUF, 2014.

Avec de l'habitude (générée par un entraînement régulier), vous serez capable de mener ce genre de raisonnement sans même vous en rendre compte. Le fait de vous poser les bonnes questions permet de trouver les bonnes réponses.

Formuler sa réponse

2 étapes permettent de fournir une réponse définitive, probablement juste.

Déterminer si chaque item est vrai ou faux

Voici les étapes de l'analyse d'un item :

1. Il faut, lors d'une première lecture, **souligner ou entourer les points d'ambiguïté**. Votre entraînement régulier vous aura permis de repérer du premier coup d'œil les mots sur lesquels les enseignants vont souvent faire porter les erreurs. Par exemple, sachez qu'un item comportant les mots « jamais » ou « toujours » est souvent (mais pas toujours) faux. En effet, rares sont les domaines des sciences expérimentales et surtout médicales, où l'on ne rencontre pas d'exceptions...
2. Lors d'une deuxième lecture, vous **appliquez votre cours** à propos des points d'ambiguïté relevés. Vous décidez si l'item est vrai ou faux.
3. Enfin, il suffit de noter en marge de chaque item un petit "V " ou "F " selon votre **conclusion**.

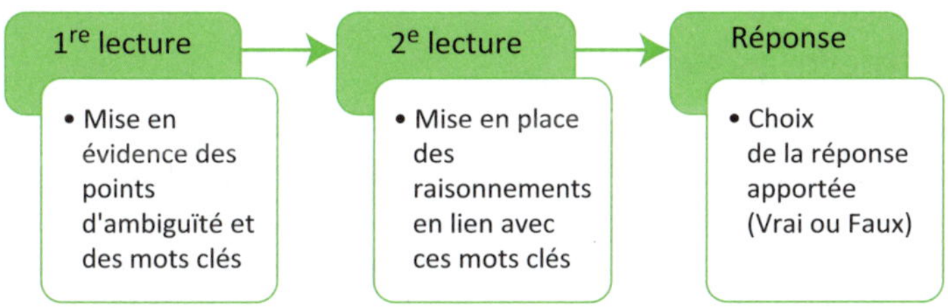

Figure 6.7 : Les étapes du travail sur les items

Cette chronologie peut sembler laborieuse, surtout au regard du faible temps dont on dispose pour répondre aux QCM. Pourtant, c'est justement cette rigueur dans la démarche et le raisonnement appliqué, qui garantit une réponse rapide car argumentée et définitive. Ainsi, vous n'avez pas besoin de revenir sur les réponses déjà données.

Fournir la bonne réponse, en accord avec le contexte

À la fin de ce travail sur les items, il faudra revenir sur le contexte du QCM. C'est à ce moment-là que vous sélectionnerez les items demandés (les vrais ou les faux).

À retenir

Adoptez un fonctionnement qui sera valable quel que soit le contexte du QCM : mettez un V devant un item juste, et un F devant un faux.

Certains étudiants en PASS choisissent d'adapter leur démarche en fonction de ce qui est demandé dans le contexte. Par exemple, si l'on demande les vraies, ils entourent les items vrais, mais si on demande les fausses, ils entourent les fausses.

Je vous déconseille fortement cette technique, car il y a de fortes chances qu'en cours de route, vous oubliiez qu'on demandait les items faux et que vous vous retrouviez à entourer les vrais...

Voilà pourquoi il est beaucoup plus sûr de :

- mettre une lettre (V ou F) en regard de l'item, en fonction de votre conclusion, sans vous soucier de ce que l'on demande ;
- sélectionner les items vrais ou faux en fonction de ce qui est demandé.

Vous comprenez aussi l'intérêt d'avoir mis en évidence certains mots clés dans la phrase de contexte : cela vous permet de ne pas oublier, à la fin du QCM, de sélectionner les réponses attendues !

3 Les écueils à éviter

La réponse aux QCM ne devrait plus avoir de secrets pour vous si vous appliquez les préceptes énoncés jusqu'ici. Voici quelques écueils à éviter qui vous aideront à faire la différence, aussi bien lors de votre entraînement que devant votre sujet de concours.

A. Voir des pièges partout

Le premier point sur lequel je souhaite particulièrement insister est le fait que les professeurs d'université cherchent à tester votre capacité d'apprentissage et de réflexion et à évaluer votre degré de compréhension du cours, mais pas à vous piéger à tout prix. En conséquence, les QCM qui sont posés vont dans le même sens : ils permettent de discriminer les étudiants qui ont travaillé en profondeur des autres.

Or, beaucoup d'étudiants en PASS trouvent des pièges partout, et cherchent tellement la petite bête qu'ils voient des ambiguïtés dans tous les mots. Ce fonctionnement est très dommageable : ils se posent des questions qu'ils ne devraient pas se poser, élaborent un raisonnement sur des notions inutiles, et au final, sont tellement embrouillés qu'ils ne sont plus capables de donner la bonne réponse.

Ne perdez pas de vue que la majorité des QCM est simple pour celui qui a appris son cours et qui s'est entraîné.

À retenir

Éviter de voir des pièges partout vous permettra de vous focaliser sur les notions fondamentales, sans perdre de temps sur les autres.

De plus, n'oubliez pas qu'un item dont la réponse n'est pas évidente (avec le cours) est très gênant pour les professeurs : en effet, vous pouvez alors contester le sujet, et obtenir une annulation de l'épreuve concernée (c'est arrivé à Nice en 2010). C'est pourquoi les enseignants sont très attentifs à proposer des items qui soient incontestables, et donc à éviter les formulations pouvant donner lieu à plusieurs interprétations.

Ces réserves émises, il faut admettre qu'il est toujours possible de tomber sur un item présentant plusieurs interprétations possibles, même si ce cas de figure est exceptionnel. Dans ce cas, il vous faudra essayer de trouver le sens voulu par l'enseignant. La meilleure façon est de chercher dans votre mémoire dans quel contexte il a abordé cette notion. Cela vous aidera à lui donner un sens en cohérence avec le cours. Vous pouvez également vous remémorer le sens des mots en français : il arrive que les étudiants en médecine maîtrisent tellement le vocabulaire technique qu'ils négligent le vocabulaire courant. Or, revenir aux fondamentaux et vous interroger sur le sens de tel ou tel mot vous permettra souvent d'acquérir une certitude quant à la signification voulue par le professeur.

B. Vous focaliser sur les mots que vous ne connaissez pas

Lorsqu'un item contient un mot compliqué, vous êtes normalement capable de lui donner un sens en utilisant votre cours. De façon générale, les mots techniques se rapportant à une notion précise ont été définis par le professeur. Cependant, il peut arriver que vous soyez passé à côté de la définition donnée dans le cours, ou que vous l'ayez simplement oubliée.

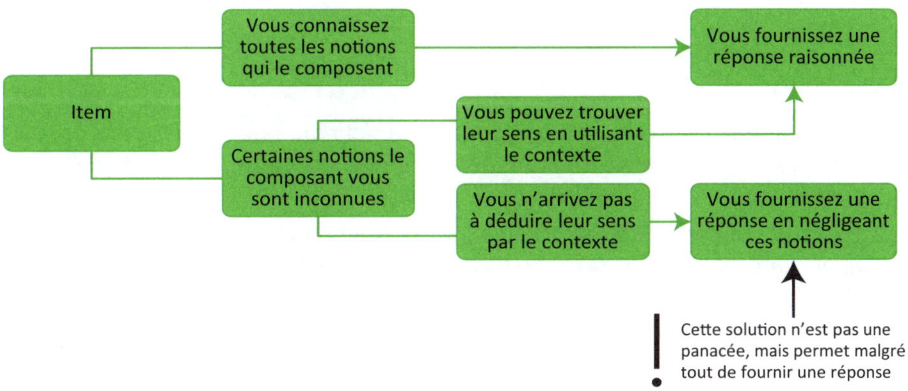

Figure 6.8 : Conduite à tenir devant un mot compliqué

Voici la démarche qui vous tirera d'affaire si vous vous trouvez dans ce genre de situation.

1. Vous pouvez déduire le sens du mot inconnu par le contexte (de la phrase ou de l'intitulé du QCM). Dans ce cas, il n'y a pas de problème : vous pourrez y répondre en ayant tous les éléments nécessaires.
2. Vous ne pouvez pas déduire par le contexte : vous n'avez pas d'autre choix que de fournir une réponse **en ignorant** ce mot. Vous faites purement et simplement comme s'il n'était pas là. Vous verrez, dans la plupart des cas, les mots

complexes apportent des informations qui sont seulement **complémentaires** par rapport à la phrase, ce qui signifie qu'ils ne sont pas indispensables à sa compréhension générale.

Exemple

Dans les phrases ci-dessous, les mots ou notions considérés comme inconnus sont indiqués en gras.

Item avec notion inconnue	Item considéré	Commentaires
En considérant le sang comme un **liquide idéal**, calculez la différence de pression qui règne entre...	Calculez la différence de pression qui règne entre...	Si vous ne vous rappelez plus ce qu'est la notion en gras, négligez cette partie de la phrase, et répondez au reste. De cette façon, vous arriverez éventuellement à répondre à l'item. Peut-être que la partie ignorée était importante, mais quel autre choix avez-vous que de ne pas en tenir compte ?
L'ossification endoconjonctive est produite à partir de cellules mésenchymateuses situées dans le **périchondre.**	L'ossification endoconjonctive est produite à partir de cellules mésenchymateuses.	
Les « gap jonctions » et les **nexus** sont des jonctions communicantes.	Les « gap jonctions » sont des jonctions communicantes.	

À retenir

- *Évidemment, il est conseillé de connaître la définition de tous les mots appartenant au vocabulaire technique pour pouvoir répondre aux QCM en disposant de tous les éléments.*
- *Ne pas tenir compte d'un mot inconnu présent dans un item n'est qu'un pis-aller qui permet, dans une situation extrême, de fournir une réponse ayant des chances d'être correcte.*

Parfois, la technique énoncée ci-dessus ne fonctionne pas, et il est indispensable de connaître le sens du mot compliqué pour pouvoir répondre à l'item.

Exemple 1 : Biochimie

Dans le fonctionnement de l'enzyme pyruvate désyhydrogénase, le FAD est un coenzyme **stoéchiométrique.**

→ Ici, il est impossible de répondre à cet item si vous ne savez pas ce qu'est un coenzyme stoéchiométrique (notion définie en cours).

Exemple 2 : Biophysique

Le **coefficient d'atténuation linéique** du béton est de 0,14 cm^{-1} dans le contexte donné.

→ De même, il est impossible de répondre à cet item si vous ne savez pas ce qu'est le coefficient d'atténuation linéique, et comment il se calcule.

L'essentiel est donc de réussir à réfléchir malgré un mot inconnu dans la phrase, et d'arriver à proposer une réponse raisonnée, ayant le maximum de chances d'être celle attendue.

C. Effectuer directement des QCM en temps limité

Afin de tirer tout le profit possible du travail sur les QCM, il est important de respecter une progression en deux temps :

1. Tout d'abord, **un travail où vous consacrez le temps nécessaire à la résolution de chaque QCM**. Cela va vous permettre de trouver les bons raisonnements, et de réactiver de façon efficace les connaissances acquises lors de la phase de travail de votre cours.
2. Ensuite, **un travail en temps limité**, qui permettra de travailler la rapidité et de vérifier que les connaissances sont bien accessibles en un temps réduit.

Il ne faut pas faire faire l'impasse sur la première phase en pensant gagner du temps par un travail direct en temps limité. Ces deux étapes sont fondamentales, et jouent chacune un rôle bien précis dans votre préparation.

D. Pour finir

N'oubliez jamais qu'un QCM réussi vous permet de valider le raisonnement que vous avez mis en place dans sa résolution, basé sur une bonne connaissance du cours.

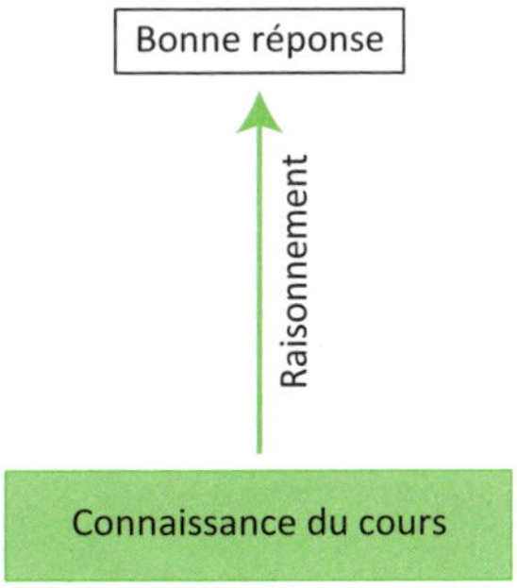

Figure 6.9 : Les deux éléments dont découle la bonne réponse à un item

Au contraire, s'il est raté, il faudra comprendre d'où vient votre erreur (problème d'apprentissage de cours ? raisonnement erroné ? les deux ?). Si vous répondez instinctivement à un item, sans mettre en place de raisonnement spécifique ou sans réactiver votre cours, quel sens pouvez-vous donner à sa correction ?

C'est par cette rigueur dans l'entraînement que vous serez fin prêt le jour du concours.

EN BREF

- Le QCM revêt des formes hétéroclites, auxquelles il faut avoir été confronté avant le concours par un entraînement varié.
- Pour répondre correctement à un QCM, il faut :
  - mettre en place une lecture lente et attentive, qui permet de ne pas avoir besoin de revenir sur ce qu'on a déjà lu ;
  - faire ressortir les mots clés, qui seront déterminants pour savoir si l'item est juste ou faux ;
  - mettre en place un raisonnement rigoureux basé sur une parfaite connaissance du cours ;
  - surtout, ne pas répondre de façon instinctive, mais uniquement avec un raisonnement.

CHAPITRE 19

Comment s'entraîner

L'entraînement est fondamental dans une préparation efficace. Cependant, s'il n'est pas bien mené, il est possible de s'y perdre et finalement de ne pas en tirer les bénéfices attendus. Voici les techniques qui permettent d'utiliser de façon appropriée les différents supports d'entraînement dont disposent les étudiants en médecine.

1 Utilisation des différents supports d'entraînement

Un carabin dispose de plusieurs types de supports qui remplissent tous un rôle bien précis. Si vous êtes inscrits dans une préparation privée, vous avez en plus la chance de vous entraîner sur des exercices originaux, qui constituent des supports supplémentaires par rapport à ceux ici présentés.

Quels que soient les supports utilisés, n'oubliez pas de compléter votre fiche regroupant les erreurs fréquentes et les points qui vous posent problème. Vous pourrez relire cette fiche régulièrement et petit à petit gagner en assurance sur ces éléments particulièrement difficiles.

A. Les exercices du tutorat

Il s'agit des supports proposés par les étudiants en années supérieures, et qui s'inscrivent dans le cadre de l'accompagnement organisé par l'université.

Ces exercices revêtent plusieurs intérêts :

- comme le tutorat, ils sont gratuits ;
- ils sont parfois relus et corrigés par les professeurs d'université ;
- ils augmentent les supports d'entraînement ;
- ils sont en accord avec les cours dispensés en fac, ce qui organise le travail des étudiants ;
- ils regroupent les « colles », organisées plusieurs fois par semaine et qui donnent lieu à un classement, et les devoirs-maisons que les tuteurs proposent dans plusieurs matières.

Objectif

Ces sujets sont le plus souvent posés par rapport aux exigences de l'examen, et préparent bien les étudiants. Mais il arrive que les formulations ou que les pièges des sujets du tutorat soient très éloignés de ceux de l'examen. C'est pourquoi il faut prendre ces exercices pour ce qu'ils sont : une source d'entraînement supplémentaire, mais qui ne présage pas toujours des résultats officiels. En effet, ces sujets sont parfois, sous prétexte de préparer les étudiants à toutes les éventualités, beaucoup plus difficiles et plus pointilleux que ceux des professeurs. L'avantage est qu'effectivement cela prépare bien les étudiants ; l'inconvénient est que cela façonne leur esprit d'une manière qui ne correspond pas aux sujets du concours. Il faut donc travailler ces exercices avec un certain esprit critique, qui permet d'en tirer un profit non négligeable sans en subir les effets négatifs.

L'objectif de ces exercices est donc de fournir une importante base de questions, qui vous préparera à toutes les éventualités. Grâce à eux, vous pourrez vous entraîner de façon approfondie.

Utilisation

Les exercices du tutorat fournissant un support très complet, il est intéressant de commencer à travailler dessus dès que le cours a été appris. Ce sont ces exercices qui vous permettront de vérifier que l'apprentissage de la leçon n'a laissé aucune notion fondamentale de côté.

En pratique, après chaque chapitre travaillé, faites les QCM du tutorat qui s'y rapportent. Cela vous permet de valider immédiatement votre apprentissage, et d'identifier les éventuelles lacunes pour pouvoir y revenir.

Étant donné que vous disposez d'une banque composée d'un grand nombre d'exercices, vous pouvez commencer à vous entraîner dessus très tôt dans l'année :

- sur les annales des colles du tutorat, il est possible de s'entraîner dès la préparation d'été ;
- sur les sujets de l'année, vous vous entraînerez dès le début du tutorat, c'est-à-dire à partir de la moitié du mois de septembre.

Vous pourrez ainsi multiplier les exercices effectués sans avoir à refaire plusieurs fois les mêmes. En limitant le côté monotone de l'entraînement, vous l'effectuerez plus volontiers, ce qui vous fera gagner en efficacité.

B. Les annales

Il s'agit des QCM tombés lors des concours des années précédentes. Vous pouvez vous les procurer auprès des universités qui les éditent parfois, ou auprès de différents organismes qui compilent ces données. Renseignez-vous très tôt dans l'année sur le moyen de vous les procurer pour en disposer dès que vous en aurez besoin.

Là encore, il est impératif de les utiliser correctement pour ne pas perdre de temps. En particulier, vous ne devrez travailler que sur les annales qui correspondent aux QCM ayant des chances de tomber lors de votre épreuve. Deux conditions doivent être remplies :

- **Le programme doit être le même** : si vous vous entraînez sur les QCM qui datent d'avant la réforme, soyez certains qu'ils soient encore d'actualité.
- **Le professeur doit être le même** : lorsqu'un professeur change, il modifie le contenu du cours dispensé (même si l'énoncé du programme est le même). Il est alors inutile de s'entraîner sur les annales correspondantes aux anciens enseignants.

Bien sûr, ces généralités doivent être modulées : il arrive qu'un nouveau professeur dispense le même cours que son prédécesseur. Dans ce cas, évidemment, vous pourrez avantageusement travailler sur les annales issues d'anciens sujets.

Objectif

Le travail sur les annales revêt un double objectif :

1. Vous permettre d'orienter votre travail pour qu'il soit immédiatement efficace et ciblé sur les exigences du concours. Ne perdez pas de vue qu'un travail sur les cours doit être adapté en fonction des questions posées. Nous avons déjà abordé ce travail préliminaire dans le chapitre consacré aux fiches.
2. Vous permettre de vous entraîner sur des questions très proches, voire identiques, à celles du vrai concours. Cela vous permettra d'ancrer les automatismes nécessaires à leur résolution.

Ce dernier point est fondamental : il arrive que certains professeurs disposent d'une banque de QCM qu'ils ne renouvellent que très peu. En conséquence, un travail régulier et approfondi sur les annales vous assurera de tomber lors de l'examen officiel sur des items que vous aurez déjà rencontrés. Que demander de plus ?

Utilisation

L'important est de ne pas commencer trop tôt à travailler sur les annales. En effet, vous disposez d'un stock relativement réduit de QCM représentatifs de ceux du concours, qu'il faut conserver pour les dernières phases de révision, lorsque vous maîtrisez votre cours.

En pratique, vous commencez à vous entraîner de façon répétée sur les annales à partir de la deuxième moitié du mois d'octobre.

Il vous faut alors faire et refaire inlassablement les mêmes QCM, jusqu'à créer les fameux automatismes que nous avons évoqués plus haut. Dans ce travail d'apparence répétitif, vous allez être confrontés à une difficulté : vous aurez l'impression de connaître par cœur les réponses, et vous serez tenté de les fournir de façon automatique. C'est justement à ce moment que vous devrez vous obliger à mentalement *argumenter* votre réponse, résultant d'un raisonnement rigoureux et d'une bonne connaissance du cours.

À force de repasser sur les mêmes items, les raisonnements deviendront évidents pour vous. C'est ainsi que vous serez capables de répondre correctement et dans le temps imparti aux QCM du concours.

À retenir

Il n'est pas gênant pour la préparation de faire de nombreuses fois les mêmes QCM, puisque l'essentiel est d'ancrer les raisonnements que vous devrez mener rapidement le jour J.

C. Les concours blancs (CB)

Les concours blancs représentent des sujets à effectuer en condition d'examen, sur des questions qui doivent être très proches de celles susceptibles de tomber. Parfois, ils donnent lieu à un classement, qui sera plus ou moins représentatif des résultats officiels, en fonction de la qualité du CB et du nombre de participants.

Ils ne s'utilisent pas de la même façon que les autres supports d'entraînement, mais de façon ponctuelle, 2 ou 3 fois par semestre.

Objectifs

De par leur utilisation très particulière, leurs objectifs sont tout à fait différents des autres formes d'entraînement.

- Le concours blanc permet de vérifier un travail correct et efficace en évaluant de façon objective (si le CB est de qualité) votre niveau : l'entraînement régulier sur annales et sujets du tutorat permet de vérifier la pertinence du travail régulier. Celui sur CB permet de s'assurer de votre capacité de réponse dans les conditions officielles, et donc d'avoir une idée de votre niveau réel à un instant *t*.
- Il permet de s'entraîner à répondre aux différentes matières qui composent le sujet propre à une UE. En effet, les UE contiennent plusieurs matières, qui ne doivent pas nécessairement être traitées dans l'ordre, mais **en fonction de vos affinités**. Si vous êtes très à l'aise en biochimie par exemple, il serait dommage de commencer par la chimie organique et de ne pas avoir le temps de traiter la matière dans laquelle vous avez la plus forte probabilité d'obtenir des points. Vous devez donc traiter les matières dans lesquelles vous êtes le plus à l'aise en premier. Les sujets de CB vous permettent de vous entraîner à acquérir ce genre de réflexes.
- Il permet de vous habituer à manipuler les grilles-réponses. C'est un élément fondamental, qui vous assurera de ne pas perdre de temps le jour du concours.

Utilisation

Tout d'abord, il faut s'assurer que les CB sur lesquels vous travaillez sont représentatifs du concours officiel ; autrement, ils ne présentent pas de réel intérêt.

Vous pouvez vous en rendre compte en comparant les sujets de CB avec les annales, ou en discutant avec des doublants qui ont souvent plus de recul sur les épreuves qu'un primant.

Une fois cette précaution prise, vous allez pouvoir tirer tout le bénéfice possible du travail sur le CB, si tant est que vous l'utilisiez au bon moment :

- trop tôt, n'ayant pas la vision d'ensemble de la matière, vous ne pouvez pas vous situer dans les conditions du concours ;
- trop tard, vous n'avez plus la possibilité de réorienter votre travail si le CB révèle des faiblesses.

À retenir

Le bon moment pour faire les CB est ***quelques semaines avant l'examen de chaque semestre****, c'est-à-dire fin novembre et mi-avril. Cela permettra d'avoir le recul nécessaire à une réflexion synthétique tout en autorisant une éventuelle évolution de vos méthodes de travail.*

Il ne faudra pas oublier, une fois le CB réalisé, de vous interroger sur les raisons de vos erreurs, et surtout d'apprendre à nouveau les parties du cours concernées. C'est cette réflexion menée *a posteriori* qui permet de tirer tout le bénéfice de l'épreuve.

2 L'entraînement en fonction des phases de l'année

Selon le moment de l'année, vous n'utiliserez pas les supports d'entraînement de la même façon. Nous séparerons l'année en deux phases, en fonction de votre degré de connaissance du cours.

A. Pendant la phase d'apprentissage des cours (première moitié du semestre)

L'apprentissage des cours nécessite de prendre du recul pour être capable de répondre à toutes formes de questions. Ce travail concerne le début d'année, lorsque vous êtes en train d'apprendre les cours, c'est-à-dire sur la période allant de fin juillet (pour ceux qui commencent à travailler pendant l'été) à mi-octobre. L'entraînement joue naturellement un rôle central dans cette phase. Il existe deux moyens différents de l'intégrer, qui dépendent à la fois de votre profil et des matières.

Apprendre puis s'entraîner

Voici clairement la méthode que je conseille.

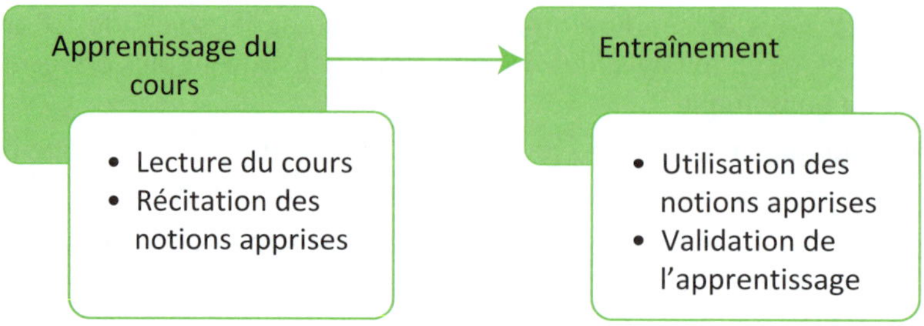

Figure 6.10 : Chronologie pour apprendre puis s'entraîner

Elle se déroule en 3 phases :

1. Vous apprenez vos cours (répétition, récitation, répétition, etc).
2. Vous introduisez une distraction, pour vider la mémoire à court terme. Cette distraction peut être la lecture d'une page de magasine, d'un autre cours, ou toute autre activité sans rapport avec le chapitre que vous venez de travailler.
3. Vous faites les exercices (QCM et autres).

Les exercices viennent alors valider un apprentissage rigoureux et efficace. Si vous n'êtes pas capable de faire les exercices correctement, il faudra identifier les raisons de ces erreurs (qui se trouvent dans vos méthodes de travail), et recommencer l'apprentissage des parties concernées.

À retenir

Apprendre puis s'entraîner permet de vérifier l'apprentissage correct par votre capacité à fournir les bonnes réponses aux QCM.

En ajustant ainsi régulièrement votre travail par rapport à ces séances d'entraînement, vous êtes sûrs de fournir un travail toujours efficace.

Pour qui ?

Les étudiants qui n'ont pas de problème dans l'apprentissage par cœur peuvent avantageusement intégrer ce type d'organisation à leur préparation.

En particulier, effectuer l'entraînement après l'apprentissage est intéressant pour la majorité des matières du PASS. Les exercices viennent alors valider votre travail sur le cours.

Sur quoi ?

Dans cette phase, le mieux est d'utiliser essentiellement les supports du tutorat, et éventuellement ceux de votre écurie. Dans la mesure où vous commencez à maîtriser le cours sans donner lieu à une parfaite connaissance (elle viendra progressivement), il est inutile d'utiliser ici les annales, que vous garderez pour les dernières phases de travail, lors de vos révisions.

Comment s'y prendre ?

L'idéal est de consacrer quelques heures par semaine à ces séances de vérification de l'apprentissage.

Voici quelques propositions d'organisation :

- Vous apprenez un cours le jour J. Au matin du jour J +1, vous récitez par écrit ou oralement ce que vous avez retenu de l'apprentissage de la veille, puis vous effectuez quelques QCM pour vérifier votre capacité à utiliser vos connaissances.
- Vous intégrez dans votre planning général des séances de QCM séparées de la phase d'apprentissage du cours, dans lesquelles vous pouvez regrouper plusieurs matières (de façon à ne pas perdre de temps). En moyenne, dans cette période de l'année, si vous consacrez entre 3 et 5 heures par semaine toutes matières confondues, aux exercices, c'est déjà bien.
- Vous enchaînez apprentissage du cours et entraînement sur QCM en **ayant soin d'introduire entre les deux une distraction**, pour vider la mémoire à court terme.

L'important est d'éviter de consulter le cours dès que vous rencontrez une difficulté : vous essayez de répondre à tout ce que vous pouvez sans regarder la réponse ou les éléments qui vous manquent. C'est seulement une fois que vous avez répondu à tout et que vous avez mis en place un raisonnement rigoureux pour chaque réponse, que vous pouvez alors globalement corriger vos réponses, et consulter les cours pour réapprendre les parties concernées.

Apprendre en s'entraînant

Cette méthode peut s'avérer utile pour les étudiants qui sont dans l'incapacité d'apprendre par cœur leurs cours.

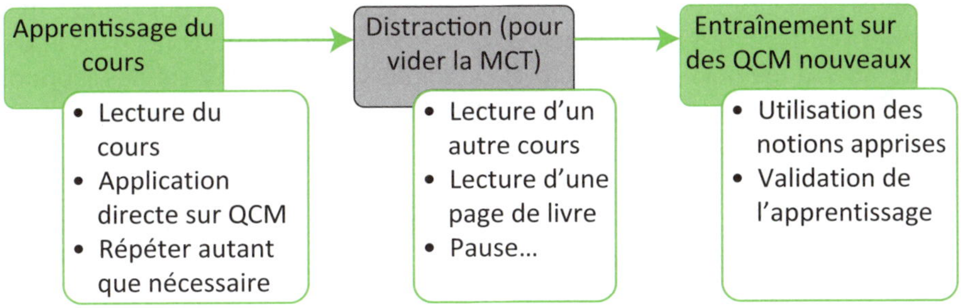

Figure 6.11 : Chronologie pour apprendre en s'entraînant

Dans cette approche, vous intégrez sans les dissocier, l'apprentissage du cours et le travail sur les QCM.

À retenir

Apprendre en s'entraînant permet de retenir des cours de façon plus ludique et variée, car vous alternez le type de supports de travail.

Pour qui ?

D'une part, les étudiants qui ont du mal à apprendre par cœur des notions rebutantes peuvent utiliser cette technique.

D'autre part, elle est indiquée pour tous les étudiants, dans les matières à application numérique ou à exercices concrets, comme en physiologie, en anatomie ou dans certaines matières chimiques. Dans ces matières, les compétences demandées doivent être travaillées de manière spécifique, en même temps que le cours, au travers d'exercices d'application.

Sur quoi ?

Comme précédemment, il vous faudra ici utiliser les supports que vous avez en quantité la plus grande, car cette technique nécessite de très nombreux QCM. En effet, dans la mesure où vous les utilisez pour apprendre le cours (et non plus seulement pour vérifier son apprentissage), il vous faudra un important stock de questions.

Comment s'y prendre ?

Vous lisez votre cours, et vous essayez de l'apprendre le mieux possible, sans trop vous y attarder.

1. Vous faites les QCM qui se rapportent à la portion de cours que vous venez de travailler.
2. Vous revoyez le cours au fur et à mesure que les QCM mettent en lumière les points qui nécessitent un apprentissage supplémentaire.
3. Après plusieurs allers-retours entre le cours et les exercices, vous devriez maîtriser votre leçon. Vous introduisez alors une distraction (toujours dans le but de vider la mémoire à court terme), puis vous vous entraînez sur des supports différents pour vérifier ce qui a été retenu.

Ainsi, le cours aura été appris en variant les supports et en y intégrant les exercices. Dans certains cas, cette méthode favorise la réponse aux QCM car elle facilite les liens entre le contenu du cours et les exercices d'applications, c'est-à-dire entre connaissances et compétences.

B. Pendant la phase de révision (deuxième moitié du semestre)

Lorsque vos cours auront été vus une première fois, vous allez progressivement en avançant dans l'année, intégrer des phases de révision. Ces phases doivent être placées de manière stratégique de façon à vous permettre de revoir ensemble des cours appartenant à un même thème. Nous avons déjà abordé cette organisation dans la partie 3 « S'organiser ».

En général, cette phase de l'année commence mi-octobre, et s'étend jusqu'au concours.

Notons que la phase précédente et celle-ci peuvent se chevaucher : entre mi-octobre et mi-décembre, vous aurez des nouveaux cours que vous verrez pour la première ET des phases de révision avec de l'entraînement portant sur des chapitres déjà vus.

Quels supports ?

Dans la mesure où vous êtes censé maîtriser votre cours, vous pouvez maintenant utiliser les supports les plus pertinents, et en tirer tout le bénéfice possible : les annales et les concours blancs.

Il faut ici vous assurer que vous êtes capable de répondre aux QCM type concours.

Comment s'y prendre ?

Nous avons déjà insisté sur ce point : la part consacrée à l'entraînement doit aller crescendo à mesure que l'on se rapproche du concours. Il doit maintenant s'effectuer en temps limité, d'abord pour voir ce que vous êtes capable de produire dans le temps imparti, ensuite pour vous habituer à gagner en rapidité.

Les séances d'entraînement peuvent :

- concerner des annales, auquel cas il suffit de suivre la progression énoncée dans la section « apprendre puis s'entraîner » ;
- s'appuyer sur les concours blancs. Dans ce cas, il faudra être vigilant à :
  - consacrer un temps important à ce travail, pouvant aller jusqu'à une journée entière,
  - décortiquer tous les sujets et identifier les causes de vos erreurs.

À retenir

Même si le temps consacré à l'étude de vos réponses est conséquent, il n'est pas perdu : lorsque vous aurez identifié les causes de vos erreurs, vous pourrez les corriger et vous gagnerez en efficacité.

Cette dernière phase du travail est fondamentale, et pourtant souvent négligée par les étudiants. Le CB n'est profitable qu'à la condition expresse que vous repreniez vos réponses et compreniez l'origine de vos erreurs.

C. Pour finir…

L'entraînement est fondamental à tous les stades de l'année, mais pas de la même façon. Chaque étape doit être validée par une forme d'entraînement adapté. Ainsi, vous mettez toutes les chances de votre côté en limitant au maximum la possibilité d'accumuler des lacunes.

Août	Septembre	Octobre	Novembre	Décembre
Entraînement sur exercices du tutorat	Entraînement sur exercices du tutorat	Entraînement sur sujets du tutorat + début d'entrainement sur les annales	Entraînement surtout sur les annales + sur des sujets de Concours Blancs	Examens Blancs + annales
Entraînement limité en temps, et ciblé sur les quelques chapitres travaillés	Entraînement limité en temps, et ciblé sur les chapitres travaillés	L'entraînement augmente en proportion, et commence à intégrer des révisions plus générales	L'entraînement augmente encore avec de plus en plus de révisions générales	Uniquement des révisions basées sur les notions revues à l'occasion des QCM.

Figure 6.12 : L'entraînement au cours du premier semestre

EN BREF

- Un entraînement peut s'effectuer à partir :
  - d'**exercices du tutorat** : ces exercices s'utilisent surtout en phase d'apprentissage, et en début d'année ;
  - d'**annales** : étant très proches des QCM auxquelles vous pouvez vous attendre le jour de l'examen, on les garde pour les dernières phases de révision ;
  - de **concours blancs** : s'ils sont de bonne qualité, ils sont à réaliser dans le dernier mois précédant l'examen, pour vérifier votre travail et vous habituer à l'enchaînement des différentes épreuves.

CONCLUSION

Vous connaissez maintenant les techniques les plus pointues pour réussir votre PASS. Si vous ne saviez pas trop comment vous y prendre, si vous aviez tendance à vous sentir débordé devant la masse de travail, vous aurez trouvé dans ce livre des outils performants pour vous accompagner vers votre réussite.

En revanche, il est évident que tous ces outils ne sont d'aucune utilité si vous ne travaillez pas suffisamment. L'essentiel, c'est à vous de le fournir, par une volonté de fer et un volume de travail très élevé.

Il nous semble acquis que, avec la motivation nécessaire à la réalisation d'études de santé, vous aurez fourni un travail colossal, à la hauteur des enjeux de cette année.

À l'approche de l'examen, vous pourrez avoir la satisfaction d'avoir travaillé au maximum de vos possibilités. Voyons comment gérer ces derniers jours qui vous séparent de cette échéance.

1 La semaine précédant le jour J

L'apprentissage des cours est terminé depuis longtemps. Vous insistez sur les exercices d'annales, ou si possible, sur ceux donnés par votre professeur, l'essentiel étant de se remémorer les formes de questions qui ont le plus de chances de tomber à l'examen.

Ne cherchez pas à balayer l'intégralité de vos cours en un temps réduit : il est impossible de tout revoir correctement, et le faire de façon superficielle n'apporte rien tout en occasionnant une perte de temps conséquente.

Je vous conseille plutôt de revoir :

- **vos fiches d'erreurs courantes** : vous avez complété au fur et à mesure de votre PASS et pour chaque matière, une fiche regroupant les points qui vous posent problème, et les erreurs que vous reproduisez fréquemment. Cette fiche vous permet, en un temps très réduit, de revoir la totalité des points compliqués pour les garder actifs le jour du concours ;
- **les nouveautés de l'année** : lorsqu'un enseignant change un point de son cours, c'est qu'il est probable que ce point soit présent dans son sujet d'examen. En conséquence, vous aurez intérêt à revoir au dernier moment ces nouveautés, pour les garder fraîches dans votre mémoire.

Si, au contraire, vous cherchez à tout revoir la dernière semaine, c'est qu'implicitement, vous considérez que votre mémoire à court terme vous permettrait de stocker la totalité des connaissances requises pour le concours. Nous l'avons déjà vu, c'est totalement illusoire, et même contre-productif : vous risqueriez alors de mélanger toutes les notions apprises et au final d'être incapable de répondre aux QCM !

N'oubliez pas que vous avez préparé l'examen depuis des mois, et que tout ne va pas se jouer sur les derniers jours. Si votre travail a été bien mené depuis le début, vous êtes prêt pour les épreuves et votre dernière semaine sera là pour valider votre préparation.

La veille de l'examen, il faudra travailler légèrement (exercices sur les points qui vous posent problème, relecture des fiches d'erreurs courantes et des nouveautés de l'année) et surtout **vous coucher tôt**. Vous devrez veiller à vous aménager une quantité suffisante de sommeil pour avoir l'esprit frais pour votre épreuve du lendemain.

Pensez également à préparer vos affaires :

- **les stylos** : un feutre noir épais vous aidera à gagner du temps, car le diamètre de la mine correspond exactement à celui de la case à noircir ;
- **la calculatrice** : autorisée ou non, vous avez intérêt à la prévoir pour pouvoir vous en servir si les règles changent au dernier moment ;
- **vos documents officiels** : si vous saviez le nombre d'étudiants qui oublient leur convocation et/ou leur carte d'identité, vous seriez surpris ! Sachez que sans l'un ou l'autre, il vous sera impossible de passer les épreuves, parfois même d'accéder à la salle d'examen. C'est pourquoi les préparer la veille vous assure de ne pas les oublier. En même temps, vous en profiterez pour **vérifier les horaires** des épreuves...

2 Le jour J

Le matin du jour de l'examen, vous prévoirez de vous réveiller *très* en avance.

Vous savez que vous ne pouvez entrer dans la salle d'examen qu'une demi-heure avant le début de l'épreuve. Je vous conseille de prévoir une demi-heure supplémentaire pour être tranquille. Plus vous habitez loin du lieu de l'épreuve, plus la marge que vous prévoirez sera grande.

Je me rappelle encore qu'en 2014, un bus ayant pris feu sur une voie de circulation à 5 h du matin avait déclenché un embouteillage géant dans tout Nice le jour du concours... Certains étudiants se sont vus refuser l'accès en salle car arrivés trop tard.

Pour éviter de se retrouver dans ce type de situation, autant prévoir d'arriver très tôt sur le site, et de prendre un café dans les troquets adjacents.

A. Avant l'entrée dans la salle

Bien évidemment, ce n'est plus le moment de réviser, mais de se détendre. Vous avez fait votre maximum, vous n'avez donc rien à vous reprocher, ni à regretter.

Si vous prenez la situation sous cet angle (et non en terme de résultats potentiels, toujours aléatoires), vous ne pouvez pas stresser. Rappelez-vous-en lorsque, avant l'examen, vous sentirez l'angoisse monter.

Vous pourrez vous répéter le mantra suivant : « J'ai fait mon maximum, les dés sont d'ores et déjà jetés ». En réalisant que tout a **déjà** été fait, le stress redescend.

B. Devant le sujet d'examen

Tout d'abord, rappelez-vous que, même si le temps imparti pour chaque épreuve est court, vous gagnerez du temps en allant doucement. **Lisez attentivement**, prenez votre temps pour élaborer un raisonnement avant de proposer une réponse. C'est cela qui vous permettra de répondre correctement à un maximum de questions.

En PASS, vous serez confronté à deux types de questions.

Les QCM

Devant ce type de questions, vous devrez ne pas céder à la panique, et appliquer une chronologie rigoureuse :

1. **Consultez** (sans lire attentivement, ce serait trop long) la totalité de votre sujet, et repérez les domaines où vous vous sentez le plus à l'aise. Ce sont ces QCM que vous ferez en premier.
2. **Lisez les QCM attentivement**, en adoptant la technique donnée plus haut, dont voici un rappel : lisez la phrase de contexte, puis chaque item et élaborez un raisonnement basé sur vos cours pour répondre à la question. N'oubliez pas de repérer les mots clés des items, et méfiez-vous des réponses trop automatiques.
3. S'il vous reste du temps, **revenez sur les QCM sur lesquels vous êtes incertains.** Ne cherchez pas à tout relire : l'idée est de prendre le temps dès le départ pour ne pas avoir besoin de revenir sur un QCM déjà traité. Si, à l'issue de votre sujet, vous n'avez plus de temps, cela n'est pas un problème. En revanche, si vous avez terminé très en avance, cela signe probablement une précipitation dans la lecture de votre sujet... Ce qui n'est pas favorable pour vous !

Les questions rédactionnelles

Ce type de question nécessite une approche un peu différente.

N'oubliez pas, là encore, de bien lire votre sujet pour déterminer le volume attendu (nombre de mots ou de lignes) et l'existence d'une éventuelle marge de tolérance (± 10 %).

Vous travaillerez sur la structure de votre réponse au brouillon, mais **vous rédigerez directement au propre**. En effet, j'ai déjà rencontré des étudiants qui se sont laissés prendre par le temps, et qui n'ont pas pu recopier au propre leur production rédigée au brouillon.

Ici, vous essaierez de vous aménager 5 à 7 minutes pour relire votre texte, vérifier la présence des mots clés, ainsi que l'orthographe, la syntaxe et la grammaire. C'est dans une épreuve rédactionnelle que la relecture prend toute sa place.

ENCART **Gestion du stress devant le sujet**

Si vous avez tendance à expérimenter le fameux trou noir sous l'effet de la pression, alors essayez la technique suivante[23], qui décontractera votre diaphragme et calmera votre fréquence cardiaque.

Prenez quelques secondes, lorsqu'on distribue le sujet, ou dès que vous sentez votre cœur s'emballer, pour respirer en visualisant un carré :

1. Vous inspirez (il ne s'agit pas forcément d'une inspiration profonde, celle-ci peut-être courte), et vous visualisez un trait montant.
2. Vous bloquez pendant à peu près le même temps, en visualisant un trait horizontal vers la droite.
3. Vous expirez, et vous visualisez une ligne verticale descendante.
4. Vous bloquez, et vous imaginez un trait horizontal vers la gauche.

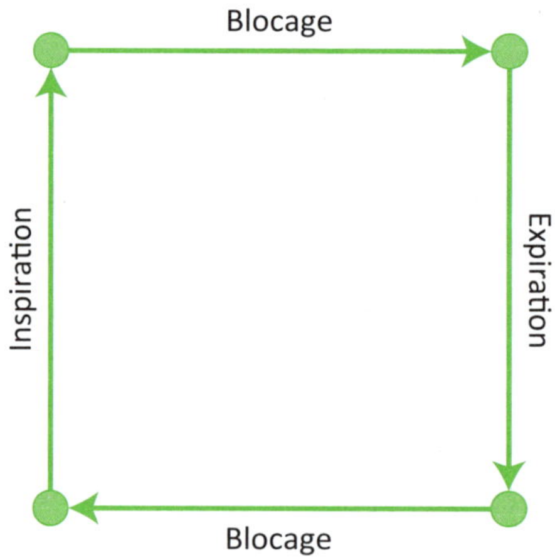

Figure Conclu-1 : Visualisation du carré associé à la respiration, dans la gestion du stress

Ainsi, vous revenez au point de départ, et vous pouvez recommencer 4 ou 5 fois. Certes, cela vous fera perdre quelques instants, mais cela vous permettra de gagner en concentration, et donc d'obtenir davantage de bonnes réponses.

23. Merci à Nathalie Johnson, sophrologue dans le Vaucluse, et spécialiste de la gestion du stress chez les étudiants.

C. Entre les épreuves

Les matières s'enchaînent les unes après les autres, dans la même journée ou sur 2 jours (comme c'est souvent le cas au deuxième semestre). Entre deux matières, détendez-vous, discutez avec les autres de tout et de rien, allez marcher pour oxygéner votre cerveau, bref faites ce qui vous semble utile pour revenir concentré sur l'épreuve suivante.

Surtout, restez dans le présent : n'anticipez pas l'avenir (« Vais-je réussir ou non ? ») et oubliez l'épreuve précédente. J'ai rencontré des étudiants qui, déstabilisés par une épreuve ratée, perdent pieds sur la suivante et la ratent aussi, alors qu'ils étaient tout à fait capables de répondre aux questions. En conséquence, faites en sorte de rapidement tourner la page d'une épreuve pour garder toutes vos facultés intactes pour la suivante.

3 L'après examen

Les examens sanctionnant chaque semestre du PASS se déroulent sur une ou deux journées. Après eux, vous pourrez enfin expérimenter de vraies vacances ! Attention toutefois aux soirées « post examen » : n'oubliez pas que vous n'avez pas bu une goutte d'alcool depuis plusieurs mois et que, si vous souhaitez profiter un minimum de l'ambiance, vous avez intérêt à ménager votre foie...

Ceci dit, je pense que s'il y a un domaine où vous n'avez pas besoin de conseils de méthodes, c'est bien celui des soirées étudiantes ! Alors je vous souhaite de passer 9 mois de galère, certes, mais surtout couronnés de succès ! Ensuite, vous pourrez profiter autant que vous le voulez (dans la limite du raisonnable) de la vie d'étudiant qui s'offre à vous.

Et n'oubliez pas que votre classement en rangs utiles ne conditionne pas à lui seul la réussite de votre année : vous pourrez la considérer comme une réussite si vous avez grandi intellectuellement, gagné en maturité et en autonomie, ainsi qu'en connaissance de soi.

Si en plus, vous pouvez embrasser la carrière que vous avez choisie, vous pourrez estimer que vos efforts n'ont pas été vains. Dans une certaine mesure, j'espère que ce guide y aura contribué.

82388 - (I) - OSB 80° - P368 - LUM - BTT

Imprimerie CHIRAT - 42540 Saint-Just-la-Pendue
Dépôt légal : mai 2021

Imprimé en France

OUTIL 1

Organisation de l'enseignement et de l'évaluation : semestre 1

Matières	Cours magistraux (h)	Travaux dirigés (h)	Durée des épreuves (min)	Nombre de QCM	Type de questions
Chimie organique					
Biochimie					
Biologie moléculaire					
Biologie du développement/ reproduction					
Histologie					
Embryologie					
Biologie cellulaire					
Physiologie					
Physique					
Chimie					
Biostatistiques					
Santé, société, humanité					
Pharmacologie					
Anatomie					

2 OUTIL

Organisation de l'enseignement et de l'évaluation : semestre 2

Matières	Cours magistraux (h)	Travaux dirigés (h)	Durée des épreuves (min)	Nombre de QCM	Type de questions
Chimie organique					
Biochimie					
Biologie moléculaire					
Biologie du développement/ reproduction					
Histologie					
Embryologie					
Biologie cellulaire					
Physiologie					
Physique					
Chimie					
Biostatistiques					
Santé, société, humanité					
Pharmacologie					
Anatomie					

OUTIL 3

Organisez votre semaine de travail pendant l'été

	8h 10h	10h 12h	14h 16h	16h 18h	20h 22h
Lundi					
Mardi					
Mercredi					
Jeudi					
Vendredi					
Samedi					
Dimanche					

4 OUTIL

Organisez votre journée de travail pendant l'été

	Inscrivez ici chaque jour les matières à travailler	
8h 10h	Séquence de travail 1	
10h 12h	Séquence de travail 2	
12h 14h	*Déjeuner*	
14h 16h	Séquence de travail 3	
16h 18h	Séquence de travail 4	
18h 20h	*Diner*	
20h 22h	Séquence de travail 5	

Schéma des 3 phases d'une séquence de travail

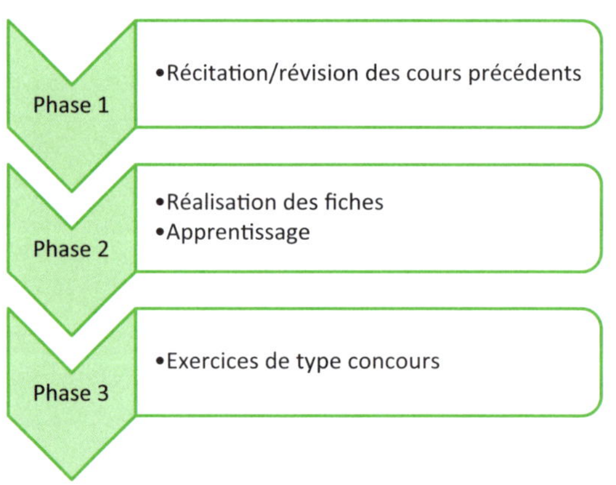

OUTIL 5

Organisez votre semaine de travail pendant les cours

Notez dans les plages grises vos cours et dans les blanches vos séances de travail.

	Lundi	Mardi	Mercredi	Jeudi	Vendredi	Samedi	Di- manche
8h 10h							
10h 12h							
14h 16h							
16h 18h							
20h 22h							

6 OUTIL

Organisez votre journée de travail pendant les cours

6h30 **8h**	Récitation cours précédent
8h **10h**	Fac : cours n° 1
10h **12h**	Fac : cours n° 2
12h **14h**	*Déjeuner*
14h **17h**	Travail cours n° 1
17h **18h**	*Pause*
18h **21h**	Travail cours n° 2
21h **22h**	*Diner*

Schéma d'une séquence de travail de cours

Phase 1
- Revoir les notions expliquées en cours

Phase 2
- Réalisation d'une fiche synthétique et complète

Phase 3
- Apprentissage

Week-end suivant
- Vérifier les notions retenues
- Terminer l'apprentissage des fiches
- Commencer l'entraînement

OUTIL 7

Aide à la conception des fiches

Chapitre		
Partie N°....		
Schéma	Dessins	Commentaires
Idées principales		
Détails à retenir		
Items fréquents (et correction)		
Mots-clés/définitions	Mots-clés	Définitions

8 OUTIL

Grille de réponses en PASS

Nom : ....

Prénom : ....

Date de naissance : ....

ÉPREUVE		N° IDENTIFICATION
0 0 0 0		0 0 0 0 0 0
1 1 1 1		1 1 1 1 1 1
2 2 2 2		2 2 2 2 2 2
3 3 3 3		3 3 3 3 3 3
4 4 4 4		4 4 4 4 4 4
5 5 5 5		5 5 5 5 5 5
6 6 6 6		6 6 6 6 6 6
7 7 7 7		7 7 7 7 7 7
8 8 8 8		8 8 8 8 8 8
9 9 9 9		9 9 9 9 9 9

EXEMPLE DE MARQUAGE : **FAIRE** — **NE PAS FAIRE**

Utilisez un stylo bille ou un feutre NOIR ou BLEU.

IMPORTANT

- Si vous désirez MODIFIER votre 1ère réponse, **ne raturez pas,** indiquez seulement votre nouvelle réponse sur la 2ème ligne.

  votre 1ère réponse → 1 A B C D E
  votre nouvelle réponse →

- Si vous désirez ANNULER votre réponse remplissez toutes les cases de la 2ème ligne → 1 A B C D E

1 A B C D E	21 A B C D E	41 A B C D E	61 A B C D E	81 A B C D E
2 A B C D E	22 A B C D E	42 A B C D E	62 A B C D E	82 A B C D E
3 A B C D E	23 A B C D E	43 A B C D E	63 A B C D E	83 A B C D E
4 A B C D E	24 A B C D E	44 A B C D E	64 A B C D E	84 A B C D E
5 A B C D E	25 A B C D E	45 A B C D E	65 A B C D E	85 A B C D E
6 A B C D E	26 A B C D E	46 A B C D E	66 A B C D E	86 A B C D E
7 A B C D E	27 A B C D E	47 A B C D E	67 A B C D E	87 A B C D E
8 A B C D E	28 A B C D E	48 A B C D E	68 A B C D E	88 A B C D E
9 A B C D E	29 A B C D E	49 A B C D E	69 A B C D E	89 A B C D E
10 A B C D E	30 A B C D E	50 A B C D E	70 A B C D E	90 A B C D E
11 A B C D E	31 A B C D E	51 A B C D E	71 A B C D E	91 A B C D E
12 A B C D E	32 A B C D E	52 A B C D E	72 A B C D E	92 A B C D E
13 A B C D E	33 A B C D E	53 A B C D E	73 A B C D E	93 A B C D E
14 A B C D E	34 A B C D E	54 A B C D E	74 A B C D E	94 A B C D E
15 A B C D E	35 A B C D E	55 A B C D E	75 A B C D E	95 A B C D E
16 A B C D E	36 A B C D E	56 A B C D E	76 A B C D E	96 A B C D E
17 A B C D E	37 A B C D E	57 A B C D E	77 A B C D E	97 A B C D E
18 A B C D E	38 A B C D E	58 A B C D E	78 A B C D E	98 A B C D E
19 A B C D E	39 A B C D E	59 A B C D E	79 A B C D E	99 A B C D E
20 A B C D E	40 A B C D E	60 A B C D E	80 A B C D E	100 A B C D E

Création SEPSI 12962381